Storytelling of
100 Artifacts
in Chifeng Museum

赤峰文博院 —— 编

秦 博 —— 主编

赤峰博物馆 100 件文物背后的故事

文物出版社

图书在版编目（CIP）数据

赤峰博物馆 100 件文物背后的故事 / 赤峰文博院编；
秦博主编 . -- 北京：文物出版社，2023.1
ISBN 978-7-5010-7899-8

Ⅰ.①赤… Ⅱ.①赤… ②秦… Ⅲ.①博物馆－藏品
－介绍－赤峰 Ⅳ.① G269.272.63

中国国家版本馆 CIP 数据核字 (2023) 第 014200 号

赤峰博物馆 100 件文物背后的故事

编　　者：赤峰文博院
主　　编：秦　博

责任编辑：耿　昀　周艳明
封面设计：特木热
责任印制：王　芳
责任校对：陈　婧

出版发行：文物出版社
社　　址：北京市东城区东直门内北小街 2 号楼
邮　　编：100007
网　　址：http://www.wenwu.com
经　　销：新华书店
印　　刷：北京荣宝艺品印刷有限公司
开　　本：880mm×1230mm 1/32
印　　张：8.75
版　　次：2023 年 1 月第 1 版
印　　次：2023 年 1 月第 1 次印刷
书　　号：ISBN 978-7-5010-7899-8
定　　价：129.00 元

赤峰文博院　编

主　编：秦　博

副主编：张小明

撰　稿（按姓氏笔画排序）：

王　迪　　王艳丽　　尹　楠　　尹静雅　　任禹丞
任晓锋　　孙雪江　　杨　妹　　吴　迪　　沙大禹
张　颖　　张小明　　张伟娇　　张博程　　张懿燚
周炎炽　　郝柏林　　姝　雯　　秦　博　　贾秀梅
顾亚丽

文物摄影：

庞　雷　　张博程　　沙大禹　　徐　熠　　周炎炽

前言

赤峰博物馆成立于 1987 年，其前身是 1958 年成立的昭乌达盟博物馆筹备处。赤峰博物馆伴随着中华人民共和国博物馆事业的发展起步，六十四年的发展历程见证了赤峰地区博物馆事业和考古事业的不断壮大。目前，赤峰博物馆是"国家一级博物馆"和"国家 4A 级旅游景区"，是一座集收藏、研究、展示、教育等功能于一体的历史类博物馆。馆内现藏文物 8 万余件（组），全面反映了赤峰底蕴深厚的历史文化，其中珍贵文物 1390 件（组），如兴隆洼文化玉玦、红山文化勾云形玉佩、秦代铁权、辽三彩鸳鸯壶、元墓壁画等，都具有很高的历史价值和艺术价值。

研究是博物馆的主要功能之一，器物研究是博物馆开展各项工作的坚实基础，是展览、教育、文创等工作的前提。充分的研究可以让观众感知多元的历史，让文物"活"起来，让博物馆更有温度。本书在馆藏 8 万余件文物中，撷取 100 件文物，文物年代从史前延伸到近代，包括旧石器时代（上窑遗址）、新石器时代（兴隆洼文化、赵宝沟文化、红山文化、小河沿文化）、草原青铜时代（夏家店下层文化、夏家店上层文化）、秦汉、宋辽金元以及清代等时期。通过发掘百件历史文物的制作工艺、时代背景、礼仪制度、审美风尚等，来展现赤峰一万年的人类史、五千年的文明史。

赤峰地处祖国北疆，五千年前是中华文明的重要发源地之一，商代以后成为少数民族竞相活动的舞台。不论史前还是历史时期，赤峰一直是文化碰撞和融合的前沿地区，在文化上形成了双向互动、多元融合的特点，而这也是古代赤峰在统一多民族国家形成过程中的一个重要特征。曾经生活在这片沃土上的人们创造的多元的物质文明和精神文明，都凝结在了这一件件文物上。沧海桑田，斗转星移，现在我们不断探索着文物背后的历史，探索着文物承载的地域文化，探索着文化融合的魅力……

本书内容深入浅出，通俗易懂。书中如有纰漏和错误，恳请业内专家学者和广大读者批评指正。

秦　博

2022 年 12 月 26 日

目录

四　战国秦汉

五　宋辽金

六　元至清

七　近　代

一

旧石器时代

生命的痕迹

年代：旧石器时代
尺寸：长89、宽36.5、高31厘米
来源：赤峰博物馆旧藏

披毛犀头骨化石

杨　妹

　　在漫长的地质年代，地球上出现了很多生命，恐龙、猛犸象、原始中华龙鸟等都曾经在这里留下它们的痕迹，披毛犀也是其中之一。这些古生物的化石成为地球的"记忆"，记录了地球生物繁衍生息的生命轨迹，为研究生命起源和进化提供了科学依据。赤峰博物馆陈列的这件披毛犀头骨化石是我们认识和了解远古时期披毛犀的重要窗口。

　　披毛犀，属更新世时期的古犀，腔齿犀属。平均体长3.5～4米，体重平均4.5吨，最重可达7吨。它耳细，脚短厚，身体敦实，因全身披满厚实的毛而得名，是最晚灭绝的史前犀牛。披毛犀在上新世起源于中国青藏高原之后，到早更新世扩散至华北地区，然后向西迁徙，倒数第二次冰期时到达欧洲。在晚更新世，披毛犀的分布范围空前广阔，几乎遍布整个欧亚大陆北部。当1万年前末次冰期结束，随着全球变暖的大趋势，适宜披毛犀生存的气候环境不复存在，它们便不可避免地走向了灭绝。也有专家推断，石器时代人类的猎杀也是导致披毛犀灭绝的因素之一。

　　这件馆藏披毛犀头骨化石，距今约2万年。这一时期人类正处于原始社会旧石器时代中晚期，披毛犀是当时人们狩猎的对象。这件头骨化石粗糙面占据了整个鼻骨背面，说明它在活着的时候有一只巨大的鼻角；额骨上还有一个宽而低的隆起，表明它还有一只较小的额角。随着时间的推移，披毛犀的鼻中隔后期全部变为硬骨。

　　距今3万～1万年，由于第四纪冰期结束，赤峰地区气候逐渐变暖，水草丰茂，相继出现披毛犀、猛犸象、原始野牛、大角鹿等大型野生动物。在赤峰地区更新世晚期的地层堆积中，经常出现此类野生动物化石。披毛犀与猛犸象生活于同一时期，并度过冰河时期存活下来。冰期、间冰期的更替是

披毛犀头骨化石

赤峰地区旧石器时代气候变化的主要特点。冰期，即地球上气候明显变冷的时期，体现在极地冰盖和高山冰川规模扩大和增厚，致使生物迁徙和部分灭绝；间冰期是指介于两次冰期之间的温暖时期，体现在冰川消融和大范围后退，湖泊解冻，万物复苏。冰期和间冰期的交替，在地层中留下了不同类型的沉积物和相应的动植物化石，披毛犀化石就位列其中。

从全新世之初起，人类进入了新石器时代。赤峰地区的气候逐渐转向温暖，体现在冰川和冰盖大规模消融或后退，进入冰后期。新石器时代初期属于冰后期中的升温期，赤峰地区喜冷的披毛犀、猛犸象、原始野牛、大角鹿等动物已灭绝，气温开始由干凉向温凉转变。但大多数时候气候仍比较干凉，推测年均气温比现代稍低。人们开始从山麓高地向平原地带迁徙，从岩洞搬出，组建聚落。自此，以磨制石器和陶器为特点的新石器文化形成，原始农业萌发。

化石的形成需要适合的时机和漫长的过程。远古生物死亡以后的遗体或者生活时遗留下来的痕迹多被泥沙掩埋起来，这些生物遗体中的有机物质逐渐被分解，只留下相对坚硬的部位，它们和周围的沉积物共同经过石化作用变成了石头。但是，它们本来的形态及结构仍然较好地被保留下来，生命活动的痕迹也会通过这种方式保留下来，从而形成我们今天所看到的化石。

根据保存特点，化石主要可分为实体化石、模铸化石、遗迹化石和化学化石四种类型。实体化石是指古生物遗体本身全部或部分形成的化石，这件披毛犀头骨化石就属于实体化石。化石的形成非一朝一夕之功。被保存下来的生物体，大部分是那些硬组织，如脊椎动物的骨头、节肢动物的外壳和植物的木质组织等。脊椎动物的骨头和牙以及许多无脊椎动物的外甲是由磷酸钙组成的，能够很好地抵抗风化腐化作用，从而得以保存下来。节肢动物和其他有机物的几丁质外甲也能够变成化石保存下来。

披毛犀头骨化石，见证了披毛犀这一物种的兴衰与进化，还原了更新世时期这类史前犀牛的生存画面，为研究、探索古生物化石提供了重要线索。

旧石器时代狩猎工具

上窑遗址打制石球

尹静雅

2

年代：旧石器时代
尺寸：直径 11.5、厚 9 厘米
来源：赤峰市翁牛特旗上窑
　　　洞穴遗址出土

　　石球曾被称为"球状器""球形石""球形器"等，是旧石器时代遗址或地点常见的石器类型，在国内外均有发现。石球材质丰富，有砂岩、石英、石英岩、石灰岩、角页岩、硅质岩等十多种。赤峰博物馆收藏的这件石球，表面有打击方向不一的凹凸不平的零乱片痕，人工打制痕迹清晰，发现于距今约 1.2 万年的上窑洞穴遗址。

　　上窑洞穴遗址位于赤峰市翁牛特旗老虎山山顶的石崖下。除了石球外，洞穴内还发现了两件打制石器和一件经火烧过的鹿骨化石。距今 3 万～1 万年，赤峰地区气候温暖、水草丰美，生活着披毛犀、猛犸象等大型野生动物，狩猎是当时上窑人主要生活来源之一。狩猎时，石球可以弥补尖状器、砍砸器等手持性工具在近距离与野兽搏斗方面的不足。此外，石球还拥有独特的优势，如飞行中阻力小、速度快、运行稳定，击打时压强集中、杀伤力强，投掷后可远距离滚动等特点，在集体围猎时便于同伴捡拾多次利用，因此有利于上窑人在狩猎中扩大成果。所以，这件石球应属旧石器时代常用的狩猎工具。

　　石球的制作过程较为复杂，从获取原料到生产毛坯、多面体、类球体、球状体，再到最终定型成石球，共有五个生产阶段。制作石球可以采取砸击

上窑遗址打制石球

法、锤击法、摔碰法、碰砧法等方法，我国发现的石球一般系采用锤击法制成。制作石球，不仅需要熟练掌握加工技术，还要控制好打击力度与精确性以及石球台面角的大小，因此大部分遗址发现的石球数量并不多。目前我国年代最久远的一件石球，发现于距今 110 万年的陕西蓝田人遗址公王岭附近，而在距今 10 万年的丁村人遗址也发现有少量石球。旧石器时代石球发现数量最多且最具特色的遗址当属许家窑遗址，该遗址出土了一千余件大小不一的石球，石球直径 5～10 厘米，其中最大的石球重 1.5 千克，最小的石球重 0.1 千克。除大量石球外，许家窑遗址还发现了大量的野生动物化石，如野马、羚羊等，其中仅野马化石就有 300 多匹，故石球应是许家窑人猎获野马的重要工具。

石球大小不同，用法也不同，粗大的石球可直接用于投掷击伤猎物，中小型的石球可用作飞石索。根据民族学资料，飞石索主要有两种使用方法：一种系直接用皮条或绳子的一头拴一个石球，投掷者抡起绳子的另一端使其旋转并放手，石球飞出击伤野兽；另一种为双股，把石球放置在绳子中间的兜里，使用时将绳的两端握在手里，利用旋转的力量将石球甩出以击伤野兽，用这种飞石索，可同时投掷多个石球。

石球的实用工具说，主要源自马克思主义唯物史观，恩格斯在《劳动在从猿到人转变过程中的作用》一文中表达了这样一种观点：制造和使用工具是区分人类社会与猿群的主要特征。劳动是从制造工具开始的。根据发现的史前时期遗物以及史前时期人类的生活方式来判断，最古老的工具是打猎工具和捕鱼工具，而前者同时又是武器。史前人类通过加工和改造获得石球，是为了利用自然、改造自然，从而满足人们生活和生产的需要。

对于石球作为狩猎工具使用的观点，目前还存有一些疑问。比如自然界水流冲刷形成的卵石和风化形成的球形岩石、石核等，不仅数量多，而且获取容易，故专门打制石球作为狩猎工具没有必要。由于石球是钝器，只有命中要害或者连续集中打击，才有可能将猎物击倒。但徒手投掷，石球出手速度有限，打击力量不足，即使是集中攻击，也不足以杀死大型野生动物，可能只是让其受伤而行动减缓。如果猎物伤势不重，反而会引发其激烈反抗，容易伤及猎人。石球相对于石叶等便于携带、维护的工具而言，只能用于有限的范围内，更可能是用于提前设计好的围猎。研究人员通过实验认为，如果石球用于狩猎，其狩猎距离较近，风险更高，更加依赖机会，因此狩猎可能只是石球的功能之一，而不是唯一的功能。

石球除了实用功能外，还有其他功能吗？有学者认为，史前人类可能受精神力量的支配而制作石球，他们可能相信制作石球的态度越虔诚，石球越会发挥它的神性帮助他们获取更多的猎物，所以石球作为实用工具之余，很可能被史前人类视为精神崇拜方面的灵物。制作石球可能源自史前人类对太阳、月亮、蛋类、圆形果实等的崇拜，因而产生了对它们外形的模仿。从人类生存条件来看，太阳、月亮能够提供光源，有利于史前人类躲避食肉动物的侵袭或蛇虫的噬咬，史前人类因而产生了对太阳和月亮的崇拜。而太阳、月亮均为球形，史前人类可能受此启发而制作石球，以祈求光明。从食物来源上看，野果、蛋类是史前人类最易获取的食物。而果实、蛋类的形状多为球形，史前人类也可能因此制作永存不腐的石球作为对果实、蛋类的崇拜。

二

新石器时代

兴隆洼文化蚌饰

3　年代: 新石器时代　兴隆洼文化
　　来源: 赤峰市林西县白音长汗遗址出土

王艳丽

　　蚌器是以蚌壳为材质制作的器具，主要作为生产工具、生活用具和装饰品。在兴隆洼文化遗址中，发现有数量较多的蚌器。赤峰博物馆收藏的这组蚌饰，出土于兴隆洼文化的代表性遗址——林西白音长汗遗址。这组蚌饰系用蚌壳磨制而成，形状作大小不同的菱形或亚腰形。蚌饰发现于墓葬中女子的腰间和膝间，应是穿缀在一起装饰于腰间和膝间的，所以被形象地称为"蚌裙"，这也是我国目前发现最早的装饰性服饰。

　　兴隆洼文化遗址中发现有大量的女性雕塑人像，如林西白音长汗遗址一处房址中发现的栽立于房屋中间的女性石雕人像，林西西山遗址发现的女性石雕人像等。这一方面反映了先民的祖先和生殖崇拜，另一方面反映出当时以女性为主导的社会结构。兴隆洼文化中女性社会地位高，女性爱美的天性使得她们比较注重装饰艺术，陶器纹饰及各种饰品反映了她们对美的追求。赤峰博物馆收藏的这组精美蚌饰就是最好的佐证。

兴隆洼文化蚌饰

兴隆洼文化时期,随着人们在同大自然斗争的实践中逐渐积累经验,生产工具不断地发生变化,分工日益明显。在先民对自然界坚持不懈地探索下,饮食种类不断增加,采集、狩猎、渔猎都是他们获取食物的方式。蚌类是先民食物来源之一,是渔猎的重要对象。而蚌壳的扁薄、坚硬等特点逐渐被人们熟知,它可以在肢解动物时用于切割,也能制作成箭镞、鱼叉等狩猎工具,甚至经简单加工就能成为制作陶器的工具。可见,在史前条件简陋的情况下,蚌质生产工具发挥了相当重要的作用。迄今为止,兴隆洼文化的蚌器主要发现于赤峰市林西县白音长汗遗址、克什克腾旗南台子遗址和敖汉旗兴隆洼遗址、兴隆沟遗址。从已发现的蚌器来看,兴隆洼文化蚌器大致可以分为装饰类、人面类、臂钏类和工具类。

装饰类蚌器大多保存蚌壳原状,有的把蚌壳边缘稍加修整,有的将蚌壳顶部磨平,形成长条形、椭圆形、亚腰形、菱形等形状,器身一般有一个或多个钻孔。这类蚌饰较小者大多为亚腰形,出土数量最多,在兴隆洼、白音长汗、南台子等遗址中均有发现。赤峰博物馆收藏的这组蚌饰就是此种类型,蚌饰形体较小,共 118 件,大多为亚腰形,两端呈尖状或弧状,一面较平,一面略外弧,在弧面中间磨出横向凹槽,两侧形成凹缺,每件蚌饰上均有钻孔。

有学者结合菱形或亚腰形蚌饰形态特征、文献记载及民族志材料研究认为,除了具备装饰功能外,这类蚌饰还与原始宗教息息相关。在当时能将此类蚌饰装饰在身上的人可能是巫师,蚌饰在其生前用作道具,死后则作为葬具。至今达斡尔族萨满服饰上还装饰有大量贝壳。这组蚌饰在白音长汗墓葬中出土时并非单独存在,同时还伴出有精美蚌珠、石制品等。在当时祖先崇拜、生殖崇拜盛行的背景下,墓主人的身份地位应非常特殊。

这组蚌饰也是史前气候环境的反映。兴隆洼遗址的孢粉分析表明,当时植被覆盖率达到 98%,雨水充沛,年平均降水量约 500 毫米。气候温暖湿润,河流水系发达,河内有很多水生蚌类。这些优越的气候条件,非常适合渔猎经济的发展。兴隆洼文化遗址中出土了种类众多、做工精细的渔猎工具,反映出这一时期渔猎经济的发达。人们通过渔猎增加食物种类、满足自身物质需求的同时,还把副产品蚌壳等加工成各种装饰品,丰富了人们的精神文化生活。

爱美之心，人皆有之。旧石器时代先民已经开始制作并使用各类装饰品，比如距今约 1.8 万年的山顶洞遗址就发现有穿孔的兽牙、小石珠、海蚶壳等制作的装饰品。随着时代的变迁，史前居民受到自然环境、生活方式和思想观念等因素的影响，装饰品的材质、种类、样式不断变化，并呈现出取材广、数量大等特点。其中，把蚌壳加工成各种各样的装饰品，为人们精神生活平添了无限的美感和神秘感，体现了人们对美的追求，展现了先民的智慧与审美。

辽西地区新石器时代代表性陶器

兴隆洼文化"之"字纹筒形罐

沙大禹

4

年代：新石器时代 兴隆洼文化
尺寸：口径 21.8、底径 14.5、
　　　高 30.9 厘米
来源：赤峰市敖汉旗兴隆洼
　　　遗址出土

　　"之"字纹筒形罐是兴隆洼文化的典型陶器。赤峰博物馆收藏的这件"之"字纹筒形罐，出土于赤峰市敖汉旗宝国吐乡兴隆洼遗址。陶罐为夹细砂灰褐陶，胎壁较厚，质地疏松，烧制火候不高。陶罐呈圆筒形，侈口，圆唇，口外缘加厚，斜直腹，平底。底部有火烧痕迹，颜色发黑。陶罐系采用泥圈套接法手工制作而成。器表装饰压印纹，从上到下分别为平行斜线纹、直线纹、"之"字纹、交叉纹。"之"字纹为主体纹饰，其中最上端一圈"之"字纹比较有特点，为两道一组平行分布。

　　兴隆洼文化夹砂陶器可分为夹粗砂和夹细砂两种，中小型陶器一般夹细砂，例如杯、碗等；大中型陶器一般夹粗砂，如筒形罐。兴隆洼文化陶器大多通体装饰纹饰，以复合纹饰居多，使用单一纹饰的很少，其中"之"字纹与交叉纹使用频率最高。纹饰除装饰作用外，还可起到防滑的作用。关于"之"字纹的起源，目前学术界有许多不同的观点，其中"之"字纹源于交叉纹的观点得到了多数人的认可。"之"字纹与交叉纹都属于压印纹饰，交叉纹的特点是两条线在中部相交，而"之"字纹的相交点则在线条一端。由此可知，在压印交叉纹时，每压印一条线后都需要抬起施纹工具再压印下一条纹饰，效率明显比压印"之"字纹低，因为"之"字纹不用抬起压印工具就可以连续折压施纹。

兴隆洼文化"之"字纹筒形罐

兴隆洼文化陶器有罐、钵、碗、杯等，以筒形罐数量最多，筒形罐多作敞口、斜直壁、平底。夹粗砂的筒形罐，体积一般较大，胎壁与底都比较厚，颜色多为黄褐色、灰褐色。除兴隆洼遗址外，"之"字纹筒形罐在内蒙古赤峰敖汉旗兴隆沟、赤峰林西白音长汗以及辽宁阜新查海等兴隆洼文化遗址中也有发现，一般出自房址与灰坑中。筒形罐是辽西地区新石器时代最具代表性的器形之一，这种器形最早出现于兴隆洼文化遗址，不仅对同时期周边地区的磁山文化、裴李岗文化等影响较大，而且对本地区后续兴起的赵宝沟文化、红山文化也产生了很大影响。它作为一种代表性器形在辽西地区延续了数千年，这在中国史前文化中是极其少见的文化现象。

兴隆洼文化时期，制作陶器并不是件容易的事情，所以出现了陶器损坏后修补再使用的现象。出土的"之"字纹筒形罐残片有很多带有钻孔，应是陶器损坏后修补留下的痕迹。"之"字纹筒形罐破裂后，人们在破裂陶片边缘钻孔，用绳子连接修补后继续使用。兴隆洼文化陶器虽不像玉玦那样珍贵，也不像石雕人像那样让人充满想象，但是它们包含着丰富的文化内涵，是我们认识当时社会发展状况的重要材料。从实际用途来看，兴隆洼文化陶器一般用作炊具、水器、储藏器等。

兴隆洼文化是主要分布在内蒙古东南部、辽宁西部的新石器时代文化，因首次发现于赤峰市敖汉旗宝国吐乡兴隆洼村而得名，距今8150～7150年，大体分布在西辽河上游的西拉木伦河、老哈河、教来河流域以及大凌河流域。兴隆洼文化分布范围较广，其中兴隆洼遗址地处努鲁儿虎山北麓大凌河支流牤牛河上游西岸岗地上，是兴隆洼文化的代表性遗址。20世纪80年代初，中国社会科学院考古研究所对兴隆洼遗址进行了考古调查与发掘，随后又进行了多次考古发掘。考古发掘表明，兴隆洼遗址是新石器时代中期一处重要的聚落遗址，发现有房址、墓葬、窖穴、灰坑、围壕等遗迹，出土了陶、石、骨、玉器等遗物。聚落遗址经过精心规划和设计，房屋沿西北—东南方向整齐排列，其中最大的房址面积有140余平方米，显然比同时期黄河流域的房屋更加宽敞。聚落遗址四周被围壕包围，围壕不仅代表着边界，同时还起到防御的作用。兴隆洼遗址因其重要性，1992年被评为"全国十大考古新发现"，1996年被公布为全国重点文物保护单位，2001年入选"中国20世纪100项考古大发现"，2021年入选中国"百年百大考古发现"。

中国早期磨制玉器

年代: 新石器时代 兴隆洼文化
尺寸: 直径 4.7、厚 0.7 厘米
来源: 赤峰市出土

5

兴隆洼文化玉玦

吴 迪

　　赤峰博物馆收藏的这件玉玦为环状，玦身圆鼓，一侧有缺口。玉玦表面磨制光滑。玉玦材质为透闪石玉，玉料来源于辽宁省岫岩县。玉质莹润，青中泛黄，透明度较高，可见片状云絮沁入玉中。玉玦是兴隆洼文化玉器中的典型器类。

　　玉玦外部实体部分称为"肉"，其尺寸即为外径；中间的圆孔称为"好"，其尺寸即为内径；玦肉的缺口称为"缺"。玉玦呈圆环状，因一侧有一个缺口而得名。玦，在中国古代传统文化中有"决断"的含义，儒者喜爱佩玦，认为"缓佩玦者事至而断"。文献中对玦的记述最早出现于春秋时期，而对玦的解释则要到汉代以后。东汉许慎《说文解字》："玦，佩玉也。"北宋《广韵》："佩如环而有缺。"玉玦一般出土于墓主耳部位置，当是用作耳饰，功能与耳环相当。兴隆洼文化玉玦是目前已知世界上最古老的耳饰。玉玦在新石器时代晚期就已较多使用，如在东北地区的红山文化和长江下游

兴隆洼文化玉玦

的河姆渡文化、马家浜文化以及江淮地区的青莲岗文化、凌家滩文化等新石器文化中都有发现。商周时期继续流行，汉代以后则较少出现。

兴隆洼文化玉器以赤峰市敖汉旗兴隆洼遗址与兴隆沟遗址出土玉器最具代表性，其中兴隆洼遗址出土了中国目前所知年代最早的一批磨制玉器。兴隆洼文化玉器除玦外，还有匕形器、弯条形器、锛、斧、凿等。兴隆洼文化玉器是目前世界上最早的装饰用玉，同时也是红山文化玉器的源头。兴隆洼文化玉器被视为中国玉文化的开端，它把中国真玉器的使用时间向前推进到距今 8000 多年的新石器时代中期。

兴隆洼文化玉器的发现，表明兴隆洼文化先民已经能够鉴别玉料，并对坚硬玉料进行琢磨加工以制作玉器。这件玉玦的制作采用了琢磨、钻孔、切割、抛光等多种制玉工艺。玉玦外廓制作最常用的方法是直接琢打，加工出圆形轮廓后再将其研磨平滑，形成玉玦的初坯外廓。玉玦的钻穿可能是使用了一种被学者称为"辘轳轴承器"的工具，这种工具也被称作环砥石、石钻、研磨器等。这种石制工具一般作长椭圆形，两端各有一个乳突，在珠三角、东北、长江下游、黄河中游等地均有发现，时间跨度为新石器时代中晚期直至西周时期。有学者认为，辘轳轴承器可能就是兴隆洼文化的钻穿工具。玉玦加工比玉环多一道切割玦口的工序，这也是区分环与玦的重要标志。玦口切割的主要方式是线切割。线切割系用柔性线状物带动解玉砂切割玉料，是较为古老的玉器切割方法，在兴隆洼文化时期就已经出现，在新石器时代中晚期较为流行。在线切割开始前，通常需要切开一个引导槽，用以稳定切割方向。内切是由玦孔向外线切，外切是由外缘向内线切。

在生产力水平和认知水平低下的史前时期，八千年前的兴隆洼文化先民耗费大量精力去制作精美的玉玦，表明玉玦不仅是体现兴隆洼文化先民审美的世俗装饰物，更包含着远古先民的精神信仰。古人将头部视为人体通灵的重要部位，早期玉器生产与头部装饰品联系起来，就是为了通灵的需要。玉被古人视为人神沟通的重要媒介，作为耳饰的玉玦可能被兴隆洼文化先民视为通灵的宝物，并被认为具有通神、护身、辟邪等功用。在物质资源匮乏的兴隆洼文化时期，将玉玦用作耳饰显然不是普通成员能享有的待遇，而是个别通神者的特权。通神者以玉玦为媒介，通过某些特殊行为与神沟通，接受上天之神的旨意，并希望借助神的力量治疗疾病、驱邪消灾。玉玦也就成为区别普通人和通灵圣者的标志物。玉玦的使用仅限于少数人，可见玉玦还具有标志身份、地位、等级的功能。从出土数量及墓葬形式上看，兴隆洼文化玉玦多出土于居室墓。居室墓是在房屋内挖建墓穴埋葬死者，属于较高等级的墓葬，这也表明玉玦并非普通部落成员能够拥有，而是少数特权阶层才能拥有的贵重物品。

兴隆洼文化玉器是迄今中国所知年代最早的真玉器，是深入认识兴隆洼文化制玉技术、宗教信仰、审美情趣等问题的重要材料，是探索中国玉文化起源的重要基点，并对中国玉文化的发展产生了深远影响。

原始灵物崇拜

6

年代：新石器时代　赵宝沟文化
尺寸：口径 25.5、腹径 28.5、
　　　底径 10.5、高 22 厘米
来源：赤峰市敖汉旗赵宝沟遗址出土

赵宝沟文化鹿纹尊形器

贾秀梅

　　赤峰博物馆收藏的这件鹿纹尊形器出土于赤峰市敖汉旗赵宝沟遗址，为夹砂灰褐陶，烧制火候不高，器表颜色不匀。器物残损严重，已修复完整。器形口大底小，敛口，外折沿，圆唇，颈部较长，溜肩，腹部弧收，凹底，假圈足。腹部刻划有两只鹿纹，鹿一长一短，身躯弯曲，眼睛为柳叶形。鹿纹采取写实与夸张相结合的表现手法，鹿首尾相衔，作凌空翻飞状，鹿的躯干和四肢刻划细网格纹。这件鹿纹尊形器对于解析赵宝沟文化的社会经济形态和宗教信仰具有重要价值。

　　尊形器是赵宝沟文化常见的典型陶器之一，多为敛口或直口，长粗颈，下腹圆弧，底平或内凹，假圈足。赵宝沟文化尊形器的形制随着时间推移而发生演变，不同时期尊形器的形制差别主要表现在颈部、肩部和腹部等重点部位。尊形器在赵宝沟文化遗址中发现有数十件，均为夹砂陶，器表色泽不一。器物均为手工制作而成，使用的多是泥圈套接法。器表经过磨光后再施加纹饰，多在腹部压印或刻划纹饰。尊形器上的纹饰主要有两种：一种为动物纹饰，如鹿、鸟、野猪等，常见鹿纹或几种动物组合纹；另一种为几何纹饰，如菱格纹。在目前已发现的尊形器中，以敖汉旗小山遗址出土的尊形器

赵宝沟文化
鹿纹尊形器

最具代表性，器腹装饰鹿、猪、鸟动物组合纹，纹饰观赏性和艺术表现力较强。鹿纹尊形器在赵宝沟文化遗址中多有发现，不仅说明当时鹿在人们的生产生活中扮演着重要角色，而且表明当时陶器制作工艺已经较为成熟，人们可以通过制作精美的陶器来表达思想感情。

考古发现表明，赵宝沟文化时期生产力得到进一步发展，陶器制作工艺较之前的兴隆洼文化更为成熟。赵宝沟文化陶器器形主要有筒形罐、尊形器、椭圆底罐、圈足鼓腹罐、钵和碗等，其中以筒形罐数量最多，而以尊形器造型最为别致。纹饰主要有动物纹、几何纹，其中动物纹一般位于尊形器腹部，这在同时期其他考古学文化中并不多见。赵宝沟文化具有地域特征，并对之后西辽河流域的考古学文化产生了一定的影响。红山文化在形成和发展过程中，继承了赵宝沟文化的部分因素，小河沿文化中某些典型器类（如尊形器）及几何纹饰亦能从赵宝沟文化中找到踪迹。

研究表明，尊形器可能为宗教礼器，其上装饰的动物纹是灵物崇拜的一种体现。赵宝沟文化的生业方式还较为原始，农业生产虽然已初具规模，但在整个食物供给系统中所占比重较低，狩猎经济依旧占据主导地位。鹿、野猪和飞禽是赵宝沟文化先民主要的狩猎目标和食物来源。在生产力水平低下的史前社会，人们认识和改造自然的能力有限，为了更好地生存繁衍，会把他们认为重要的动物图案绘制到陶器上加以崇拜。尊形器是赵宝沟文化中的重要器物，赵宝沟文化先民将经过艺术化处理的鹿形象装饰在尊形器上，以此来表达对天地自然的敬畏并祈求灵物的护佑。这种将动物神灵化的现象表明，赵宝沟文化先民已经脱离简单的食物崇拜和生殖崇拜，宗教观念开始向更高阶段发展。装饰鹿纹的陶器在赵宝沟文化遗址中发现有数件，而在周围同时期的其他文化中鲜有见到。由此可见，对鹿的尊崇是赵宝沟文化先民十分重要的习俗。史前时期，在陶器上表现部族的图腾是屡见不鲜的现象，鹿应是赵宝沟文化先民的重要图腾。赵宝沟文化先民通过灵物崇拜来展现人们的精神寄托，传达人们的思想感情。

赵宝沟文化作为西辽河地区一支重要的考古学文化，它的发现不仅填补了内蒙古东部地区考古学文化编年的缺环，而且为研究史前社会生产生活、经济形态、原始宗教等问题提供了重要资料。赵宝沟文化动物纹尊形器，因其独特的造型及文化内涵而为人们所关注。

赵宝沟文化几何纹椭圆底陶罐

张伟娇

7

年代: 新石器时代
　　　赵宝沟文化
尺寸: 口径 19.6、高 25 厘米
来源: 赤峰市敖汉旗赵宝沟
　　　遗址出土

赤峰博物馆收藏的赵宝沟文化陶器装饰有几何纹、动物纹等纹饰，其中以几何纹最多。几何纹较为简单，有"之"字纹、平行线纹、平行斜线纹、席纹等。几何纹是利用点、线、面组成简单线条并规律分布的一种纹饰。赤峰博物馆收藏的这件陶罐，是典型的赵宝沟文化几何纹磨光黑陶筒形罐。陶罐口呈圆形，圆唇外凸，弧腹，底呈椭圆形，口部和底部略收，口径略大于底部最大径。器表饰有竖排交叉的复线"之"字纹，复线中间有平行的细线纹，纹饰系采用压印工艺装饰。这种类型的陶罐属于赵宝沟文化早期的椭圆底陶罐。

赵宝沟文化是我国西辽河流域新石器时代的一个重要文化类型，文化内涵丰富，尤其是它的陶器，无论是器形还是纹饰都比当地此前的文化有明显发展与进步。陶器的典型特征是以磨光灰陶为主，器形有筒形罐、圈足碗、深腹钵等。陶器腹部多压划几何纹饰，几何纹饰较前期文化复杂，有 S 形纹、波浪纹、平行斜线纹、席纹等，为数不多的尊形器腹部压印有繁缛的动物纹饰。

"之"字纹筒形罐是东北地区新石器文化的代表性器物。距今约 7000 年的赵宝沟文化陶器上的几何纹饰较有代表性，这些几何纹是在前期兴隆洼文化"之"字纹筒形罐的基础上发展而来的。赵宝沟文化的陶器制作工艺和制作手法与兴隆洼文化相同，陶器基本是泥圈套接、手塑成型，纹饰系采用压印、刻划等手法制作，所以赵宝沟文化陶器上的几何纹饰是受本地兴隆洼文化晚期"之"字纹的影响而产生的。比如赤峰博物馆藏椭圆底筒形罐的竖排"之"字纹，"之"字纹交叉排列较长，在兴隆洼文化晚期的查海遗址中已经开始流行。而椭圆底的陶器属于赵宝沟文化的一个特有现象，它贯穿于整个赵宝沟文化时期，在当地早期的兴隆洼文化中没有见到，而在赵宝沟文化分布区以南比赵宝沟文化早的磁山文化中见有椭圆底陶罐、盂、圈足鼓腹罐等，所以赵宝沟文化中出现的椭圆底陶器可能是由华北地区的磁山文化发展而来。但从器形和纹饰来看，赤峰博物馆藏椭圆底筒形罐还是属于"之"字纹筒形罐文化系统，可以说这种"之"字纹椭圆底筒形罐是在本地兴隆洼文化和华北地区磁山文化的共同影响下产生的。

赵宝沟文化几何纹椭圆底陶罐

几何纹是陶器上出现最早的装饰纹样，普遍见于新石器时代日常生活用的陶器。至于几何纹产生的原因，一种观点为最早的陶器是用泥条盘筑法制作的，用这种方法制作的陶器会自然形成条形纹饰，后来在此基础上逐渐发展出其他的几何纹饰；另一种观点是，原始先民为了增加器物表面的摩擦力并在使用过程中起到防滑作用而制作的。从装饰艺术的角度来看，这些纹饰除具有强烈的实用性外，还具备一定的文化内涵。人们最早在陶器上做简单的线条装饰，后来在几何纹饰的绘制过程中，发现了对称和二方连续纹样的独特美感，在长期熟练制作几何纹饰的基础上，逐渐产生了审美观和对美的追求，并对点与线这两个构成绘画作品的基本元素的掌握也更加熟练，自然而然更加复杂多样的几何图案就诞生了。

在原始社会时期，文字还没有产生，陶器上的这些纹饰虽然艺术性更浓一些，但艺术源于生活。它们出现在原始先民的生活中，可能是作为当时生活中的一个记录符号而存在。我们都知道，符号是语言的另一种表达形式。符号化是信息传递的过程，正是通过符号化的活动过程，先民在特定的情境中领略到其中的含义。这些符号具有认知功能和审美功能，前者传递器物功能、使用方法等方面的信息；后者通过图案的设计与制作，传递当时的生活方式、行为特征及社会意识等方面的内容。通过这些装饰纹样，人们可以直接表达自己的思想。如布满器身的弦纹、附加堆纹、"之"字纹或交叉纹、席纹等，所表现的是对编织物图案的模仿，就像藤条或树枝编的器物外表的图案。这样的图像符号想表达的是，古人在制作陶器时希望它们能够像藤编器物一样经久耐用。有些纹饰是古人对生活中所见事物的记录，如根据渔网、栅栏等在陶器上制作网格纹，根据河水的波浪而制作出水波纹。总之，这些简单的几何纹饰源于古人的生活，具有写实性，并成为古人的一种生活记录符号而保存在陶器上。

赵宝沟文化时期，陶器上的几何纹饰比较简单，主要源于对生活的写实。不过，赵宝沟文化陶尊上还出现了虚实结合的灵性动物纹饰，此类纹饰可能是在氏族图腾崇拜的影响下，随着制陶工艺的进步，先民从几何纹装饰中受到影响并不断创新而产生的。赵宝沟文化的几何纹饰，对后来的红山文化及小河沿文化陶器上比较抽象的几何纹装饰产生了影响。

中华第一凤

赵宝沟文化凤形陶杯

周炎炽

8

年代：新石器时代　赵宝沟文化
尺寸：长 18、宽 10、高 9.1 厘米
来源：赤峰市翁牛特旗解放营子乡
　　　蛤蟆山遗址出土

赤峰博物馆收藏的这件凤形陶杯，属于新石器时代赵宝沟文化，距今约7000 年。这件凤形陶杯呈黑褐色，整体造型作凤形，长冠长喙，丹凤眼，宽短尾。杯身为长圆形，矮圈足。器壁上饰有交叉的几何线纹和细线纹，用来表示翅膀和羽毛。凤嘴尖，凤冠尾部缺失。这件凤形陶杯，是新石器时代较早的凤形象，对凤形象的起源研究具有重要意义。

出土凤形陶杯的翁牛特旗蛤蟆山遗址属于赵宝沟文化，赵宝沟文化因1986 年发现于敖汉旗高家窝铺乡的赵宝沟遗址而得名。赵宝沟遗址总面积约 9 万平方米，发掘面积 2000 平方米，主要收获是清理房址 17 座。出土器物有陶器、石器、蚌器、骨器等。陶器均为手制，器形主要有筒形罐、椭圆底罐、尊形器、钵和碗等，陶系以夹砂黄褐陶、夹细砂黑陶为主，纹饰主要有拟象动物纹、抽象几何纹和"之"字纹等。赵宝沟文化时期，器物本身体现的灵物崇拜是其自身重要的文化特征。例如赤峰小山遗址出土的饰有猪龙、飞鹿、神鸟图案的尊形器，对三种动物的头部采用写实与夸张相结合的处理手法，着重突出动物最具特点的器官，而且动物身体上均画有细密的网格纹，这种巧妙的构思令人叹为观止。考古学家指出，它不仅是刻划在陶器上的纹饰和图案，还是中国最早的透视画。同样，这件凤形陶杯也是赵宝沟文化灵物崇拜的一种表现形式。赵宝沟文化之前的兴隆洼文化表现为对动物实体进行崇拜，如将野猪和墓主人同葬一墓，体现了对猪的崇拜。而到了新石器时代中期的赵宝沟文化时期，人们将动物形象抽象化，并绘画在陶器上进行崇拜。这可以视为崇拜的高级阶段——灵物崇拜。

凤被视为中华民族传统的吉祥形象。凤在成熟阶段的形象，已为人们熟知，但凤形象的发展是一个漫长的过程，这件凤形陶杯被视为"凤形象的雏

赵宝沟文化凤形陶杯

形"。据《尔雅》记载，凤最初的形象为"鸡头、燕颔、鱼尾"，这件陶杯已将凤的雏形完全显现。在古老的赤峰大地上，赵宝沟文化先民受自然科学水平低的局限，形成了对灵物崇拜的精神寄托。尤其是对能够飞翔的鸟类，更是倾注内心的情感，以此表达对未知世界的探索和追求。结合陶杯的出土地以及古代赤峰的自然环境，凤形陶杯的造型来源应该是生活在赤峰的一种名叫"戴胜"的鸟，其实就是锦鸡一类的鸟。由于人类在自然界的活动，许多动物改变了原有习性，依靠人类生产的食物和废弃物生存，"戴胜"便是其中的一种。它身披五彩斑斓的羽毛，头上顶着一簇美妙绝伦的羽冠，与人类朝夕相伴，深得人们的喜爱。于是，赵宝沟文化时期的工匠，在"戴胜"形象的基础上，塑造了这个陶杯，以此表达他们对这类动物的喜爱和崇拜，也造就了凤的早期形象。

凤形陶杯的出现，是赵宝沟文化先民浪漫主义思想的集中反映。"凤"作为人们心中的图腾动物，一直是美好愿景的代表。从造型来看，凤形陶杯应该不是日常实用器。赵宝沟文化时期，陶器制作水平虽然有所提高，但出土的陶器仍然以罐、钵、碗等为主，具备灵物崇拜性质的陶器寥寥无几。这也说明，这类陶器不是实用器，而是作为祭祀、崇拜的对象。这件凤形陶杯极有可能是古代巫师所使用的祭祀用品，在巫师去世以后，便以这件祭祀用具陪葬。凤鸟能在天空翱翔，更接近风雨雷电等自然现象，而"万物有灵"观念在原始社会非常普遍，天空中一切自然现象都被视为具有灵性、灵魂的现象。凤鸟飞翔的能力既是巫师所向往的，又被视为沟通自然神的途径，所以赵宝沟文化先民塑造了这个凤鸟形象的陶杯，用于通天、祭祀。

可以说，赵宝沟文化凤形陶杯，一方面展现了赵宝沟文化先民的思想表达方式，另一方面展现了赵宝沟文化先民独特的艺术表达能力。对动物形象做艺术化的处理和抽象，是赵宝沟文化的重要特征。在生产力水平和认识水平低下的史前时期，赵宝沟文化先民不囿于生存环境，用浪漫主义思维，以身边常见的动物为原型创造出了"神物"的最早形态。他们天马行空的艺术思维和丰富的想象力，为后来红山文化这一高度发达的史前文明的出现做好了铺垫。

碾磨农具

9

红山文化石磨盘磨棒

张 颖

年代：新石器时代　红山文化

尺寸：磨盘长 35.7、宽 15.8、厚 6.1 厘米，
　　　磨棒长 27.5、直径 5.5 厘米

来源：赤峰市翁牛特旗解放营子乡头道
　　　窝铺村出土

　　红山文化是中国北方新石器时代重要的考古学文化。红山文化时期，先民已经过上了定居生活，经济生活以农业为主，以渔猎为辅，手工业有制陶业、玉石加工业等，且各类经济形式均有了较大发展。其中，农业生产已经进入锄耕农业阶段，人们已经懂得制作适于各类耕种所需的石质农具。石器磨制技术更加精细，农具质量更高，极大地提高了耕种效率。

　　赤峰博物馆收藏的这组红山文化石磨盘、石磨棒，出土于赤峰市翁牛特旗解放营子乡头道窝铺村。石磨盘呈灰褐色，近似椭圆形，盘身较为圆润，边角光滑，正面弧形下凹，两端上翘，背面较为平整，两端较中部稍厚。石磨棒颜色略深，整体呈柱状，中段略扁圆，两端较圆适合抓握，使用痕迹明显。整组石器磨制精致，是红山文化石器的典型代表。

　　制作出如此精致的石质农具，背后一定是红山文化农业的大规模发展，以及与农业发展和人类生存相适宜的气候环境。古代气候环境研究表明，距今8200～2000年，现在的内蒙古、辽宁地区属于温带季风气候，四季分明，夏季温热多雨，冬季寒冷干燥，年降雨量约400毫米，处于半湿润区到半干旱区的过渡地带，是温带草原和温带森林交错分布地区。复杂的气候环境特点，造就了丰富的动植物资源。红山文化时期，野生可食植物资源包

红山文化

石磨盘磨棒

括各种菌类、藻类、野菜、野果、坚果近 200 种。野生动物资源以小型动物为主，主要包括鹿类、野猪、狐狸、野兔等；驯养动物主要包括猪、牛、羊、狗等。

丰富的水热条件和动植物资源，为当地采集、狩猎经济的发展及动植物驯化提供了有利的条件，也为多种生计方式并存的生产模式提供了物质基础。气候波动会影响动植物资源的分布和种类，也会影响人类的生计方式，从而影响人类的资源利用方式甚至社会组织结构。

鉴于采集、狩猎经济的不稳定性以及人类对种植业的进一步认识，人们也就开始了最初的种植，以保证食物资源的稳定性。最初的农业开始于人类将拾获种子撒到地里，无须处理任其自然生长，待到作物成熟时采摘收获作为食物。早在距今约 8000 年的兴隆洼文化时期，先民已经开始人工种植粟和黍，这是世界上最早的旱作农业。红山文化承继兴隆洼文化，农业生产规模发展壮大，农具制作水平大幅提高。红山文化代表性农具桂叶形石耜的发现，表明这一时期的农业已脱离刀耕火种阶段，进入耜耕农业阶段，农耕进入成熟时期。作为谷物加工工具的石磨盘和石磨棒的发现，说明红山文化先民仍从事粟、黍等谷物种植。农业大规模发展又促进了农具的大量使用，石磨盘、石磨棒在红山文化遗址中大量出土，如辽宁朝阳牛河梁遗址、内蒙古巴林左旗二道梁遗址、赤峰西水泉遗址、赤峰元宝山哈喇海沟遗址等。

石磨盘、石磨棒多选用结晶颗粒比较大的花岗岩、砂岩类石材制作，通过较为粗糙的磨制手法制作成型。石磨棒要便于双手抓握用力，并且长度要大于磨盘宽度。工作原理是利用摩擦力使加工对象撕裂、破碎。关于石磨盘、石磨棒组合的功能，目前还存在一定争议，一般认为是谷物加工工具，还有学者认为可能是用于加工动物皮毛、处理麻纤维或者研磨颜料等。微痕分析、淀粉粒分析结果表明，石磨盘与石磨棒加工对象十分庞杂，从禾本科的种子、栎属橡子、栝楼根等植物到坚硬的石器等都是其加工的对象。结合红山文化时期内蒙古东部及辽宁等地的动植物分布特点可知，赤峰博物馆收藏的这组红山文化石磨盘、石磨棒，用途并不单一，不仅是谷物加工工具，还是研磨兽皮、麻料甚至颜料的一种常用生活工具。

陶器中的异形器

红山文化灰陶斜口器

张小明

10

年代：新石器时代　红山文化
尺寸：底径 13.5、高 29.5 厘米
来源：赤峰博物馆旧藏

红山文化灰陶斜口器

　　赤峰博物馆收藏有一件器形特殊的斜口器，器物整体呈斜口喇叭状，斜腹，平底。口沿处饰一周指甲纹，通体饰横压竖排"之"字纹。这件斜口器为手制，观察其内壁可知系采用泥圈套接法制成。器表较为光滑，在成型过程中采用拍打、压磨方法对套接缝隙进行了弥合。该器为夹砂灰陶，属于新石器时代红山文化陶器。

　　红山文化因发现于赤峰市红山后遗址而得名，距今 6500～5000 年，分布面积达 20 万平方公里，西拉木伦河、老哈河和大、小凌河流域是其分布中心区域。红山文化以农耕为主，兼有渔猎。陶器制作水平较高，石器制作精致。成组玉器及玉龙的出现，成为中华民族崇龙、尚玉习俗的肇始。红山文化坛、庙、冢和神像、玉礼器的发现，表明西辽河流域是最早孕育中华文明的地区之一，对中华文明的起源与发展具有十分重要的意义和深远的影响。

　　斜口器形制特殊，又名斜口罐、偏口罐、带流器、斜口异形器、簸箕形器等。斜口器口沿一侧较低，另一侧较高，口沿向一侧倾斜而形成斜口。斜口器一般与筒形罐伴出，出土数量不多，远远低于筒形罐的出土数量。斜口器是新石器时代具有鲜明地域特色的陶器，主要分布于东北地区的西南部，发现于西辽河流域、下辽河流域和西流松花江流域的新石器时代文化，以西辽河流域的红山文化发现数量最多。

从目前的考古发现来看，斜口器的质地主要有夹砂陶和砂质陶两类，陶色有黄褐色、红色、灰褐色、灰色等，装饰纹饰有"之"字纹、附加堆纹、指甲纹、编织纹等。其中编织纹常见于斜口器底部，应是陶坯放置在编织的垫子上晾干时留下的印痕。从目前的发现来看，斜口器大体上有三种形制：一是小口斜口器，口部近圆形，侧壁外弧或内弧，后壁外弧，平底，口径大于底径；二是大口斜口器，口径较大且明显大于底径，前壁较矮，侧壁较直，平底；第三种斜口较小，呈 V 形，腹壁斜直，器体瘦长。馆藏斜口器为夹砂灰陶，从形制特征来看属于大口斜口器。

关于斜口器的造型来源，虽然目前学术界尚未有统一的观点，但一般认为斜口器是脱胎于大型筒形罐而制作出来的，将筒形罐腹部斜着去掉一部分便是斜口器的初步形制。筒形罐是东北地区尤其是辽西地区新石器文化序列中较有地域特色的器物，而斜口器迄今为止只见于东北地区，在其他地区新石器时代文化中均没有发现。因此可以说，斜口器是东北地区独有的器类，它是筒形罐在无外来文化影响下产生的异化器类。

斜口器形制独特，关于其功能，目前学术界还没有形成定论。学者通过对斜口器的形制特征及出土位置的分析，推测斜口器具有如下几种功能：第一，在开挖半地穴房屋、灶坑和修补火道时，可用来撮走泥土。第二，在灶坑使用过程中，可用来撮出灶坑内的灰烬。第三，作为分筛、分拣的工具，相当于现在使用的簸箕。人们使用石磨棒、石磨盘将坚果或谷物的外壳碾碎，然后将其倒入斜口器中，在斜口器内将果壳或谷壳分筛、分拣出来。第四，斜口器还可能用作保留火种的器皿。红山文化中常有斜口器出土于灶旁，因而可能与保存火种有关。新石器时代陶器一器多用现象较为普遍，斜口器可能同时具有以上多种用途。因斜口器形制存在差异，各类斜口器的主要功能可能不同，可能各有侧重。

斜口器是东北地区具有特色的一种异形陶，产生于东北地区新石器时代中期，新石器时代晚期逐渐消失，前后延续有三千年时间，有助于我们认识东北地区考古学文化的演进与交流。赤峰博物馆收藏的这件斜口器，向我们展示了史前时期东北地区具有鲜明地域特色的斜口器演变过程中的重要环节，对于了解红山文化先民的生活和探索筒形器、斜口器、斜口筒形玉器的起源与发展具有重要价值。

红山文化碧玉联珠形饰

11

年代：新石器时代 红山文化
尺寸：长 9.8、宽 1.1～1.7 厘米
来源：赤峰市翁牛特旗征集

王 迪

　　赤峰博物馆收藏的这件碧玉联珠形饰，玉色青绿，主体呈柱状联珠形，一端有一短钩。从形制来推断，它应该是一件玉笄，年代为新石器时代红山文化时期。

　　笄是中国古代男女通用的一种发饰，其使用方式是将长发绾成发髻盘于头顶，再将笄插入头发中用来固定绾好的发髻。先民是从什么时候开始使用发笄的呢？从考古发掘的情况来看，笄出现较早，在旧石器时代就已经出现，但这一时期笄的使用并不普遍。在旧石器时代的遗址中，发现有许多用骨、石、贝制作的装饰品，表明当时人们已经有了爱美之心，并且掌握了一定的方法，可以对各种天然原料进行加工制作。但是这些装饰品大多是串饰，缠挂在颈部、手臂上，那时人们的发式大概仍以披发为主。进入新石器时代后，在中原、黄河下游、北方、东北等地的新石器文化遗址中，普遍发现有发笄，可见笄已经成为一种比较普遍的装饰物。新石器时代笄的材质多种多样，包括骨、木、陶、玉、蚌等；造型也很丰富，有圆柱形、圆锥形、扁平锥形、棱柱形等。

　　红山文化是中国北方西辽河流域孕育出的一支影响广泛的新石器时代文化，因发现于赤峰市红山后遗址而得名。红山文化内涵丰富，手工业较为先进，尤其是在制玉方面取得了很高的成就，是中国古代玉器发展的第一个高峰，与南方良渚文化一同成为新石器时代两大制玉中心。在红山文化器物

红山文化碧玉联珠形饰

中，玉器是非常重要的一类，不仅数量较多，而且形制多样。红山文化玉器按照功能不同，大致可分为装饰类、工具类、礼仪类等不同类别。馆藏这件联珠形玉饰，从功能角度考虑，应属于装饰类玉器。目前发现的红山文化装饰类玉器，多为耳饰、腕饰和挂饰等，如玉玦、玉环、玉镯、玉珠、玉管等。作为一种发饰，联珠形玉饰造型独特。

馆藏联珠形玉饰，色泽温润光亮，其材质应为中国四大名玉中的岫岩闪石玉。岫岩玉因产于辽宁省岫岩县而得名，质地细腻，有油脂光泽，呈不透明或半透明状。岫岩玉从矿物学上可分为闪石玉和蛇纹石玉两种，其中闪石玉是红山文化玉器的主要材质，有绿、黄绿、黄白、白、黑等颜色。在红山文化时期，一件玉器的制作大致要经过玉料切割、玉器雕琢、打磨抛光等步骤。这件联珠形玉饰的制作工序是：制玉工匠先用工具蘸着解玉砂，用线切割或者片切割的方式，切割出一块大小合适的柱形玉料；采用圆雕的方法制作出器物的大体形态后，再一点点进行修整；最后经过打磨抛光处理，器物表面就会有凝脂般的光泽，看上去细腻柔和。因为年代久远，联珠形玉饰的表面已经出现了一些风化蚀变的痕迹，表面还有一些凹凸不平的小坑，小坑里面有一些积土。

馆藏联珠形玉饰显然经过精细加工，与普通的笄相比，造型更为别致，主体的每一个联珠大小相近，十分匀称，前端扁平，末端呈锥形。史前时期的玉器，尤其是经过精细加工的玉器，其拥有者都不是普通人，因为玉器加工费时费力，只有身份地位高、有权力之人才能够拥有。这件联珠形玉饰，很可能是他们在祭祀活动中佩戴的装饰品，同时还是一件玉礼器。商代甲骨文"礼"字由两个象形的部分组成，下边的"豆"代表了盛放祭品的容器，上边的"曲"表示在器皿中盛放有两串玉，形象地解释了"礼"这个字"事神致福"的原意是将玉器献给神以求神的护佑。人们在祭祀活动中无论是献玉还是佩玉，都将玉看作人和祖先神灵进行沟通的媒介。

玉器是中华文化的重要象征之一，具有丰富的文化内涵。红山文化玉器种类繁多、造型独特、制作工艺精湛，具有明显的时代与地域风格，在中国玉文化发展进程中占有非常重要的地位。包括联珠形玉饰在内的红山文化玉器，是中国史前时期玉器发展成熟的重要标志，也是中华五千年文明的重要见证。

大型彩陶器

红山文化彩陶瓮

吴 迪

12

年代：新石器时代 红山文化
尺寸：口径 11、底径 15、
　　　高 64 厘米
来源：赤峰市敖汉旗萨力巴乡
　　　喇嘛沟遗址出土

　　赤峰博物馆收藏的这件彩陶瓮，出土于赤峰市敖汉旗萨力巴乡喇嘛沟红山文化遗址，年代属于红山文化早期。泥质红陶。小口，圆肩，鼓腹，下腹斜收，小平底。器表打磨光滑后施一层暗红色陶衣，口沿至腹部用黑彩绘涡纹、弦纹、曲边三角形纹。该器体形较大，是红山文化中极为罕见的大型彩陶器。

　　红山文化因发现于赤峰市红山后遗址而得名，距今 6500～5000 年。红山文化分布面积达 20 万平方公里，主要分布于内蒙古东南部、辽宁西部和河北东北部，西拉木伦河、老哈河和大、小凌河流域是其分布中心区域。红山文化分布区地处温带森林与草原交接地带，是原始渔猎、采集经济形态适宜之地，原始经济形态多元与交汇特征显著。红山文化经济形态以原始农业为主，伴有采集、渔猎等经济形态。

　　彩陶的出现距今已有八千多年的历史，位于黄河中游陕西境内的老官台文化最先使用彩陶。到了六千多年前的仰韶文化，彩陶艺术达到顶峰，并以黄河流域为中心向四周传播，经由豫北冀南仰韶文化后岗类型向北传播。红山文化彩陶受到了仰韶文化半坡类型、庙底沟类型、后岗类型等中原文化的影响，但又具有自身的文化传统与特色。

　　彩陶制作工艺较为复杂，对制陶水平要求较高。陶土需要经过多次淘洗去粗取精，制好的陶坯还要进行表面打磨压光处理，这样在运笔绘彩时才能使纹饰线条流畅。绘彩前一般先在陶器上通体施一层陶衣，然后用毛笔蘸着矿物颜料在坯体上绘制，最后入窑烧制。由于色彩绘于烧制前，故和陶坯一起焙烧后，色彩和陶胎结合紧密，烧成后彩绘不易脱落，这也是彩陶历经数千年而保存完好的原因。彩绘颜色有红、黑、白等色。

古代彩陶纹饰的绘制方式，一般是先在器物的装饰部位画几个点，单位数量不等，然后以点为中心分别向左右两侧延伸，以弧线、直线、块面或其他几何元素连成一个整体，形成连续性的漩涡纹、三角纹、钩叶纹、垂鳞纹等。红山文化彩陶纹饰也遵循这种绘制原则，纹饰呈现出既连续又和谐对称的装饰布局。这件彩陶瓮上的纹饰形如湍急河流中的漩涡。古代制陶工匠面对江河奔腾产生的漩涡和浪花，被激发出澎湃的灵感，他们将其高度凝练浓缩，在陶器上加以

红山文化彩陶瓮

创作表现，形成了极富创意的装饰图案。图案以涡纹、平行弦纹、曲边三角形纹展现一条湍急的河流，艺术手法趋向于抽象化的表现形式。

彩陶纹饰不仅是一种艺术表现形式，更是当时人们思想状况的反映。红山文化彩陶纹饰从早期简单的线形纹饰发展到中期较为复杂的 C 形纹、宽弧带纹、弧线长钩纹等纹饰，再到晚期视觉效果更为复杂、内涵更为深厚的 S 形双钩纹、勾连纹及宽带垂弧纹等祭祀所用纹饰，在艺术创作手法上，绘制更加工整、线条更为流畅、纹饰更趋于饱满、色块表达更加明确，在视觉上则更具有艺术表现力。在思想意识上，彩陶纹饰体现了红山文化早期先民对陶器使用结实的功能诉求，红山文化中期母系氏族社会的生殖崇拜观念，红山文化晚期生命循环、逝者永恒的宗教信仰，反映了他们对客观世界不断变化的理解。

随着新石器时代的结束，中国古代社会进入青铜时代，彩陶逐渐式微。彩陶文化是新石器时代文化艺术成果的集中体现，红山文化彩陶是中国史前彩陶文化的重要组成部分，在中国彩陶的发生、发展与传播过程中具有独特的地位和作用。

灵动的姿态　丰富的想象力

红山文化勾云形玉佩

年代：新石器时代 红山文化
尺寸：长 13、宽 9.2、厚 0.5 厘米
来源：赤峰市征集

13

秦　博

　　赤峰博物馆收藏有一件勾云形玉佩，玉佩呈多角勾云造型，勾角边缘为刃状，顶部有对穿单孔。玉佩整体造型具有动感且富于变化。该玉佩属于红山文化典型玉器。

　　红山文化是距今约 6500～5000 年西辽河流域的新石器时代文化，它的发现表明，西辽河流域同长江、黄河流域一样，在 5000 多年前就出现了文明的曙光。从考古发掘情况来看，红山文化已经进入古国阶段，社会等级分化明显，已具备了国家的雏形。内蒙古东部和辽宁西部红山文化遗址发现有大型祭坛、女神庙、积石冢群等遗迹。"唯玉为葬"的习俗在墓葬中得到充分体现，等级较高的中心大墓基本只用玉器随葬。红山文化女神信仰、祖先崇拜非常突出；彩陶最具特色，纹饰极富想象力，是红山文化先民信仰体系的重要组成部分；耜耕农业发达，兼有渔猎。

　　红山文化玉器种类丰富，包括动物形玉器、筒形玉器、勾云形玉佩、玉璧等，其中勾云形玉佩是红山文化的代表性玉器。关于勾云形玉佩造型的创作理念，目前有动物说、云气说、玫瑰花说、旋目神面说等不同观点。这件勾云形玉佩中间有勾旋，周边又伸展出云状的边，造型富有想象力。"云气说"由此而来，认为它体现的是对云的一种想象和崇拜，是自然崇拜的反映。由于生产力水平的限制，史前社会的人们都经历了自然崇拜这一原始信仰。日月星辰、风雨雷电、山川河流等自然现象和自然物都被赋予了生命、意志，人们对之加以崇拜、祈祷，希望获得庇佑。云的形状富于变化，云的活动也与人们的日常生活息息相关。红山文化先民感受到这种自然现象和生活的关系，在神权至上的社会环境下，红山文化先民将观察到的自然现象加以物化，并赋予特殊的意义。勾云形玉佩也许就是在这种背景下被创造出来的。

勾云形玉佩造型多样，在红山文化玉器中成为一个特殊的类别，形成了完整的发展谱系。随着红山社会的发展，勾云形玉佩由简单的勾云状发展成兽面状、齿突状等复杂的器形。红山文化时期，神权占据主导地位，玉器多在祭祀中使用，作为通神、通天的媒介。从象征着变化多端的云的造型上看，勾云形玉佩可能是祭天所使用的礼器，能够佩戴它的应是巫者或氏族首领。勾云形玉佩在红山文化牛河梁遗址、那斯台遗址、胡头沟墓葬都有出土，大多出自中心大墓和随葬玉器较多的墓葬，通常放置在墓主胸部、肩部或腹部。红山文化先民将勾云形玉佩随葬于墓中，希冀它成为墓主通往另一世界的指引和媒介。

　　勾云形玉佩不但具有礼器的内涵，而且造型精美。红山文化善于制作这种勾云状器物，在玉器造型上曲线、转角运用较多，或上扬或下卷，很好地诠释了曲线美。中国国家博物馆收藏有一件赤峰市翁牛特旗出土的红山文化C形碧玉龙，除了卷曲的C形龙身外，玉龙的鬃毛也呈钩状，表现为上卷飞扬，非常飘逸，具有动感。这件玉龙被誉为"中华第一龙"。玉龙传达出的这种灵动的感觉，都是通过这样的造型工艺来实现的。

　　其实，距今8000年的兴隆洼文化就已经掌握了玉器制作技术，其制玉

红山文化勾云形玉佩

技术在同时期文化中处于领先地位。兴隆洼玉器被学界公认为中国最早的磨制玉器。红山文化的玉器制作技术和兴隆洼文化一脉相承。从勾云形玉佩的造型上看，红山文化先民使用了切割、钻孔、镂空、抛光等玉器制作工艺。开料成坯后，需对坯料进行切割，用动物皮制成的皮条或苎麻类植物纤维搓成的绳子，蘸水和石英（解玉砂）来回拉动切割，称为"线切割"；钻孔一般用比较坚硬的动物骨骼制成的骨管，在玉器的两面分别向中心钻，直至钻通，称为"对钻"；镂空是使用石制工具在玉器上刻画图案后再研磨，直至磨薄、磨透，也可以使用钻孔和线切割的复合工艺完成；抛光是玉器制作的最后一步，目的是去掉之前的加工痕迹，用动物皮毛或软性植物纤维在玉器表面摩擦，直至打磨圆润光滑。值得一提的是，这件勾云形玉佩的钩状造型是由线切割完成的。玉佩中间勾角和四周延伸出角的边缘，均处理得很薄，这种工艺需要耗费较多的时间和精力。这件勾云形玉佩的制作工艺表明，红山文化的玉器制作工艺已经达到较高的水平。

勾云形玉器的造型、制作技术及其反映的精神世界，奠定了红山文化玉器在史前玉器发展中特殊而重要的地位。

红山文化石雕人像

沙大禹

年代：新石器时代 红山文化
尺寸：高 38、宽 22、厚 20 厘米
来源：赤峰市征集

红山文化石雕人像

　　赤峰博物馆收藏有一件红山文化石雕人像，系 1970 年征集而来，2004 年被定为国家一级文物。石像为灰褐色，脸较圆，眼眶深邃，嘴下凹，双耳较小，脖子处有一圆环，鼓腹呈怀孕状，双手捧腹，身体倚坐在后面的圆台上。这件孕妇形象的石雕人像应是氏族成员膜拜的对象，它反映了红山文化先民的生殖崇拜。从赤峰地区来看，无论是造型还是雕刻工艺，这件红山文化石雕人像都属于不可多得的精品，为研究红山文化先民的雕塑水平及精神世界提供了实物资料。

　　红山文化在石制工具方面，以打制石器为主，也出现了磨制石器，常用的生产工具有磨盘、磨棒、斧、锛、锄、刀、耜等。从石雕人像可以看出，红山文化的石器制作技艺已经达到了较高的水平，可以通过琢石、磨石来制作一定的石雕作品。

　　红山文化的社会发展水平处于新石器时代的高峰，其精神世界也同样丰富，石雕人像应是作为某种精神寄托而被雕刻出来的。人像雕刻为完整的身躯，重点表现腹部，把孕妇形象展现得淋漓尽致。牛河梁遗址发现的庙、坛、冢表明，红山文化石雕人像与其他新石器时代石雕人像一样，多被放置在集会场所中心，用于对孕妇或者祖先的祭拜，以祈求整个部落风调雨顺并不断发展壮大。红山文化先民已经开始对人类的产生进行追寻，这实际上是在当时的生产力水平与认知条件下，对人类生命起源进行简单原始的探索。这与女性的生殖现象有着密不可分的关系，女性的生产虽然只是一个普通的自然现象，但在红山文化时期有着十分重要的意义。女性作为生命个体，担负着繁衍人口、发展壮大氏族的重任。红山文化处于母系氏族社会阶段，社

会组织建立在母系血缘关系的基础上。由于当时婚姻形式导致的父体不确定性，而且表面看来男性在人口繁衍方面的作用并不明显，再加上当时认知水平有限，人们认为女性繁育后代与鬼神息息相关并能保佑整个部落，故对女性的生殖现象十分崇拜。此外，红山文化石雕人像还反映了生殖崇拜与祖先崇拜有着密不可分的关系，红山文化先民由对生殖现象的探索进而产生了对远古祖先的追寻。在红山文化先民看来，氏族部落是由女性生殖繁衍而来的，所以把女性看作整个部落的祖先。这件红山文化石雕人像应是放置于集会中心，作为生殖崇拜与祖先祭拜的对象。

红山文化石雕人像，在赤峰地区并非赤峰博物馆藏品个例。近40年来，考古工作者在赤峰相继发现了一批石雕人像。如1984年林西县西山发现石雕人像2件，1987年林西县白音长汗遗址出土石雕人像1件，表明赤峰地区早在8000年前的兴隆洼文化时期就已经开始制作石雕人像。此外，在克什克腾旗的宇宙地镇水泥厂、万和永乡山前村、宇宙地镇花胡哨村、三义乡各采集到1件新石器时代石雕人像，在巴林右旗巴彦汉苏木那斯台遗址采集红山文化石雕人像2件。可见，赤峰地区是中国新石器时代石雕人像的重要发现地之一，西辽河流域较早产生了生殖崇拜与祖先崇拜。从兴隆洼文化到红山文化历经2000多年，石雕人像伴随着文化更迭，在赤峰大地上传承了下来。这批石雕人像制作精良，造型带有明显的地域风格，对中国新石器时代雕塑的发展起到了重要作用，为我国史前石雕人像研究提供了重要的实物资料。

赤峰地区新石器时代石雕人像，从形态上大体可分为两种，一种是半身的石雕人像，另一种是全身的石雕人像。半身的石雕人像，主要表现女性的上半身，腹部是重点，腹部以下做成楔形，并栽置地下。这类石雕人像，多数是裸体、丰乳、捧腹的孕妇形象；也有一些腹部及乳房均不明显，但从臀部看，应该也是女性形象。全身的石雕人像，继承了半身石雕人像重点表现腹部以上的主要特点，只不过是腹部以下变成了腿，形成了一个完整的身躯，形态主要为倚坐，也有少量为跪坐。根据目前发现的石雕人像可以看出，兴隆洼文化时期为半身的石雕人像，到了红山文化时期出现了全身的石雕人像。两种类型的石雕人像不是割裂开来的，而是一脉相承的，全身的石雕人像是从半身的石雕人像发展而来。赤峰博物馆藏红山文化石雕人像属于全身的石雕人像，属于比较高级的发展阶段。

红山文化陶纺轮

年代：新石器时代 红山文化
尺寸：直径 3 厘米
来源：赤峰市征集

沙大禹

纺轮是中国古代重要的纺线工具，常见于新石器时代文化遗址中。纺轮一般有陶、石、骨等不同质地，器形作圆饼形、算珠形等，大小、重量不等。赤峰博物馆收藏的这件红山文化陶纺轮，系在赤峰市征集，边缘略有残缺，夹细砂褐陶，表面较为光滑细致。器形作圆饼形，中间钻有一穿孔。

红山文化陶纺轮

红山文化以传统农耕经济为主，兼有渔猎经济，手工业是生产中的重要组成部分。红山文化陶器、石器及玉器制作工艺均达到了较高水平。红山文化出现了祭坛、女神庙、积石冢群等高等级祭祀遗存，在中华文明起源与早期发展中具有非常重要的地位。红山文化孕育于西辽河及大、小凌河流域，文化发展程度与同时期中原地区的仰韶文化不相上下，两者之间的相互交流与碰撞促进了中华文明的产生与发展。

陶纺轮是在新石器时代制陶技术发明后才出现的。陶纺轮在红山文化之前就已经出现，在红山文化时期使用更为普遍，这得益于红山文化制陶业的进一步发展。红山文化陶器主要有夹砂褐陶和泥质红陶两种，器形主要有罐、钵、碗、盆、壶、瓮、器座、纺轮等，纹饰有"之"字纹、斜方格纹、凹弦纹、席纹、线纹、附加堆纹等，泥质陶上常施有几何形彩绘。这些陶器的生产与广泛使用，反映了红山文化生产生活的丰富多彩。

红山文化陶纺轮的制作技术比诸多较早的新石器文化更为先进，在红山文化之前陶纺轮以夹粗砂为主，到了红山文化时期夹细砂更为普遍，陶纺轮表面更加平整光滑，穿孔更加规整且位于中心位置，重心稳定，纺线效率更高。在红山文化遗址中，陶纺轮发现较多，有一些有使用过的痕迹，并且许多还具有相似性，说明这一时期陶纺轮可能已由专门人员管理，并进行批量生产。红山文化除陶纺轮外，还发现有石纺轮和骨纺轮。在红山文化中，除了较多的手制成型的陶纺轮外，还有不少为陶器残片加工而成，例如巴林右旗那斯台遗址出土的6件陶纺轮，器形呈扁圆形，直径约4厘米；赤峰西水泉遗址出土的5件陶纺轮，直径4~5厘米，分别用饰有彩绘和"之"字纹的陶片制成。陶纺轮的广泛使用，说明红山文化纺织业达到了较高的水平，在手工业生产中已占有重要地位。

在纺轮出现之前，古人以手工捻线，不仅捻出的线粗细不均，而且效率低下。出于生产生活的迫切需要，古人在生产实践中不断尝试、创新，最终发明了纺轮这一纺线工具。纺轮需与纺杆配合使用，使用木或竹质纺杆穿过纺轮中间的穿孔并固定，利用纺轮的重力和旋转时产生的向心力将纤维旋转加捻，这样就把纤维纺成线并缠绕到纺杆上。纺轮越重、直径越大，旋转速度就越慢，纺成的线就越粗；反之纺轮越轻、直径越小，旋转速度就越快，纺成的线就越细。

红山文化纺线的原材料可能以大麻类的植物纤维为主，这类材质制成的衣物不仅外观漂亮，而且较为结实耐用。对于蚕丝是否是红山文化纺织的原料，目前学术界还存在着争议。1979年，赤峰市巴林右旗那斯台红山文化遗址出土玉蚕4件，可分为大、小两种规格。玉蚕近似圆柱形，均为淡黄绿色软玉雕琢而成，雕刻手法一致，但纹饰各异。由此可以看出，红山文化先民已经对蚕有了一定的认识，蚕已经进入红山文化先民的生活之中。但红山文化是否已经开始养蚕并以蚕丝为纺织原料，目前还没有实物证据。

纺轮的出现，改善了人们的生产与生活水平，为后世纺织文明的发展奠定了基础。赤峰博物馆收藏的这件红山文化陶纺轮，是5000年前红山文化手工纺织业的实物证据。红山文化陶纺轮的广泛使用，表明当时人们已开始纺线织布，充分彰显了红山文化先民的智慧，是红山文化走向文明社会的一个重要标志。

年代：新石器时代　小河沿文化
尺寸：口径 9.6、底径 5.2、
　　　高 9 厘米
来源：赤峰市翁牛特旗大南沟
　　　石棚山墓地出土

小河沿文化陶筒形罐

孙雪江

　　赤峰博物馆收藏的这件筒形罐造型较简单，口微敛，斜直深腹，平底，靠近口沿部有对称双鋬耳。陶罐为夹砂灰陶。口沿下有一周附加泥条，腹部周身刻划七个符号。年代为新石器时代晚期。

　　这件陶筒形罐出土于赤峰石棚山小河沿文化墓地。小河沿文化因首次发现于赤峰市敖汉旗小河沿乡而得名，距今约 5000 年，时代大体相当于中原地区庙底沟二期文化时期。小河沿文化继承和发展了红山文化，因此也被学术界称为后红山文化。小河沿文化还对其后出现的夏家店下层文化产生了重要影响，并与中原、东部沿海地区诸文化有着密切的联系。

　　作为后红山文化，小河沿文化在陶器的器形和纹饰上继承了红山文化的典型元素，如小河沿文化的黑陶豆、筒形罐上的器耳以及镂孔、涂朱装饰均受到了红山文化的直接影响，小河沿文化彩陶上的半圆垂环纹和重三角纹也是由红山文化的鳞纹和叠错三角纹发展而来。虽然继承了红山文化陶器的诸多因素，但小河沿文化的陶器仍具有自身独特的特点，如异形陶器、刻划纹陶器、动物纹装饰等。刻划有图像符号的器物，在新石器时代并不多见。石棚山小河沿文化筒形罐刻划符号的发现，进一步丰富了新石器时代陶器刻划符号的资料。筒形罐上的刻划符号，被认为是西辽河流域发现最早的文字雏形。

小河沿文化
陶筒形罐

汉字是一种独具魅力的语言文字，是中华文明传承的重要载体。汉字作为世界上最古老的文字之一，从起源、初创到完备历经了漫长的发展过程。关于汉字的起源，历来有诸多说法，如结绳说、八卦说、刻划说、图画说、书契说、仓颉造字说等。《说文解字·叙》："古者庖牺氏之王天下也，仰则观象于天，俯则观法于地，视鸟兽之文与地之宜，近取诸身，远取诸物，于是始作《易》八卦，以垂宪象。及神农氏结绳为治，而统其事，庶业其繁，饰伪萌生。黄帝之史仓颉，见鸟兽蹄远之迹，知分理之可相别异也，初造书契。"然而，汉字的起源有一个漫长的过程，不可能完全由一人一时创造出来，因此仓颉更可能是文字整理者或者颁布者。

清末，国子监祭酒王懿荣发现了甲骨文。甲骨文的发现，将汉字的历史向前推进到距今 3000 多年的殷商时代。甲骨文表意特征明显，造字方法完备，已经是成体系的成熟文字。因此，甲骨文应该不是我国最早的文字，在甲骨文出现之前，文字应当经历了一个漫长的发展过程。我国新石器时代的陶器上发现有很多刻划符号，但这些符号基本上是孤立的记号，尚不能称为文字，但新石器时代刻划符号的出现为文字的形成提供了素材，为文字的起源奠定了基础。

石棚山小河沿文化墓葬出土筒形罐上刻划的图像符号，为 7 个一组连续分布，而且分布具有一定规律，它们应是器物所有者或制造者有意识刻划的，并代表了特定的含义。考古发现表明，小河沿文化时期，先前高度发达的祭祀文化大幅衰落，这一时期祭祀活动所使用的陶器、石质工具和动物的数量也大幅下降，不过在祭祀过程中出现了焚烧和毁器等特殊习俗。这件带有神秘符号的筒形罐或许就是小河沿文化先民在祭祀活动中所使用的祭祀用具，而筒形罐上的神秘符号则极有可能与祭祀活动有关。关于这组刻划符号的内涵，尽管我们现在还不能准确解读，但重要的是这些刻划符号的出现和使用，足以说明它们已经用于记事表达，具备了文字的记录功能，展现了五千年前小河沿文化先民丰富的精神世界。

文字的出现和使用，是人类社会进入文明时代的重要标志之一。陶器刻划符号与中国文字起源关系密切，小河沿文化陶筒形罐上刻划符号的出现，为探索中国文字起源提供了重要资料，对于西辽河流域文明化进程及中华文明起源研究也具有重要意义。

小河沿文化彩陶尊及器座

姝　雯

年代：新石器时代　小河沿文化
尺寸：尊口径 27、高 28 厘米，
　　　器座口径 22、高 13.8 厘米
来源：赤峰市敖汉旗南台地遗址
　　　四号房址出土

　　赤峰博物馆收藏的彩陶尊及器座，出土于小河沿文化南台地遗址四号房址内。陶尊为敞口，斜直颈，鼓腹，腹部两侧有环耳，小平底。器表有白色陶衣，在白衣上绘红彩，然后用黑彩勾边，器外表以三角形、折线、平行斜线相结合构成几何形图案。器座残缺，已修复。器座侈口，束腰，喇叭形圈足。口沿、圈足均饰平行斜线组成的几何形图案，器身饰八角星纹。陶尊及器座口沿内壁均饰四组各三个相连的三角形图案。

　　小河沿文化因 1974 年敖汉旗小河沿乡南台地遗址的发掘而命名。小河沿文化以农耕为主，兼有渔猎。陶器质地分泥质陶和夹砂陶。陶器中有部分彩陶，施红、黑彩，另有少量彩绘陶器。南台地遗址是小河沿文化的典型遗址。出土这组陶器的南台地四号房址为圆形双室结构，由东部一道夯土隔梁分开的大室和小室组成。除彩陶尊及器座外，小室内还出土了大型双耳罐和带孔圆形石器，并发现有大量陶片，说明小室是专门用于存放物品的。

　　这组陶器最有特点之处为下方的彩陶器座，它既具备一件独立器物的完整性，又可与彩陶尊搭配形成器物组合。器座口沿、圈足均外折呈喇叭形，圈足比口沿略大，器形稳重。将彩陶尊置于器座上，二者正相吻合，器座可将彩陶尊稳健承托。彩陶尊下腹部没有纹饰，彩陶尊置于器座上后，其上腹部纹饰与器座口沿纹饰正好衔接，构成一幅完整的图案。由此可见，彩陶尊及器座是搭配使用的成组器物。辽西地区器座的使用可以追溯到距今 6000年左右的红山文化，赤峰市敖汉旗的四棱山和西台红山文化遗址都出土了这样的器座，西台遗址出土的器座与小河沿文化的器座几乎一致，再次证明了小河沿文化与红山文化之间存在一定的继承关系。另外，小河沿文化器座的形制与红山文化积石冢周围发现的无底筒形陶器也具有一定的相似性。

小河沿文化彩陶尊及器座

彩陶器座上的八角星纹极具特色，这种纹饰分布范围较为广泛，主要分布于黄河、长江中下游地区，在大汶口、崧泽、良渚等文化中均有发现。从目前的考古发现来看，八角星纹以大汶口文化发现的数量最多，而且小河沿文化大南沟墓地出土的豆、盆等器形与大汶口墓地出土器物相似，因此小河沿文化的八角星纹很可能是受大汶口文化的影响。这也反映了在中华大地上，同一时期不同区域的先民对彩绘艺术拥有共同的审美认知。

这件彩陶尊饰有回形几何纹，回纹是小河沿文化的典型纹饰之一，多饰于罐、钵、尊等彩陶的外腹部或肩部，有单体回纹、两两成组的回纹以及互相连接的二方连续回纹。赤峰地区目前发现的与回纹有关的最早实物是赵宝沟文化小山遗址出土的一件陶罐，罐体外部周身刻划有似回纹的纹饰。看来，这种纹饰从赵宝沟文化形成后一直延续到小河沿文化，并在小河沿文化中形成了多样的风格。同时，在大汶口文化的罐、豆、钵以及长江下游常州三星村遗址出土的彩陶豆上，也装饰有与小河沿文化相似的回纹。由此我们推测，在距今5000年以前，西辽河流域的先民与黄河、长江下游地区的先民已经有了文化互动，这种相似又带有自身特色的回纹应该是各种文化交流融合的结果。彩陶尊上由连续平行斜线构成的三角纹，在小河沿文化中较为典型，这类纹饰基本以直线、三角为元素。三角纹也是红山文化的典型纹饰，常装饰在红山文化彩陶盆、壶等器物上。可以说，小河沿文化的大多数文化因素都与红山文化存在紧密的联系，是对红山文化的继承和发展。

赤峰博物馆收藏的彩陶尊及器座，出土于小河沿文化南台地同一座房址中，是配合使用的成组器物。从器形、纹饰上来看，这组器物不但与当地文化存在着继承关系，还与中原及东部沿海地区诸文化有一定的联系。彩陶尊及器座组合完美，三角纹、平行斜线纹、回纹、八角星纹构成的图案搭配和谐，不仅显示了古代制陶工匠高超的制陶工艺和独具匠心的美学设计，还表明了小河沿文化先民对精神生活的追求。

三

草原青铜时代

西辽河地区农业发展的物证

夏家店下层文化炭化黍

18

年代：夏家店下层文化

来源：赤峰市红山区二道井子
遗址出土

贾秀梅

　　赤峰博物馆收藏的这组炭化黍，出土于青铜时代早期夏家店下层文化二道井子遗址，距今已有4000年的历史。在赤峰发掘的夏家店下层文化遗址，出土了大量的炭化黍和粟以及农业生产工具，这表明4000年前赤峰地区的生业方式以农耕为主，农业生产比较发达。

　　二道井子遗址发现有大量炭化黍。黍作为五谷之一，是中国古代最早种植的农作物之一。黍也被称为稷或糜子，一年生草本植物，属于第二禾谷类作物。

夏家店下层文化炭化黍

黍不但可以作为主食，还可以用来酿酒。将黍脱皮后就成为人们熟悉的大黄米，与小米相比，其个头要稍大些，煮熟后有一定的黏性，因不易于消化，所以现在人们并不将黍作为主要的食物。现代科学研究显示，黍含有丰富的营养成分，主要包含蛋白质、脂肪、淀粉、维生素和膳食纤维等。此外，黍还有重要的药用价值。考古发现表明，黍自新石器时代被人们种植起，一直是人们重要的食物来源。黍具有耐干旱、生产周期短、早熟、耐瘠薄等特点，可以充分利用相对短暂的降雨期完成生长发育过程，在我国东北、西北、华北地区种植较多。

　　近年来，随着科技考古的逐渐兴起，人们对西辽河上游地区的生业方式也有了更深入的了解。黍的种植在当地有着悠久的历史。早在距今8000多年的兴隆洼文化时期，生活在这里的先民就已经种植黍和粟，欧亚大陆最早的旱作农业就出现在赤峰地区。兴隆洼文化是西辽河流域新石器时代一支重要的考古学文化。2001~2003年，中国社会科学院考古研究所对其典型遗址——兴隆沟遗址进行了考古发掘，发现了大量炭化的黍和粟，炭化黍和粟在当时发现的炭化植物中占比超过40%。经过科学分析，学者们普遍认为，这一时期发现的炭化黍已经与野生的黍属植物在形态特征上有了很大区别，已属于人工栽培的作物，但还处于早期驯化和栽培阶段。这是目前已知中国北方最早的人工栽培农作物，说明早在新石器时代中期的兴隆洼文化时期，勤劳智慧的先民已经注重观察自然植物的生长规律，能从众多杂草植物中挑选、鉴别出可以成为食物来源的植物，并且进行驯化和种植。

此外，兴隆洼文化遗址中还出土了大量石质生产工具，其中石磨盘和石磨棒就是专门给谷物脱壳的工具，这从侧面说明这一时期农业生产已经初具规模。由于兴隆洼文化兴隆沟遗址中炭化粟和黍的出土，遗址所在的赤峰市敖汉旗被联合国粮农组织确定为"世界旱作农业发源地"。

兴隆洼文化之后，农业生产在赤峰地区一直延续。红山文化魏家窝铺遗址也出土了炭化黍颗粒。专家对出土的炭化植物进行了浮选，发现炭化黍子约占出土植物种子总数的18%，并且黍子的形态特征与现代的黍基本相同，说明这一时期的黍子应属于完全栽培状态下的旱作农作物。此外，这一时期石质生产工具已较为齐全，有用于耕种的桂叶形石耜，有用于加工谷物的石磨盘和石磨棒，有用于收割谷物的穿孔石刀等，说明红山文化早中期已经有了比较发达的农业经济。红山文化时期以粟、黍为代表的旱作农业遗存，应该是西辽河上游地区兴隆洼文化时期旱作农业栽培与耕作技术的延续与发展。红山文化先民在漫长的生产生活实践中，在兴隆洼文化驯化与栽培技术的基础上，将粟和黍作为西辽河地区重要的农作物进行栽培与种植，推动了本地区旱作农业的发展。

赤峰地区地处西辽河上游，属于温带大陆性季风气候区，年均温度6~7℃，无霜期150~160天，年降水量300~450毫米，光照充足，雨热同期，这种气候条件比较适合北方旱作农作物的生长发育。距今4000年前后，西辽河流域处在大温暖期晚期中又一个比较适宜的气候温暖时期，自然环境较好，气候适宜，土壤层较厚。孢粉分析表明，夏家店下层文化时期气候条件较为优越，适合农业和畜牧业发展。

其实在不同时期，赤峰地区的气候环境是有所不同的，这也直接影响着先民的生产生活方式。赤峰地区位于暖温带半湿润气候向中温带半干旱气候的过渡地带和半湿润森林景观向半干旱草原景观的生态过渡带，这种特殊的地理环境位置使得这一地区在史前社会、青铜时代以及之后的不同时期形成了农、林、牧、渔各种生业方式相互交错的特点。

二道井子遗址是夏家店下层文化代表性遗址，也是目前发现保存最好的一处夏家店下层文化遗址。遗址位于赤峰市红山区文钟镇二道井子村一处山坡上，占地面积约 3 万平方米。2009 年 4~11 月，内蒙古文物考古研究所对其进行了发掘，揭露面积 5200 平方米，清理遗迹单位 300 余处，包括院落、房屋、窖穴、灰坑、道路、环壕、城墙、墓葬等，其中窖穴 150 余座，以圆形袋状居多。考古工作者在部分窖穴内发现了大量炭化植物遗存。经过对遗址采集样品的浮选分析，发现农作物种子数量众多，种类有粟、黍、大豆、大麻，以粟和黍为主，黍的大小、形态与现在的栽培种基本一样，说明这一时期农业经济已经比较发达和成熟。大豆、大麻农作物遗存的发现表明，夏家店下层文化除了种植黍和粟这类北方传统旱作农作物外，还可能因地制宜地种植了一定数量的大豆和大麻，从而丰富了农作物的种类。

透过炭化黍，我们可以看到赤峰地区青铜时代考古学文化面貌、生业方式以及勤劳智慧的先民在这里留下的历史印记。农业的发展促进了人类文化的进步，文明的曙光在西辽河地区冉冉升起，中华文明多元一体格局正在逐渐形成。

权力的象征

夏家店下层文化石斧权杖

尹静雅

19

年代：夏家店下层文化

尺寸：石斧长 16.5、刃端宽 3.9、厚
1.8 厘米；铜杖首高 3.9、銎径
4.2×2.7 厘米；铜镦高 4.1 厘米、
銎口长 2.4、宽 1.6 厘米

来源：赤峰市敖汉旗大甸子遗址出土

赤峰博物馆收藏有一件穿孔石斧权杖，此器由石斧、木柄（复制）、铜镦和铜杖首四部分组成，属于斧钺式权杖。上端石斧为大理岩材质，磨制。斧体厚重，近似长方形，器表光滑细腻，未磨刃，顶端有穿孔。青铜镦套在权杖底部，器呈长方筒形，镦底有凸棱，銎口为长方形。青铜杖首套在权杖头上，扁体，圆顶，空心，銎口呈椭圆形，銎口两面边缘各有三个钉孔；器由两块外范、一块范芯合范铸成，表面可见范缝。穿孔石斧权杖出土于夏家店下层文化大甸子遗址。

夏家店下层文化距今 4200～3600 年，是我国北方地区一支具有鲜明地域特征和时代风貌的早期青铜文化。赤峰地区发现的夏家店下层文化典型遗址有二道井子聚落遗址、松山区三座店山城、敖汉旗大甸子遗址等，这些遗址对于探索和了解夏家店下层文化的社会状况、经济形态、自然环境等具有重要意义。

大甸子遗址位于赤峰市敖汉旗。遗址中墓地总面积 6 万平方米，墓地可分为北、中、南三大区，出土有陶、玉、石、骨、角、蚌、漆和青铜器等。除墓葬外，大甸子遗址还揭露了有夯土围墙和壕沟围绕的 12 万平方米的居住遗址。大甸子遗址位于夏家店下层文化分布的核心区域，距今约 3600 年，年代相当于中

夏家店下层文化
石斧权杖

原地区早商时期。苏秉琦先生对大甸子遗址有着高度评价：以燕山南北长城地带为重心的北方地区是中国考古学大系统中的一个支系统，大甸子是这个支系统中的一个特定阶段（早期青铜文化，相当于中原的夏商时代）；经过分析、研究、论证，它反映了一个组织严密、内部分化清晰、连绵不断达几百年、文化特征鲜明、高度发展的社群的历史；它是迄今所知这一考古学文化群体中的佼佼者，它的史料价值是不可低估的。由此可见，大甸子遗址出土文物具有重要的历史文化价值。

大甸子墓地共发掘墓葬804座，其中仅有67座男性墓葬出土石斧、石钺，同一墓葬只出土一件石斧或石钺。石斧、石钺一般出土于木质葬具内；如果墓葬没有木质葬具，石斧、石钺都贴靠骨骼，位于胸腰之间。据此推测，赤峰博物馆藏穿孔石斧权杖应该是特权阶层权力的象征物，可能涵盖了父权、神权、军权、王权等。权杖不是普通公众使用之物，发现数量不多。这种器物只为首领所持，作为权威和尊严的象征，并非实用之物，在一定程度上反映了特定时期的政治和经济制度，昭示或象征某种权力、身份和地位。

在史前社会，石斧是具有砍伐等多种用途的石质工具，由于威力大且用途广泛，人们渐渐对其产生了崇拜心理，使其逐渐成为神权的代表。新石器时代发现有多种类型的权杖头，如圆形、星形等，权杖头制作精细，选材考究，石质细腻，表面光滑，一般不会留下使用痕迹。石斧磨制非常费工费时，所以最初只是磨制刃口，后来才逐步发展成整体磨光。距今约9000年的贾湖文化出现了中国最早的整体磨光石斧。后来，无孔的石斧又发展成穿孔石斧，如距今7000～6000年的崧泽文化穿孔石斧，以及距今约6300年的大汶口文化穿孔石斧。《礼记·祭统》："朱干玉戚，以舞《大武》。"《礼记·明堂位》："朱干玉戚，冕而舞《大舞》。"孔颖达疏："朱干玉戚者，干，盾也；戚，斧也。赤盾而玉饰斧也。"首领手

石斧与铜杖首

执红漆的盾牌和玉饰的斧子跳着巫舞，应该是表示战争的正义，并祈求上天的保佑。

另外，距今6000年的庙底沟文化发现的彩陶缸，绘有鸟衔鱼图像以及捆绑在木柄上的石斧图案。在没有文字的史前时代，图画是人类最重要的记事方法。有学者认为，彩陶缸上的鸟衔鱼形象是渔猎民族的族徽，而捆绑在木柄上的穿孔石斧具有权杖性质。江苏常州金坛三星村出土的距今约6000年的穿孔石斧，已配有专门制作的骨质柄帽和牙质柄座套，在形式上已完全脱离普通工具而成为珍贵的显示威权的仪仗物。

赤峰博物馆藏穿孔石斧权杖带有铜镦和铜杖首，大甸子墓地还出有一件与此器形制相同的铜杖首，只是大小稍有不同。除此之外，大甸子墓地还出土有2件与此形制不同的杖首（一件为铅质，一件为青铜质）以及26件青铜耳环、25件青铜指环等。目前发掘出土的夏家店下层文化青铜器大概有100余件，而大甸子墓葬出土的数量是所有遗址中最多的。经测定，大甸子遗址出土青铜器的含锡量为2.2%～24.5%，含铅量低于6%，明显具有我国早期青铜器的成分特征，可见夏家店下层文化已经进入了早期青铜时代。

青铜是人类有意识合金化的最早产物，从识别铜矿、开采铜矿到冶炼金属铜，从识别铅和锡到提取铅和锡，代表着夏家店下层文化先民改造自然能力的提升。夏家店下层文化的青铜器可分为装饰品类（如指环、耳环）、工具类（如刀、针）、武器类（如戈、镞）、礼仪类（如杖首）等。这些青铜器普遍具有体积小、结构简单、样式单一的特点，主要采用铸造技术和锻造技术制作而成。随着夏家店下层文化的崛起，辽西地区迎来了继红山文化之后的第二个发展高峰，夏家店下层文化已迈入青铜时代，并为中华文明多元一体格局的形成奠定了重要基础。

20

年代：夏家店下层文化
尺寸：口径 14.4、高 19.4 厘米
来源：赤峰市敖汉旗大甸子墓地出土

夏家店下层文化彩绘陶鬲

张 颖

　　赤峰博物馆收藏有一件彩绘陶鬲，保存较好，形制与花纹均十分精致。泥质灰黑陶。敞口，圆唇，束颈，弧腹，三尖袋足。周身施黑色陶衣，用红、白两色颜料通体绘制纹饰。彩绘色调稳重大气，纹饰古朴而不失精美。该器出土于赤峰市敖汉旗大甸子夏家店下层文化墓葬。彩绘陶器普遍见于夏家店下层文化墓葬，是夏家店下层文化陶器群的重要组成部分，是夏家店下层文化的代表性器物。

　　陶鬲出现于新石器时代晚期，是我国先民日常生活中用来蒸煮食物的炊器。从目前出土的陶鬲类型来分析，足长裆深的陶鬲年代相对较早。人们可以将这样的陶鬲直接支在地上，然后填柴引火，进行简单的烹饪。随着社会的发展和进步，两汉时期中原地区盛行搭建灶台取火烹煮食物，陶鬲足的功能逐渐退化，遂演变为直接架在灶台上使用的圆弧鼓腹的锅釜，这样陶鬲也就渐渐消失了。陶鬲除了用作生活实用器外，还用作随葬明器。馆藏彩绘陶鬲就属于随葬明器，因其采取先烧制陶器后彩绘纹饰的制作工艺，所以彩绘纹饰容易脱落。

　　夏家店下层文化的彩绘陶器普遍使用红、白两种颜料绘制，颜料也多取用于天然矿物，显色明显，描绘出的纹饰更加炫彩夺目。夏家店下层文化彩绘纹饰具体绘制过程：画工用毛笔着色，在烧制完成的陶器表面绘画，他们充分运用白色颜料，将其作为主要的勾线纹饰，并在白色主纹之外加上红色颜料进行二次勾勒，最后还要留出一道黑色的底线。三种颜色线条相互叠加，使得纹饰整体层次更加丰富。在运用色彩进行填涂方面，当时的画工已经掌握了借色和留白的艺术手法。比如在绘制兽面目纹时，往往勾勒出眼眶，中间自然露出陶器底色，似黑色眼珠；绘制蛇鳞状纹饰时，一组中勾勒一白一红两个"3"字形纹后，自然留空一道，形成白、红、黑色间隔分布；从大甸子墓葬中期开始，常常在白色主纹中间留方形空缺，形成黑色小方块，极具装饰效果；抽象类纹饰中有一种类型，其基本单元逗号形卷曲发

展至中期，逗号圆头部分留空，白纹不绘，红底不涂，形成黑色小圆球状。这些例子都体现了画工对底色的良好应用，尤其是最后一例，倘若意识不到这是画工利用底色有意而为，就不能辨识出该型纹饰依旧是逗号形卷曲。馆藏彩绘陶鬲上的纹饰即为夏家店下层文化中较为典型的纹饰勾勒画法。大甸子先民以陶器表面的颜色作为底色，将红、白、黑三种颜色一起和谐运用，极大地丰富了彩绘陶器的纹饰创作，使其更加繁复、精美。这种对色彩的巧妙利用，体现了该地先民的高超智慧和艺术追求。

夏家店下层文化彩绘陶鬲

在馆藏彩绘陶鬲腹部及袋状足上，分别用白色和黑色描绘了翅膀弯卷、仰首扬尾、身体相连又四散飘飞的纹饰，极像凤鸟纷飞的形象。尤其是袋足上黑底白边勾勒的凤鸟，神采奕奕，灵动喜悦，是原始先民对美好愿景的生动表现与写照。当然，施用彩绘的陶器类型，不局限于各种类型的鬲，还有罐、鼎、壶、簋等。在这些器物表面进行彩绘，既为先民提供了艺术创作条件，也可以达到事死如事生的原始宗教目的。

夏家店下层文化多以狐狸、猪、鱼、蛇、鸟等动物为原型绘制出兽面纹、神鸟纹等，这说明大甸子先民对现实事物进行了抽象化、艺术化加工，在这一过程中审美得到了升华，体现了其天人合一、物我同在的哲学思想。同时，这些彩绘纹饰和商周青铜器纹饰具有相似性，学者们通过文献记载分析认为，这些彩绘纹饰可能是商周青铜器纹饰的源头。

在赞叹先民审美与智慧的同时，我们也希望将这些美好的事物更为广泛地传扬下去。根据馆藏夏家店下层文化彩绘陶器的标志性纹饰，赤峰博物馆开发了一系列夏家店下层文化彩绘纹饰文创产品，以期将夏家店下层文化的美学精神在现代设计中进行传达并将其融入现代人的生活。

装饰贝币的彩绘陶器

夏家店下层文化嵌贝
彩绘陶鬲

贾秀梅

21

年代：夏家店下层文化
尺寸：口径 22、高 29.5 厘米
来源：赤峰市敖汉旗大甸子墓地出土

　　赤峰博物馆收藏的这件嵌贝彩绘陶鬲，系 1974 年出土于赤峰市敖汉旗大甸子夏家店下层文化墓葬。陶鬲整体造型修长。敞口，卷沿，束颈，筒状腹，三袋状空足，柱状实心足尖。泥质褐陶，器表装饰彩绘纹饰。与大甸子墓地出土的其他彩绘陶器不同，这件彩绘陶鬲口沿上嵌有海贝和圆形蚌泡各 4 枚。大甸子墓地出土了 400 余件彩绘陶器，嵌贝陶鬲仅此一件，弥足珍贵。

　　大甸子遗址是赤峰地区早期青铜时代夏家店下层文化的一处重要遗址。经过考古发掘可知，大甸子遗址包括居址和墓地两部分，其中居址面积 12 万平方米，墓地总面积 6 万平方米，墓葬共清理 804 座。陶鬲是大甸子遗址出土数量最多的陶器，也是夏家店下层文化最具代表性的器物之一。

　　陶鬲是先民日常生活中所使用的一种炊器，其形状多为侈口、圆腹、三袋状足，有的颈部还有双耳。不同

夏家店下层文化嵌贝彩绘陶鬲

考古学文化的陶鬲形状各有不同，但总体来说，三个袋状足是它最显著的特征。陶鬲出现于新石器时代晚期，夏商周时期继续流行，到了春秋战国时期，随着社会的发展，陶鬲作为生活实用器逐渐被淘汰。在陶鬲出现之前，人们普遍使用的炊器是陶罐、陶鼎，陶鬲出现后，因其实用方便很快就流行开来。鬲的器形其实与鼎较为相近，区别在于鼎为实足，而鬲为三个空心袋足。鬲的形态设计较为科学，三个袋足重心偏低，稳定性较强，加之三个袋足接触火的面积较大，热利用率较高，因此取代罐成为重要的饮食用具，并成为青铜时代的代表性器物。

夏家店下层文化出土陶鬲众多，据不完全统计，大甸子墓葬中，随葬陶鬲的墓葬有 430 余座。陶鬲主要可分为三种类型：一种为形状细长似筒的长筒鬲，上部敞口侈唇，中间部位为直筒状腹腔，下部为三个筒状空足，足尖为实心；第二种为鼓腹鬲，肩（腹）径大都比口径大，底部为空足足尖；第三种为小筒鬲，一般为直口直腹，空足不向外撇，空足底部不加实心足尖。在这三种类型中，第一种出土数量最多，也是夏家店下层文化器物群中最具代表性的器形。赤峰博物馆藏嵌贝彩绘陶鬲属于第一种类型，即典型的长筒袋状足陶鬲。通过大甸子墓葬出土的彩绘陶器，可以看出墓主人的身份地位，一般墓葬规模越大和随葬陶器数量越多，出土的彩绘陶器数量也越多。这说明随葬陶器施用彩绘是葬仪中的一项重要内容，也体现出当时存在严密的社会等级差别。

嵌贝彩绘陶鬲，作为典型的彩绘陶器，使用的也是"先烧后绘"工艺，即将陶器烧制好后再用颜料绘制花纹，颜料最常见的是红、白两种矿物颜料。因颜料附着于器物表面，非常容易脱落，所以彩绘陶器一般不作实用器，多用作明器随葬。夏家店下层文化彩绘纹饰主要有兽面纹、云雷纹、勾云纹、菱形几何纹等，这些精美的纹饰与商周青铜器上的纹饰相似，有着明显的亲缘关系，所以有学者认为这应该是商周青铜器纹饰的母题和文化渊源。馆藏嵌贝彩绘陶鬲上的纹饰主要是云雷纹，云雷纹是用连续的回旋状线条勾勒纹饰，一般称圆形的为云纹，方形的为雷纹。虽然整个器身饰纹较多，但繁而不紊，图案特色鲜明，色彩张扬。以红、白两色矿物颜料绘制的云雷纹，图案纹饰以白色为主纹，以红色填底，白色主纹外，除去红线勾勒，还露出陶器底色，使得纹饰层次更加丰富。与红、白颜料一样，这一时期的先民可能已有意识地将陶器黑灰底色用作纹饰谋篇布局的颜色之一，极大地丰富了彩绘陶器的纹饰创作，使陶器纹饰更加繁复精美。这表明当时画工已熟练掌握了彩绘陶器的制作方法，也从侧面体现了当时手工业的发达。

馆藏嵌贝彩绘陶鬲上镶嵌有 4 枚海贝和 4 枚蚌泡。海贝是最早用于商品交换的一般等价物，海贝作为货币使用，象征着财富。新石器时代大量使用海贝，并在天然货币海贝的基础上出现了种类繁多、形式多样的贝币。贝币的产生标志着社会生产力的发展，至秦代废除贝币体系，贝币的使用已有上千年的历史。贝币的原材料海贝主要产自东海、南海等海域，夏家店下层文化分布区域距离这些海域较为遥远，说明当时人们之间的贸易交流较为频繁。

陶鬲上装饰海贝除了体现经济价值外，还有指引方向的寓意。史前时期，人们认为贝壳蛤蜊光的亮白特性可以伴随逝去的人进入黑暗世界。夏家店下层文化的先民可能继承了这种观念，认为贝壳会引领逝者走向光明，所以将海贝镶嵌在了明器上。拥有这件嵌贝彩绘陶鬲的墓主人应是当时身份地位较高的首领或尊者。

夏家店下层文化作为西辽河流域重要的早期青铜文化之一，以其独特的文化内涵闪耀着青铜文明之光，并与中原地区、沿海地区有着密切的交流和联系。

北方草原早期青铜炊器

夏家店下层文化弦纹青铜甗

22

年代：夏家店下层文化
尺寸：口径 26.9、耳高 5.2、
　　　通高 46 厘米
来源：赤峰市松山区穆家营子镇
　　　大西牛波罗村出土

任禹丞

　　赤峰博物馆收藏的这件弦纹青铜甗，出土于赤峰市松山区穆家营子镇大西牛波罗村，属于夏家店下层文化青铜器，年代相当于中原地区的商代晚期。该甗由甑、鬲两部分组成，甑、鬲为连体。甑体较大，呈筒形，直口，平沿内勾，两耳直立，口沿处有向外凸起的宽边，内侧则形成台阶，深腹斜收。鬲体较矮，鼓腹，分裆，三柱足。甑腹上部饰有三道弦纹。器身有明显的范线，整体由三范合铸而成。

　　夏家店下层文化是中国北方地区一支重要的早期青铜时代文化，主要分布于内蒙古东南部和辽宁西部的西辽河流域，年代距今 4000～3300 年，大体相当于中原地区的夏商时期。夏家店下层文化分布范围广，持续时间长，文化特色鲜明，长期以来备受考古学界关注。夏家店下层文化是在继承当地新石器时代考古学文化的基础上，广泛吸收二里头文化、先商文化、岳石文化等多种因素发展而来的。夏家店下层文化与中原文化有着密切关系，在我国青铜时代考古学文化中占有重要地位。夏家店下层文化较为发达，出现城址、青铜冶铸技术、等级分化等文明要素，是中国北方地区文明化进程的重要一环，在中华文明起源及其早期发展过程中具有十分重要的地位和作用。

　　青铜时代，是指以青铜作为制造工具、用具和武器的重要原料的人类物质文化发展阶段。青铜是指铜锡或铅合金，较纯铜熔点低、硬度高，便于铸造器物。我国的青铜时代大体相当于历史上的夏商周三代，青铜器尤其是青铜礼器和兵器在夏商周社会中起着广泛而重要的作用。赤峰地区夏家店下层文化青铜器的发现表明，赤峰地区是我国较早进入青铜时代的地区之一，早在商代之前就已进入青铜时代。夏家店下层文化青铜器主要为饰品和武器，包括耳环、指环、戈、秘帽等；容器仅见有甗、鼎两种，数量很少，其造型和纹饰具有晚商文化风格，可能是作为礼器使用。

　　甗是古代一种炊器，用于蒸熟食物，功能与现代的蒸锅相似。甗多为陶

夏家店下层文化弦纹青铜甗

质和铜质，陶甗出现于新石器时代，铜甗出现于商代早期，主要流行于商代晚期至战国时期。全器分为上下两部分，中间设有箅子：上半部分为甑，用来盛放食物；下半部分为鬲，用以盛水。在鬲三足之间烧火煮水，通过水蒸气来蒸炊食物。铜甗作为礼器，常与鼎、簋等搭配，用于祭祀、宴飨等场合。铜甗形制大多为圆形，也有少量为方形；有甑、鬲连体甗，也有甑、鬲分体甗。随着时代的发展，铜甗的形制也在不断发展演变。总的来说，商及西周铜甗多为甑、鬲连体，甑口一般有两直立耳；西周晚期，方甗开始出现；春秋战国时期，甗多为甑、鬲分体，直立耳演变成附耳、衔环耳。

馆藏弦纹青铜甗应是夏家店下层文化的祭祀用具，类似形制的铜甗在克什克腾旗土城子镇天宝同和翁牛特旗解放营子乡头牌子也有发现，均具有明显的商文化青铜器风格。其中解放营子出土铜甗还铸有族氏铭文，与其同出的还有两件商文化风格的铜鼎。赤峰地区出土的这些具有晚商文化风格的青铜器，可能系从中原地区商文化输入，但也不排除夏家店下层文化在当地仿制的可能性。赤峰地区晚商文化风格青铜器的发现，表明夏家店下层文化和中原商文化有密切的联系，反映了中原礼制文化对夏家店下层文化的影响，实证了中华文明起源与发展的多元一体格局。

馆藏弦纹青铜甗是夏家店下层文化与中原商文化交流互动的实证。夏家店下层文化作为北方草原地带早期青铜文化的代表，是当时东北发展水平最高并最早进入青铜时代的考古学文化，对东北地区青铜时代文化格局产生了重要影响，为北方草原青铜文化的发展繁荣奠定了基础。

击石拊石

夏家店下层文化石磬

23

年代：夏家店下层文化
尺寸：长 42、宽 17.5～30、厚 2、
　　　孔径 1.5 厘米
来源：赤峰市松山区三座店遗址出土

周炎炽

　　石磬是一种用石质材料制作而成的击奏乐器，是中国古代最早产生的乐器之一。根据考古资料可知，新石器时代晚期就已经出现了石磬。随着社会不断的发展进步，石磬在人们的生活中扮演着越来越重要的角色，不仅能给人带来美妙的音乐享受，还作为重要的礼乐器出现在很多重要的场合，蕴含着浓厚的政治功能与特定的人文精神。

　　赤峰博物馆收藏有一件夏家店下层文化时期的石磬，石磬浑厚古朴，通体呈五边形，颜色为青灰色，材质为花岗岩。石磬厚薄不均，表面粗糙不平，有明显的麻点。石磬上端最窄处有两个穿孔，左侧残存半孔，右侧为对穿孔，用于穿绳悬挂，孔内有绳索磨痕。根据两孔位置关系可知，石磬应该

夏家店下层文化石磬

经过二次加工，在左侧穿孔残缺后，在其旁边又钻一孔。此件石磬系打制而成，并通过打磨调音，敲击不同的部位，能发出清脆悦耳而又带有一定音阶的声音。

关于石磬的创制，在文献中有诸多记载。《礼记·明堂位》记载"叔之离磬"，认为编离之磬是叔创造出来的，有着悠久的历史。《尚书·益稷》记载"予击石拊石，百兽率舞"，此处的"石"指的是原始的石磬，反映出石磬在原始乐舞中的运用。如同陶器及其他石器一样，石磬也来源于人们的生产生活实践。在漫长的石器时代，石材是最为常见的一种物质载体。人们在生产生活中发现敲击石片能发出清脆悦耳的声音，于是便萌发出将石片制作成乐器的想法，经过长期观察和实践，人们最终制造出了石磬。

根据考古资料可知，在河南、山西、陕西、青海、甘肃等地均出土有距今 4000 多年的石磬。关于石磬的形制和特点，不同时期、不同地域各有不同。早期石磬形制不太统一，有的类似于生产工具，如石铲、石刀，有的呈不规则形状。因为尚处于原始阶段，所以大多是由石块直接打制而成，并没有进行精细打磨。如山西襄汾陶寺龙山文化墓葬出土的石磬，长达 80 厘米，经打制而成，制作较为粗糙，保留了许多原始状态。夏代至早商时期的石磬发现并不多，以单件为主，所以常被称为特磬，表面大多无纹饰。从使用人群和功用上来说，早期石磬具有宗教祭祀、乐舞伴奏、凝聚成员和象征权力等多重功能，在等级较高的大型墓葬和随葬器物较少的小型墓葬中均有发现，说明这一时期磬的使用范围较广，并不局限于某个群体。而到了商代晚期，随着社会生产力的发展，出现了大小相次排列并且按照一定音阶排序的编磬，编磬的优点是可以演奏乐曲。这一时期石磬开始与编铙组合使用，已经由民间走向宫廷，成为宫廷乐器；主要出现于等级较高的墓葬中，成为一种身份地位的象征。成组编磬的出现，使得磬的功能逐渐由仅承担打击任务的节奏性乐器向可以演奏的旋律性乐器发展，音乐的表现力得到进一步增强。到了西周时期，编磬与编钟配套组合共同形成了"金石之乐"的基本构成框架，但组合数量在不同阶段有一定的变化。这一时期，编磬在宗庙祭祀、宴飨和朝聘等礼仪活动中扮演着重要的角色。东周时期，随着社会制度的变革，礼乐制度分崩离析，编磬与礼制的对应关系逐渐分离，特权神圣的光环被褪去。编磬一方面朝着乐曲精细化方面发展，如最具代表的曾侯乙编磬；另一方面是专门作为陪葬的明器，如河南信阳长台关2号楚墓出土的木磬，已经失去了演奏的功能。秦汉以后，石磬的数量急剧下降，石磬一般作为重要场合的演奏乐器，较少用作随葬明器。

夏家店下层文化是赤峰地区早期青铜文化的典型代表，距今4000～3300年。内蒙古赤峰市喀喇沁旗、松山区及辽宁建平县等地发现有多件夏家店下层文化石磬，表明石磬在这一时期是较为普遍的乐器。与中国古代其他地区的石磬相比，夏家店下层文化的石磬器形相对较小，一般长度为25～40厘米，大多经过一定的磨制，比龙山文化时期的石磬更为进步。研究表明，夏家店下层文化的先民在石磬的制作上已经有了自己独特的风格，在选料上已开始注重石材的质地和色泽：在质地上要求质料细腻，多选用坚硬的变质岩和花岗岩；在颜色选取上，一般以白色为上，灰色次之。赤峰博物馆收藏的这件夏家店下层文化石磬，表明赤峰地区距今约4000年已经拥有了礼乐器，先民已经可以敲打着石磬载歌载舞享受着音乐带来的愉悦，社会的发展已经达到一定高度。

石磬作为古代八音之一，一经出现便深受人们的喜爱，在我国古代社会生活中占有重要的地位，在先秦时期曾构筑起"金石之乐"的辉煌，成为统治阶级身份地位的一种象征。

夏家店上层文化蛇纹青铜短剑

24

年代：夏家店上层文化
尺寸：长 27.2 厘米
来源：赤峰市宁城县南山根
　　　101 号墓出土

王艳丽

夏家店上层文化
蛇纹青铜短剑

赤峰博物馆收藏的这件蛇纹青铜短剑，系 1963 年出土于赤峰市宁城县南山根 101 号石椁墓。这座墓葬规模较大，属于夏家店上层文化贵族墓，时代相当于春秋早期。该墓随葬器物丰富，包括青铜器、金饰、骨器、石器，具有北方与中原不同文化风格。随葬器物以青铜器为主，包括容器、兵器、工具、车马器等，其中青铜短剑 8 件，形制包括直刃剑、曲刃剑两类。这件蛇纹青铜短剑属于直刃剑，剑身较短，中间起脊，叶末近柄处有缺口并斜伸出双齿状剑格。柄部稍长，中间起棱，两侧饰叶脉纹和锯齿纹，剑首装饰蛇纹圆形饰。

夏家店上层文化是北方草原地区较为发达的青铜文化，主要分布于西拉木伦河和老哈河流域，年代大致相当于中原地区的西周至春秋时期。夏家店上层文化的青铜器大多为本地铸造，并与中原地区青铜文明相互交流，融北方和中原青铜文化风格于一体，地域特色鲜明，以车马器、兵器及器物上的动物纹装饰最具代表性。墓葬中出土的大量精美的青铜兵器、车马器、工具、牌饰、容器等，展示出夏家店上层文化取得了辉煌的青铜文明成就。夏家店上层文化又以独具特色的青铜短剑著称于世，除赤峰宁城南山根墓葬外，赤峰宁城小黑石沟墓葬群、克什克腾旗龙头山遗址等也出土有类似的青铜短剑。

动物纹装饰是夏家店上层文化的鲜明特色。夏家店上层文化发现有大量装饰动物造型的器物，以青铜器居多，造型别致，风格独特。动物题材丰富多样，纹饰写实性较强，除少量瑞兽形象外，大多为人们日常生活中常见的动物形象，既有马、羊、牛、狗、猪等家畜类动物，也有鹿、虎、兔、豹、蛇、鸟等野生动物。

夏家店上层文化动物纹装饰主要属于写实的艺术风格，动物有伫立、展翅飞翔、撕咬、奔跑、蜷曲等多种形态，动静相结合，展现着自然写实的场景。赤峰博物馆收藏的这件蛇纹青铜短剑，剑首圆形饰镂空，作三蛇相缠状，三蛇归为一尾，将蛇蜷曲的形态表现得栩栩如生。蛇身通过叶脉几何纹来表现，蛇的头部和眼睛运用圆圈纹表示，装饰运用了几何抽象手法。蛇纹刻画淋漓尽致，动静结合，体现了当时人们敏锐的观察力和高超的艺术创作力。

在装饰工艺上，夏家店上层文化青铜器上的动物纹饰，采用了圆雕、浮雕、透雕、阳刻、阴刻等多种表现手法。馆藏蛇纹青铜短剑剑首的蛇纹造型，采用了浮雕和镂空相结合的装饰工艺，通过浮雕的手法将蛇的造型完整立体地呈现出来，以叶脉纹、圆圈纹等几何纹将蛇的各部形态表现出来，结合镂空技艺将蛇的形态灵活地展现出来，体现出了夏家店上层文化高超的青铜制作工艺。

夏家店上层文化先民选择"蛇"这一装饰造型，应有着特殊的文化背景和含义。在生产力水平低下的古代社会，人们面对频繁发生的自然灾害，因缺乏科学的解释而将其视为一种无法抗拒的神力。于是人们将身边的动植物神化、人格化，认为这些自然界的神灵与自己同在，能够保佑自己免受灾害。对蛇的崇拜就是在这样的背景下产生的。将蛇视为神明加以崇拜，是古代社会普遍存在的一种动物崇拜。蛇纹作为夏家店上层文化青铜器上的一种装饰主题，应与蛇在当时人们观念中的某种特殊寓意有关，可能反映了当时人们对蛇的崇拜。

夏家店上层文化的青铜短剑风格古朴，造型精致，是夏家店上层文化的重要组成部分，是夏家店上层文化青铜文明的重要代表。馆藏蛇纹青铜短剑形制特别，颇具地方文化特色。剑首的蛇纹造型，经过了古代工匠的艺术化加工，带有一种人类早期阶段的原始质朴气息，展示了人们的审美情趣和高超的青铜铸造工艺，体现了夏家店上层文化的宗教信仰情况。

剑首

游牧民族驯马的工具

夏家店上层文化青铜马衔

25

年代：夏家店上层文化
尺寸：长 23.5 厘米
来源：赤峰市宁城县南山根
101 号墓出土

尹 楠

　　马衔，又称作马嚼子，是一种放置在马口中用来驯马、驭马的工具。从马衔发展的历史来看，其材质主要有皮带、绳子、青铜、铁等不同类型。由于保存条件的限制，有机质的马衔并不多见，我们今天看到的古代马衔大多为青铜材质。青铜马衔主要流行于商周时期，一般由2或3节两端带环的柱状体相套接而成，两侧末端的环可与马镳相接。

　　赤峰博物馆收藏的这件青铜马衔，出土于赤峰市宁城县南山根101号墓，是夏家店上层文化极具代表性的车马器，其年代相当于中原地区的春秋早期。该马衔由两节铜棍组成，中间由双环套连，两端各有一个锚形附件。锚形附件呈"十"字倒钩形，顶端有半圆形环，中间有圆孔与节棍相套接，可以转动。与马衔同出的还有短剑、戈、矛、镞、斧等青铜兵器，以及鼎、簋、簠、觚形杯、鬲、双联罐、豆形器、祖柄勺等青铜容器，除少量中原式容器外，大部分为具有浓厚地方特色的夏家店上层文化器物。

　　夏家店上层文化青铜器融北方和中原青铜文化风格于一体，种类丰富，形制多样，以兵器、车马器和动物形牌饰最具代表性。车马器也是中国古代北方少数民族最有特色的青铜器类，是研究北方游牧民族生活习性和器

夏家店上层文化青铜马衔

物发展演变的重要突破口。宁城南山根出土的这件青铜马衔，两端外环带有"十"字形倒钩，形制特别，代表了北方地区一种较早的马衔形式。此类形制的青铜马衔目前仅发现于辽西地区，具有浓厚的地方特色。

夏家店上层文化的年代，大致相当于中原地区西周至春秋时期，处于北方草原青铜文化的鼎盛时期。赤峰宁城南山根和小黑石沟一带，是夏家店上层文化分布的中心区域。赤峰地区在这一历史阶段为北方各少数民族的活动区域。夏家店上层文化一般被认为是山戎的遗存，山戎军事实力强大，凭借骏马利剑，称雄北方数百年，曾对春秋时期的燕、晋、齐等诸侯国构成威胁。军事实力强大的重要表现就是兵器制造业发达，夏家店上层文化遗址和墓葬中出土有大量的戈、短剑、剑鞘、斧等青铜兵器。作为游牧民族，骑兵作战是他们的优势，在夏家店上层文化遗址和墓葬中常有当卢、节约、铜泡、马衔、马镳等青铜马具出土。

中国古代北方少数民族以游牧为主要生产生活方式，马是他们游牧生活不可或缺的动物，而马衔是驯服、驾驭马匹的重要工具。在使用时，一般是将马衔横放于马嘴里，在两端的环上穿上缰绳，这样驭手便可以利用马口中的马衔来控制马的活动速度和方向。这件马衔放置于马嘴时，两端朝向内侧的"十"字形倒钩正对马嘴部。马嘴部没有皮毛，神经系统发达，倒钩接触到马嘴部必然会造成强烈的疼痛感，有助于驭手控制马的活动速度和方向。草原上野马成群，要将其驯服并训练成战马具有一定难度。因此，在马衔两端设置"十"字形倒钩，可能是人们早期出于驯服马匹的需要而采用的一种独特方式。而且这件青铜马衔两端的环可以转动，能够增加驭马的灵活性。随着马衔的不断发展演变以及人们驯马技术的提高，后期很少见到这种带有倒钩的青铜马衔。

马衔是马具的重要组成部分。在古代少数民族聚集的北方地区，马是人们出行、生活、战争、狩猎的重要载体，马衔则是人们控制马匹的重要工具。青铜马衔的出现是基于人类使用马匹的需要以及青铜铸造技术的发展，同时也是人们生产生活方式的重要见证。赤峰博物馆收藏的这件青铜马衔，形制特征鲜明，制作精巧，反映了夏家店上层文化先民掌握了先进的青铜铸造工艺和熟练的驯马技术。

草原青铜短剑的典范

夏家店上层文化双虎纹
青铜曲刃剑

吴 迪

26

年代：夏家店上层文化
尺寸：长 29.9、宽 4.5 厘米
来源：赤峰市宁城县南山根
　　　101 号墓出土

　　在西周晚期至春秋早期，赤峰地区的古代民族曾经广泛使用一种青铜曲刃短剑。这类曲刃短剑属于夏家店上层文化，风格古朴，自然率真，短剑上的纹饰以动物纹为主。

　　1963 年，在宁城县南山根发现了一个青铜时代的墓葬群，出土了一批青铜器，其中有一件双虎纹青铜曲刃短剑。这件青铜曲刃剑的剑柄做成两虎对卧状，用曲线表示虎牙，用同心圆表示大腿，用圆形表示兽眼，虽然细腿并不明显，但俨然是一对活生生的虎。该剑造型别致，给人一种对称、和谐之美。

　　虎纹是北方草原文化常见的装饰题材。之所以说虎纹是北方草原青铜器的代表性纹样，是因为其艺术题材广泛而丰富，造型各异，艺术语言多样，具有特定的艺术表现规律和独特的艺术风格，从而构成了一个较为完整的艺术体系。可以说虎纹是整个草原动物纹系统中最出彩的部分，这充分反映了草原民族对艺术形式的敏感及其独特的审美观。

　　夏商周时期，以虎为造型和装饰图案的器物有很多，如河南省安阳市殷墟五号墓出土的商代伏虎形玉雕，内蒙古鄂尔多斯匈奴墓出土的战国时期虎纹金饰牌、虎纹铜饰牌等。这些虎的造型和装饰艺术，表现了当时人们对虎的敬畏之心，

夏家店上层文化
双虎纹青铜曲刃剑

也象征着中原王朝的王权或北方少数民族的勇敢及原始信仰。早商时期，北方草原地区的气候开始向寒冷、干燥转变，人们的生产和生活方式开始向游牧转变。在这种背景下，草原上常见的动物装饰和造型开始出现。游牧民族形成以后，虎的造型和装饰艺术得到了进一步的发展，尤其是在山戎、匈奴等民族中表现得尤为突出。

剑首

曲刃剑的造型在短剑家族中颇具特色，剑刃两侧微曲，在中部又凸出两个尖结，下部渐宽曲底，有的剑体和柄首系分别铸造后插接，柄首部铸一横槽，槽内置铁矿石枕首，形成一个粗重的"丁"字形剑柄。有学者对曲刃剑的功能进行了分析，认为刃部凸出的两个尖结可以增加创伤面、增强杀伤力，但是宽大的剑身和凸出的尖结同时也增加了刺入身体的阻力，况且凸出的尖结在进入身体后会形成鱼钩效应，不利于剑体的快速拔出，因此早期尖结较凸出的短剑往往铸出一道圆形凸出的中脊，以利于空气的进入从而减少短剑抽出的压力。

夏家店上层文化内涵丰富，青铜曲刃剑是夏家店上层文化先民所创造的短兵器，虎纹是夏家店上层文化较为常见的装饰题材。夏家店上层文化时期，生活在赤峰地区的少数民族以山戎为主，而山戎创造出了灿烂的草原青铜文明。夏家店上层文化地处交通要道，南与燕国相邻，与先进的中原文化有着频繁的接触与交流，在我国北方地区（包括东北地区）诸多青铜文化中占有重要的地位。

夏家店上层文化青铜镞

王 迪

27

年代：夏家店上层文化
尺寸：长 3.6～5.5、
宽 1.1～2.9 厘米
来源：赤峰博物馆旧藏

镞，指的是弓箭的箭头，是箭的重要组成部分，安装在箭的最前端，是箭实现杀伤性目的的关键。镞的构成主要有前锋、脊、翼、铤，前锋就是镞的尖端，脊指箭镞中间凸起的部分，翼是脊侧形如翅膀的部分，铤是脊下端伸出的圆棍。赤峰博物馆收藏有一批夏家店上层文化的青铜镞，这一时期的青铜镞根据镞翼的不同，可以分成三种类型，即三棱翼有铤式镞、双翼柳叶形镞和双翼三角形镞。有的镞下方有细长铤，用于把镞安插到箭杆上，这样箭镞与箭杆之间连接更加牢固，箭在飞行的过程中也更稳定。

镞出现很早，在青铜镞之前，就有用骨、石、玛瑙等不同材质制作的镞。1963 年，考古工作人员在山西朔县峙峪村附近的旧石器时代遗址就发现过一枚石镞，它是我国目前发现最早的镞。峙峪遗址距今约 2.8 万年，已

夏家店上层文化青铜镞

经到了旧石器时代的晚期。进入新石器时代以后，考古发现的镞的数量增多，材质不仅有石质，而且有骨质、蚌质与角质，说明这一时期人们对弓箭使用更多。弓箭发明的最初目的，是获取猎物维持生计。在这个过程中，人们注意到弓箭不仅可以用于狩猎，还可以用于战斗，于是弓箭逐渐由工具的性质发展到具有兵器的作用，制作箭镞的材料也随着时间的推移发生改变。

在石器时代之后的青铜时代，青铜器在人们的生产、生活中占据重要地位，青铜器被大量铸造和使用，青铜被用来制作生产工具、生活用具以及武器，在中原二里头文化就发现了青铜制成的早期箭镞。中国的青铜时代贯穿于夏商周时期，此时在中原农业文明和欧亚草原畜牧业文明之间的中国北方地带，人们也创造了独具特色的草原青铜文化，夏家店上层文化就是这一时期非常发达的具有代表性的青铜文化。

通过考古可知，夏家店上层文化时期的青铜制造业非常发达。夏家店上层文化发现有多处铜矿冶炼遗址和许多采矿工具。采矿工具以石质为主，有石锤、石钎、研磨器等，这些石质工具结实耐用，相对容易制作。夏家店上层文化的冶炼技术已相对成熟，主要的冶炼工具炼炉、坩埚、鼓风管在不同的遗址中都有发现，铸造器物使用的石范和陶范也有出土。目前已经发现的夏家店上层文化各类青铜器物数量较多，种类丰富，按使用功能可分为工具、车马器、兵器、日用器具、装饰品等。兵器是夏家店上层文化青铜器中的一个大类，种类有短剑、矛、盾、镞、盔、斧、戈等。这一时期的铜镞，已不像石器时代的镞那样形制不规则、随意性很大，通过铸范可以大量制造形制规整的铜镞。三翼镞是对双翼镞的改进，镞上增加血槽和倒刺，都让镞的威力大大增强。

镞主要是用于狩猎和战争。镞是兵器中较为特别的一类，它无法单独发挥作用，必须和杆一起组成箭，再搭配上弓才能使用。弓与箭之间的关系，犹如枪和子弹，二者缺一不可，不然就威力全失。中国人使用弓箭的历史非常悠久，已经有近万年的历史。在神话传说中，就有后羿射日的故事。弓箭的出现，在原始社会帮助人们扩大了对动物界的绝对优势，让人们可以获得更多的食物。到了阶级社会中，弓箭则主要是发挥兵器的作用，在战争中用于杀敌取胜。在冷兵器时代，弓箭的地位不可撼动，"言武事者，首曰弓矢"（《武备志》），弓箭在兵器中是排在首位的。先秦时期使用弓箭的兵种，就有步射手、车射手、骑射手，尤其是骑射，让弓箭的威力更大。骑射本是北方游牧民族的传统，为了增强自身的力量，战国时期赵武灵王进行"胡服骑射"的改革，让赵国成为"战国七雄"之一。

后来弓箭又发展出了礼仪和娱乐的功能。古代有射礼，分为大射、燕射、宾射和乡射。祭天时行大射，诸侯朝拜天子时行宾射，闲暇宴饮时行燕射，乡射则是为了选贤举能。不同形式的射礼有着不同的意义，举办地点、参与人员、礼仪流程等各有区别，在这个过程中，体现了尊卑长幼的等级差异。由射礼衍生出的一种宴会时玩的游戏，就是投壶。投壶即"投箭入壶"，游戏时投者站在一定距离之外，将箭投入壶中，投中多的人获胜，输的人则要罚酒。投壶游戏从先秦时期一直延续到了清代。如今，随着中华优秀传统文化的发扬光大，许多类似投壶的古代游戏也成为今天人们乐于参与的趣味活动。

风格独特的剑鞘

夏家店上层文化青铜双联剑鞘

张小明

28

年代：夏家店上层文化
尺寸：残长 35.4、宽 9.6、
　　　短鞘长 34 厘米
来源：赤峰市宁城县南山根
　　　墓葬出土

　　赤峰博物馆收藏有一件青铜双联剑鞘，两个剑鞘一长一短，双鞘上半部分相连。剑鞘一面有大小不等的三角形镂孔，大三角形镂孔居于鞘体中间，小三角形镂孔分布于两侧，其中大三角形镂孔有 12 个，小三角形镂孔有 17 个。长鞘上端和短鞘中间外侧各有一鼻纽，可能用于佩系或悬挂。剑鞘出自赤峰市宁城县南山根夏家店上层文化墓葬，年代相当于中原地区西周晚期至春秋早期。

　　剑鞘主要是用来保护剑刃，兼具装饰功能。在我国古代社会中，剑鞘的材质主要有皮革、木、铜、铁、金等，除金属类剑鞘外，皮革、木质剑鞘难以保存下来。一般而言，一剑配一鞘，剑鞘多为独立个体。而这种双联剑鞘较为少见，它可以同时放入两件青铜短剑，造型独特，体现了地域文化特色。

　　青铜兵器是夏家店上层文化青铜器的典型代表，从考古发现来看，其种类主要包括短剑、剑鞘、镞、矛、戈、斧、头盔等。其中，青铜剑鞘是夏家店上层文化青铜兵器的重要组成部分，这一时期的青铜剑鞘包括单体剑鞘和双联剑鞘两个基本类型，具有鲜明的北方草原文化特色。目前，夏家店上层文化青铜双联剑鞘发现有 5 件，即宁城南山根墓地、小黑石沟墓地各出土 2 件，宁城汐子北山嘴墓葬出土 1 件。这类青铜双联剑鞘一长一短，两个鞘体上下或上部连铸在一起，

夏家店上层文化
青铜双联剑鞘

横剖面呈梭形，顶端弧折。一面有三角形或菱形镂孔，另一面光素或上下两端饰锯齿纹。大鞘上端和小鞘中部各有一横鼻纽。

夏家店上层文化是北方草原地带一支非常重要且富有特色的青铜文化。夏家店上层文化青铜器是在继承商周之际北方草原地带诸青铜文化因素的基础上发展起来的，但在器物造型和装饰风格方面又具有鲜明的独创性，同时与中原地区青铜文化保持着密切联系，并对周边地区青铜文化产生了深远影响。夏家店上层文化青铜器种类丰富，包括容器、兵器、工具、车马器、装饰品等，以兵器、车马器和动物形饰最具特色和代表性。整体来看，夏家店上层文化青铜器兼具中原文化风格和北方草原文化风格，以北方草原文化风格的青铜器为主体，其次为典型的中原式青铜礼器和兵器，另有少量融合两者文化因素的器物。

剑鞘作为保护剑身的器具，是我国历史上传统文化器物。夏家店上层文化的先民以传统剑鞘为原型，结合自身文化特征，创造出了这种青铜双联剑鞘，这体现了夏家店上层文化先民兼收并蓄、勇于创新的民族性格。从造型上来看，青铜双联剑鞘打破了单体剑鞘的独立性，兼具实用功能与地域文化特征。从纹饰特征来看，这件剑鞘一面有三角形镂孔，一面锈蚀严重未发现纹饰，这样简单大方的装饰风格体现了北方少数民族粗犷豪放的民族性格和地域文化特征。从制作方式来看，双联剑鞘将两个单体剑鞘合铸在一起，连接之处金属稳定性强，展现了精湛的青铜铸造技术。林西大井古铜矿遗址是一处夏家店上层文化采矿、选矿、冶炼和铸造青铜器的重要场所，为夏家店上层文化青铜器的发展奠定了物质与技术基础，它的发现表明夏家店上层文化先民已经熟练掌握了青铜冶铸技术。

夏家店上层文化青铜铸造业比较发达，在铜器种类、数量及制作工艺上较夏家店下层文化均有较大发展。赤峰宁城南山根和小黑石沟一带，是夏家店上层文化的政治、军事中心。夏家店上层文化是历史上所记载的少数民族山戎的文化遗存，年代大体相当于中原的西周至春秋时期（距今3000～2500年）。春秋时期，山戎曾对燕、齐等诸侯国构成威胁，夏家店上层文化众多青铜兵器的发现，证实了其具有较为强大的军事实力。馆藏青铜双联剑鞘，是夏家店上层文化具有特色的青铜兵器，为研究这一时期青铜冶铸技术及文化交流等提供了珍贵的实物资料。

夏家店上层文化青铜祖柄勺

任禹丞

　　赤峰博物馆收藏的这件形状特殊的青铜祖柄勺，出土于赤峰市宁城县南山根墓葬。该墓等级较高，出土有容器、兵器、车马器等大量青铜器。其中祖柄勺同出两件，形制相同。勺身敛口，圆腹，圜底，祖式斜柄，柄与勺腹相接处作双叉形。祖柄勺属于夏家店上层文化，是北方草原青铜器的典型代表。

　　西辽河流域在 4000 多年前进入青铜时代，是较早进入青铜时代的地区之一。辽西青铜文化对于研究古代文化交流、北方少数民族历史等具有重大意义，一直以来备受学术界关注。夏家店下层文化和夏家店上层文化是西辽河流域青铜文化的重要代表。夏家店上层文化是较为发达的青铜时代晚期文化，年代大体相当于中原的西周至春秋时期，主要分布于西拉木伦河和老哈河流域，在敖汉旗周家地、翁牛特旗大泡子、林西县大井、克什克腾旗龙头山和宁城县南山根、小黑石沟及赤峰夏家店、蜘蛛山、药王庙、红山后等地均有发现。赤峰宁城南山根墓葬和小黑石沟墓葬出土青铜器数量较多，类型丰富，具有草原青铜文化特点，宁城南山根、小黑石沟一带也被认为是夏家店上层文化的政治和经济中心。

夏家店上层文化
青铜祖柄勺

馆藏青铜勺柄部造型如祖，表现的是男性生殖器的形象，这是赤峰地区发现最早的祖形器物。"祖"字从示且声，在甲骨文和西周金文中写作"且"，后来表示祖先意义的"且"字被加上了"示"旁，就写成了"祖"。关于"且"的造字本义，有多种说法，或说是像神主之形，或说是男性生殖器之象形，或认为是祭祀时盛放祭品的器具。由于一般认为"且（祖）"是男性生殖器的象形，男性生殖器造型的器物符合甲骨文"且"字形体，所以考古学上一般将此类器物称作"祖"。除独立的祖形器物外，还有以祖形作为器物装饰造型的，例如馆藏祖柄勺就是以祖形作为器柄的造型。祖形器在中国出现于新石器时代中期，是原始社会男性生殖崇拜的重要体现。祖形器一般是具象、写实、仿生雕塑，材质较为多样，常见有陶祖、石祖、铜祖等。

生殖崇拜出现于原始社会，是一种世界性的普遍现象。史前社会生产力水平低下，生存环境恶劣，自然灾害、部落冲突以及疾病、瘟疫时常发生，人口死亡率较高，所以人口增殖对于部落延续发展至为重要。由于当时人类认识的局限性，人们对生殖这一神秘现象充满敬畏，同时又赞美、向往这种繁殖能力，所以塑造生殖器加以崇拜，主要表现为塑造生殖器、乳房、臀部等形象，祈求人口增殖繁衍。在母系氏族社会，女性在社会中占据主导地位，女性生殖崇拜比较普遍，例如兴隆洼文化和红山文化中均发现有表现丰乳、捧腹孕妇形象的石雕人像。进入父系氏族社会后，男性在社会中开始占据主导地位，而且人们发现了男性在生育中的重要作用，各地纷纷出现男性生殖崇拜的习俗，其重要表现就是祖形器物的大量出现。夏家店上层文化一般被认为是山戎的遗存，处于父系氏族社会晚期向奴隶社会转变阶段，在父权社会中出现的青铜祖柄勺应为男性生殖崇拜的反映。

赤峰博物馆收藏的这件青铜祖柄勺，反映了夏家店上层文化先民对男性生殖的赞美和推崇以及祈求部族繁衍壮大的美好愿景。青铜祖柄勺是夏家店上层文化的特色器物，目前发现有两种形制，除南山根墓葬出土的这类形制外，还有一类出土于宁城小黑石沟墓葬，此类祖柄勺祖形直柄与勺身直接相连，相接处没有分叉。在夏家店上层文化青铜器中，祖的造型除了用于勺柄装饰外，还用作竿头饰，这说明男性生殖崇拜是夏家店上层文化普遍存在的一种原始宗教信仰。

30

年代：夏家店上层文化
尺寸：长 30.1、宽 12、通高 9 厘米
来源：赤峰市宁城县小黑石沟墓葬出土

夏家店上层文化
青铜四联罐

姝 雯

　　赤峰博物馆收藏的这件青铜四联罐，系 1985 年出土于宁城小黑石沟夏家店上层文化墓葬。器形作四个罐连成一体，罐敛口，圆腹，平底。带盖，盖呈半球形，出土时盖的连接处有绳绑痕迹。

　　小黑石沟遗址是夏家店上层文化的重要遗址，位于赤峰市宁城县小黑石沟村南部的一块台地上。台地东有门面山，西有鸡冠山，南面是位于河北境内的大尖山，北面是老哈河。从 20 世纪 50 年代开始，此地就不断有青铜器发现。1985 年 4 月，小黑石沟村民在土坎上取土，因土坎坍塌暴露出一座石椁墓，赤峰市文物站（今赤峰博物馆）等单位在此清理了一批墓葬，获得了一批珍贵的考古资料。随后，内蒙古文物考古研究所对该遗址进行了小面积发掘，发掘面积 350 平方米，清理灰坑 9 个、墓葬 11 座。1992～1993 年，内蒙古文物考古研究所在 1985 年的工作基础上继续发掘，揭露面积 1300 平方米，清理墓葬 40 余座，除少量兴隆洼、赵宝沟、红山

夏家店上层文化青铜四联罐

文化及东周时期墓葬外，大部分为夏家店上层文化墓葬。从夏家店上层文化的发现情况来看，发现有一定规模墓地的遗址有赤峰夏家店、红山后、宁城小黑石沟、宁城南山根、克什克腾旗龙头山、敖汉旗周家地等。这些地点发现墓葬270余座，其中小黑石沟遗址发现墓葬72座，是同类墓葬中规模最大的一处。根据墓葬结构和随葬器物，这些墓葬可以分为三个等级，分别代表了不同的社会阶层，为研究夏家店上层文化的社会形态及组织结构提供了宝贵资料。

这件青铜四联罐出土于一座大型长方形土坑石椁墓。该墓出土器物包括青铜器、金器、石器、骨器、松石料珠饰等，其中青铜器包括容器、车马器、兵器、工具及装饰品。青铜四联罐具有明显的本地文化特色，从器形来看，有可能仿自皮质或其他质地的生活用皿，类似器物还有双联罐、圜底罐等。该墓出土器物与中原地区高等级贵族墓葬相比也毫不逊色，据此判断墓主人可能为夏家店上层文化的部落首领或贵族。

青铜四联罐的四个罐体连成一体，这样的连体器形最早或可追溯到新石器时代郑州大河村遗址出土的仰韶文化彩陶双联壶，但是此双联壶无盖，关于其来源和用途，目前尚不明晰。除青铜四联罐外，该墓还出土了青铜双联罐、六联豆等类似器物。青铜四联罐出土时盖的连接处有绳绑痕迹，原应有绳用来固定器盖，罐内盛放当地鲤鱼、野葱等四种食物，可见它是夏家店上层文化先民的实用容器。根据文献记载与考古资料，初步判断夏家店上层文化为山戎的文化遗存。早在3000年前，山戎曾与东胡并存于燕北之地，它与燕国、齐国等毗邻，时常对燕、齐的边境进行掳掠和骚扰，文献中有"山戎越燕伐齐""山戎病燕"等记载，可见山戎的军事实力非常强大。四联罐相连成一体，可以同时携带四种不同的食物，用绳子将罐体与盖捆绑在一起，可以防止食物因颠簸溢出，征战时携带于马上非常实用方便。青铜四联罐的产生应与山戎的生活方式有关，在其他青铜文化中尚未发现此类器形。

青铜四联罐出土时，罐内有炭化的野山葱和鱼骨，野山葱应为本地山戎的食品。《管子·戒篇》记载："（齐桓公）北伐山戎，出冬葱与戎菽，布之天下。""冬葱"即"大葱"，"戎菽"即"蚕豆"。"冬葱"应为山戎将野山葱人工培植驯化而来。遗址中还出土了石斧、石刀、石磨盘与磨棒等生产工具和鬲、罐、豆等陶器，这些都说明小黑石沟夏家店上层文化的先民应从事一定的农业生产。另外，辽宁建平水泉的一个窖穴中发现有大量粟和稷的炭化痕迹，内蒙古赤峰市克什克腾旗龙头山遗址和喀喇沁旗大山前遗址的祭祀坑中也保存有炭化谷物的痕迹，这些可以作为小黑石沟遗址存在一定农业经济的旁证。

已有研究表明，大量使用青铜马具及兵器的居民无不从事一定规模的畜牧业。小黑石沟遗址出土了大量的青铜马衔、马镳、戈、剑以及畜牧狩猎部族流行的动物纹青铜牌饰等，说明小黑石沟夏家店上层文化畜牧、狩猎经济发达。另外，根据对西拉木伦河流域古文化、古环境以及人地关系的研究可知，距今3000年的气候干冷化是当地畜牧业比重增加的一个重要原因。青铜四联罐中有炭化的鱼骨，小黑石沟遗址中出土有一定数量的网坠，灰坑填土堆积中也发现有少量鱼骨，这些都说明小黑石沟的先民除了农业和畜牧、狩猎以外，还从事一定的捕捞业。

小黑石沟遗址出土的青铜四联罐，极具本地风格，内含炭化的鱼骨、野山葱等食物，展现了夏家店上层文化精湛的青铜铸造工艺和多样的经济形态，反映了3000年前生活在北方草原的夏家店上层文化先民在金戈铁马的岁月中仍然不失考究的生活状态。

31

年代：夏家店上层文化
尺寸：长 3.2、宽 3.2、
　　　厚 0.3 厘米
来源：赤峰市宁城县小黑石沟
　　　墓葬出土

夏家店上层文化
透雕双虎纹青铜牌饰

孙雪江

　　青铜动物牌饰是北方草原青铜文化的代表性器物，按照形制可分为动物形牌饰和动物纹牌饰两类：动物形牌饰是指整个牌饰以动物的形象作为外形轮廓，一般表现为单体的动物形象；动物纹牌饰的牌体一般作较规则的几何形状，基本上属于两个动物以上的群体牌饰。赤峰博物馆收藏的这件双虎纹青铜牌饰，系采用透雕工艺制作而成，大致呈方形，牌饰背后附有两个桥形纽。牌饰上的两只老虎上下相对，头尾相接，腹部相交，呈前折蹲踞式造型。前折蹲踞是指动物的四肢均向前，其身体俯卧于四肢之上，这种蹲踞方式一般是食肉动物才会有的俯卧状态。虎的眼睛用较大的圆圈表示，虎爪和虎尾末端均饰有圆圈，身上装饰有重圈纹。这件双虎纹青铜牌饰出土于赤峰市宁城县小黑石沟夏家店上层文化墓葬，该墓一共出土 6 件这种形制的青铜牌饰。

　　夏家店上层文化因首次发现于赤峰市松山区王家店乡夏家店村而得名，主要分布于西拉木伦河、老哈河流域，时代大体相当于中原的西周至春秋时期。夏家店上层文化正处于草原青铜文化的鼎盛时期，夏家店上层文化青铜器融北方和中原青铜文化风格于一体，以青铜兵器、车马器及青铜器上的动物纹饰著称于世。

　　以动物纹为装饰主题的青铜牌饰形成于西周中晚期，在西辽河流域的夏家店上层文化较为流行。夏家店上层文化青铜器所饰动物纹题材丰富，既有日常生活中人们饲养的马、牛、羊等家畜形象，也有虎、豹、鹿、鸟等野生动物形象。这些动物纹饰以草原上常见并与游牧民族生活息息相关的动物为原型，它们或作相互追逐嬉戏状，或作撕咬争斗状，形象栩栩如生，具有很强的写实特征，生动再现了这一时期北方草原生机勃勃的自然景观，同时也反映了夏家店上层文化畜牧、狩猎的经济形态。在夏家店上层文化的动物纹饰中，

夏家店上层文化
透雕双虎纹青铜牌饰

虎纹是出现频率最高的野生动物纹，自出现起便广泛流行于中国北方地区，是北方草原青铜器的代表性纹样。虎纹造型多样且富有艺术表现力，它们有的单个现身，凝神静思，小心谨慎；有的群体出没，撕咬搏斗，追逐玩耍。

众所周知，虎为百兽之王，凶猛威武，具有极强的威慑力，因此在军事上多以虎为尊。在北方草原地区，动物与游牧民族的生活密切相关，虎的勇猛是他们所向往的，人们希望从虎的身上获取力量，因此"虎"有着图腾象征和原始崇拜的文化含义。从出土情况来看，在北方草原地区，虎纹主要装饰在青铜牌饰、头冠和项圈等装饰物上，是权力和地位的象征，用以彰显墓主人的身份。青铜牌饰是虎纹最主要的装饰器物，以虎纹为代表的动物纹青铜牌饰将古代青铜艺术创作与北方草原民族对自然的认知融为一体，向我们展现了北方草原民族的生活景象和他们对美的执着追求。这些自然、富有生命气息的动物纹饰，贯穿于北方草原文化造型艺术的各个阶段，充分彰显了北方草原民族独特的审美风尚。这组制作精良的双虎纹青铜牌饰，是北方草原民族艺术的重要组成部分，也是豪迈奔放的草原民族精神气质的体现。

虎纹青铜牌饰自西周中晚期出现以后，经历了从单一的动物个体到两个以上的动物群体，从体态臃肿走向修长健硕，从伏卧的姿态扩展到伫立、咬斗等造型，从身体素面发展到采用各种花纹进行装饰的变化。不难看出，草原民族对虎的刻画越来越精细、生动和传神，对虎的表现也更加接近虎自身的属性。这组双虎纹青铜牌饰采用了透雕技法，透雕是在圆雕或浮雕的基础上去掉底板雕刻而成。这种雕刻技艺运用到青铜牌饰上，会产生一种凹凸起伏的视觉效果，可突出牌饰上动物身形的立体感，还具有两面观赏的美感。

关于青铜牌饰的具体用途，学术界大多认为是装饰用品。赤峰宁城小黑石沟墓葬出土的这组6件双虎纹青铜牌饰，背面有桥形纽，有可能为成组使用的车马饰件。由于墓葬遭到破坏，不能确定它们出土时的确切位置，故其准确的使用方式目前尚难判断。

这组虎纹青铜牌饰的出土，证明夏家店上层文化是北方青铜文化虎纹牌饰的重要来源之一。以虎纹青铜牌饰等为代表的夏家店上层文化青铜器，在充分保留自身独创性的基础上，融合、吸收外来文化因素，形成了自身文化特色，并对北方长城沿线的青铜文化产生了深远影响，奠定了夏家店上层文化青铜器在北方草原地带青铜文化中的重要地位。

四

战国秦汉

青铜盛酒器

战国蟠螭纹壶

张伟娇

32

年代：战国

尺寸：口径 15.2、腹径 32.5、足径 20.7、
通高 60.5 厘米

重量：9.85 千克

来源：赤峰市喀喇沁旗西桥战国墓地出土

赤峰博物馆收藏有一件战国青铜壶，系 2013 年出土于赤峰市喀喇沁旗西桥战国墓地。壶口外撇，方唇，束颈，溜肩，长圆腹，圈足，足壁较薄，肩部两侧有铺首衔环。器盖子口，盖顶微鼓，边缘等距分布四只立鸟，立鸟大圆眼，喙部卷曲，身上有卷曲羽毛。器盖顶部圆心和外周装饰有变形蟠螭纹。器身口部饰有细阴线三角形蕉叶纹，纹饰漫漶不清；颈部饰有一周 8 组蟠螭纹，每组两只螭，头部相背，头和吻部较大，张口，身体蜷曲；肩、腹部饰五周变形蟠螭纹，以五道凹弦纹分隔。铜壶通体布满纹饰，装饰手法细腻，做工也较精细。从器壁保留的范线和足部粘连情况来看，铜壶系采用模范铸造工艺制作而成。

铜壶上装饰的蟠螭纹尤其是变形蟠螭纹，装饰繁缛，充满神秘感。蟠螭纹主要流行于春秋战国时期青铜器上。螭一般认为是无角小龙，与青铜器上蟠螭纹之龙形大致吻合。蟠螭纹一般以两条或两条以上小龙相互缠绕组成一个纹饰单元，纹饰单元重复出现构成带状纹饰，通常以二方或四方连续的方式装饰在青铜器上。此件铜壶颈部所饰蟠螭纹形体较大，器盖和器身所饰变形蟠螭纹细密且繁复。此件铜壶所饰变形蟠螭纹成组连续布局，蟠螭头部呈圆涡形，身体蜷曲，整体呈 S 形或 C 形，属于蟠螭纹的简省、变形与抽象化，已很难看出蟠螭的具体形态。"螭"是古人想象出来的一种神秘动物，《说文》："螭，若龙而黄。北方谓之地蝼。从虫离声，或云无角曰螭。"据此，螭即无角的龙。作为一种装饰出现在古代青铜器上，蟠螭纹体现了古代人们的审美情趣与精神信仰。

铜壶是商周时期一种重要的青铜容器，出现于商代早期，流行于西周至汉代，到东汉末年逐渐消失。从古代文献及青铜壶铭文来看，青铜壶主要用作盛酒器，亦用作盛水器。商周时期，青铜壶作为礼器常与鼎、簋、盘、匜等用于祭祀和宴饮等礼仪活动中，是礼制的重要表现形式，即所谓"藏礼于

器"。青铜壶作为礼器，还用作随葬器物埋葬于墓葬中。铜壶包括圆壶、椭圆壶、椭方壶、方壶、扁壶等不同形制，从器形演变来看，商代流行椭圆壶，西周以后流行圆壶、椭方壶，战国以后出现方壶、扁壶。汉代圆壶多自称"锺"，扁壶自称"钾"，方壶自称"钫"。从器形来看，赤峰博物馆收藏的这件青铜壶属于战国时期典型的圆壶。与这件蟠螭纹壶同出的还有提链壶、勺和耳杯等青铜礼器，其中耳杯是饮酒器，提链壶是盛酒器，铜勺是取酒用器。铜勺长度与蟠螭纹壶高度差不多，勺柄端有卡槽和穿孔，可能是用来穿绳悬挂。从出土器

战国蟠螭纹壶

物组合来看，赤峰博物馆藏蟠螭纹壶应是一件盛酒器，但铜壶器壁较薄，无明显使用痕迹，可能是专门为墓主人随葬而制作的明器。

如此大的战国青铜壶在内蒙古地区尚属首次发现。该壶出自西桥墓地23号墓，该墓还出土有铜鼎、敦、匜、耳杯、勺等，这些青铜礼器大都属于中原地区常见的典型器物。内蒙古地区战国墓发现较多，但是很少出土成组的青铜礼器，由此可见该墓主人身份等级较高。西桥战国墓地位于赤峰市喀喇沁旗西桥镇宫家营子村，墓地规模较大，墓葬成排分布，可分为大、中、小型不同规格，出土器物以青铜器、陶器为主，青铜器包括礼器、兵器及车马器等。战国时期赤峰地区曾为东胡族居住地，燕昭王时燕国打败东胡，将疆域扩展到赤峰南部，并设郡管辖。燕国为防范东胡入侵，又沿边界修筑了长城。西桥墓地位于燕长城内侧，故喀喇沁旗西桥一带当时可能已属于燕国辖境。从青铜器出土地点和形制来看，赤峰博物馆藏蟠螭纹壶当属战国时期燕国器物。西桥战国墓地及青铜器的发现，为认识赤峰地区战国时期青铜文化及燕文化的分布提供了重要资料。

秦代诏书铭文砝码

秦始皇二十六年铁权

张小明

33

年代：秦代

尺寸：底径 23.8、腹围 74.2、

　　　纽高 4.8、通高 17.1 厘米

重量：31.431 千克

来源：赤峰市红山区三眼井村出土

　　权是中国古代度量衡器中称量物体重量的器物，相当于现在的砝码或秤砣。赤峰博物馆收藏的这件秦代铁权，整体呈扁圆形，平底，顶部稍平，上有一桥形纽。底部有两个铸造时留下的小砂眼。权身表面铸有诏书铭文，铭文为小篆，阳文，一共 12 行，每行 2～4 字，共 40 字。铁权表面有锈蚀，但铭文依然可辨。铭文内容为："廿六年，皇帝尽并兼天下诸侯，黔首大安，立号为皇帝。乃诏丞相状、绾，法度量则不壹歉疑者，皆明壹之。"铭文大意为：秦始皇二十六年（前 221 年），秦统一天下，百姓安宁，立下"皇帝"称号。于是诏令丞相隗状、王绾，度量衡制不一致、不明确的，都必须明确、统一起来。

　　前 221 年，秦始皇统一中国。秦朝建立后，颁布了许多有利于国家统一和社会发展的政策，如统一文字、货币、度量衡等。其中，度指的是长度，量指的是容量，衡指的是重量。赤峰博物馆收藏的这件秦代铁权，就是用来统一全国衡制的工具，它利用杠杆原理在等臂衡杆上进行测重，作用相当于今天的天平砝码。

　　目前存世的秦权数量较多，这些秦权上大多有秦始皇或秦始皇及秦二世的诏书铭文。秦权按材质有铜权、铁权及陶权之分，目前发现的以铜权居多。秦权多作半球体环纽状，由于秦代统一度量衡时对权的形状并没有作统一规定，这使秦权的形状又较为多样。秦权的外部特征主要体现在体、肩、纽、表面形状四个方面，权体可分为扁体、次扁体、高体三类，肩部有圆肩和方肩之分，纽可分为小纽、中纽、大纽三种，表面形状有素面和有棱两类。馆藏秦权应为次扁体，圆肩，桥形中纽，素面无棱。秦始皇与秦二世两个时期的权形截然不同：始皇权形状虽有细节差别，但都是实心，没有较高体形；而二世权则全部为高体小纽，空腹如钟状，表面有 17 或 18 棱，棱间一次刻两诏。产生这种变化的原因是，秦二世时期制造的权都是一斤权，只有采取空腹以扩大权体表面积才能勉强刻下始皇诏、二世诏共 100 字的铭文。

秦统一以前的春秋战国时期，在度量衡的名称、量值、管理方式和制度体系等方面没有统一的标准，而且差异较大。秦统一后，各地区的经济联系日益加强，为了维系社会经济的正常发展，就需要推行统一的度量衡标准。此外，秦朝还制定了严格的管理和校验制度，所有的度量衡器在领用前必须经过官府校正，而且每年至少校正一

秦始皇二十六年铁权

次。诏书铭文秦权的出现，便是为了解决衡制不统一的问题。秦始皇统一度量衡的核心是统一量值，其中秦权的量值有 120 斤、30 斤、24 斤、20 斤、16 斤、8 斤、5 斤和 1 斤等多种。但在实际铸造过程中，也有超出标准量值的权。馆藏秦代铁权重量为 31.431 千克，按秦一斤约为今 253 克计算，约合秦 124.2 斤，故此权应为秦 120 斤权，但超出标准量值约 4.2 斤。

这件秦代铁权系 1976 年 11 月赤峰县三眼井公社在农田基本建设中发现。文物发现地点现属赤峰市红山区三眼井村，位于赤峰市南 15 公里，地处赤峰境内秦长城（北部）和燕长城（南部）之间。秦统一后，设立三十六郡，郡下设县。这件秦权出土地点属于秦辽西郡。据史料记载，辽西郡下设十四县，辖境即今西拉木伦河以南的赤峰市敖汉旗、红山区、喀喇沁旗等地。秦权出土地点分布广阔，陕西、甘肃、河南、山西、河北、山东、江苏、内蒙古、辽宁、吉林等地都有发现，这些权上大都刻有统一度量衡的诏书，说明秦代统一度量衡在全国范围内得到了普遍推行，证明统一后的秦朝实现了"海内为郡县，法令由一统"的局面。赤峰三眼井铁权的发现，表明统一度量衡在当时边远的北疆地区也得到了实施，体现了秦朝对边疆地区的有效治理。

秦权是秦代统一度量衡制的实物证据，是研究秦代度量衡制的重要资料。馆藏秦代诏书铭文铁权表明，秦始皇在统一中国后通过颁行诏书，在全国范围内统一度量衡制。而秦朝通过统一度量衡制，促进了统一多民族国家的发展。

书饰呈韵　岁月长久

34

年代：汉代
尺寸：直径 17.2 厘米
来源：赤峰市宁城县右北平镇
　　　黑城村出土

汉代"千秋万岁"瓦当

贾秀梅

　　瓦当是筒瓦顶端下垂的部分，所以也称"瓦头"，是中国古代木结构建筑中用于覆盖檐头的建筑构件，主要用来保护屋顶檐际橡头，同时起到装饰美化建筑的作用。根据考古发现可知，瓦当早在西周中晚期就已出现。到了秦代，国力的强盛以及统治者大兴土木，为瓦当的发展提供了便利条件，这一时期瓦当的制作工艺日渐成熟。到了汉代，长期大一统的社会环境极大地促进了物质资料的生产，瓦当生产数量增加，纹样题材多样，制作工艺进一步发展，故而产生了享誉后世的"秦砖汉瓦"的美称。瓦当作为一种兼具实用和装饰功能的建筑构件，一直深受世人喜爱，直到今天在一些仿古建筑中仍能看到它的身影。

　　赤峰博物馆收藏的这件汉代"千秋万岁"瓦当，系 1965 年出土于赤峰市宁城县甸子乡黑城村（今属右北平镇）。瓦当质地为泥质灰陶，当面为圆形，以云纹将整个当面分为四个区域，每个区域内各有一篆书阳文，自右向左直读为"千秋万岁"。

　　战国时期赤峰地区是东胡等少数民族活动之地，与当时战国七雄中的燕国接壤。燕昭王时为了巩固疆域，防止东胡侵扰，派大将秦开击败东胡，并设五郡、修燕北长城以拒东胡。在设立的五郡中，右北平郡的郡址就在今赤峰市的宁城县右北平镇。秦始皇统一六国后，在全国设立了 36 个郡，而右北平郡就是其中之一，汉代沿用。宁城县右北平镇黑城村出土有一批秦汉时期文物，如秦代的陶量和铁权、王莽时期的陶钱范等。黑城遗址还出土了很多建筑构件，如羊头纹、云纹、"千秋万岁"瓦当等。从这些建筑构件可以看出，当时这里的建筑应该具有相当大的规模。

　　瓦当按照形制可分为半圆形和圆形两种。早期瓦当一般为半圆形，如在陕西省扶风县周原遗址中发现的中国最早的瓦当即为素面半圆形瓦当。到了战国时期，瓦当的形制逐渐发展成熟，当时诸侯国会根据各自需要制作和使用不同图案种类的瓦当，但常见的瓦当形制还是以半圆形居多。到了秦代，瓦当形制发生了一些变化，圆形瓦当开始出现，但还是以半圆形瓦当为主。西汉初期，半圆形瓦当仍较为常见，从汉武帝时期起圆形瓦当开始大量使用，并逐渐占据主要地位。圆形瓦当的一个显著优点在于当面面积较大，古人可以充分发挥自己

汉代"千秋万岁"瓦当

的聪明才智，依托圆形平面来进行各种纹样和题材的创作，满足人们不同的装饰需求，而这也使得瓦当的整体造型变得更加生动丰富。赤峰博物馆收藏的这件瓦当，从形制上看为圆形瓦当，在西汉中期以后较为常见。

汉代瓦当按照当面纹样和题材可分为图像瓦当、图案瓦当和文字瓦当三种类型。图像瓦当纹样种类繁多，但以动物纹居多，取材不拘泥于现实生活，还包括很多神话传说，其中以"四神"题材最为典型。图案瓦当的纹样以云纹、水纹和植物纹居多，图案多来源于自然和生活，体现了人们对自然的崇拜。图案瓦当的纹样并不是对自然、生活的直接描绘，而是经过加工重构的抽象化表现。文字瓦当是以文字作为当面的主体纹样，当面文字数量多寡不等，多的有十几字，少的只有一字，其中以四字瓦当数量最多，也最具代表性。瓦当文字内容丰富，包括官署、宫殿、陵寝名称以及纪年、记事、记名、地名、吉语等，其中以吉语类瓦当种类和数量最多。文字瓦当最迟在西汉时期已经出现，并且发展迅速，在汉代瓦当中占据主流地位。文字瓦当发展如此迅速，可能与文字瓦当的特点有关。文字瓦当的最大特点是可以通过文字直接表达人们的思想感情和价值观念，如"汉并天下"意在称耀汉朝一统天下的文治武功。

赤峰博物馆收藏的这件"千秋万岁"瓦当，属于典型的汉代文字瓦当，是当时最为常见的一种瓦当。"千秋万岁"瓦当出土数量众多，分布范围也

较为广泛。关于"千秋万岁",目前有多种释义。一是表达了人们对美好生活的期许,形容岁月长久、千年万年。二是指代祝人长寿的敬辞。三是婉言帝王之死,如《史记·梁孝王世家》载:"上与梁王燕饮,尝从容言曰:'千秋万岁后,传于王。'"四是指代传说中的长寿神鸟。作为常见的瓦当吉语,"千秋万岁"更多的是承载着人们的美好愿望,寓意岁月长久,寄托着国家太平安宁、子孙后代生息繁衍等祝福和期许。在中国古代,"千秋万岁"不仅出现在瓦当上,而且在很多朝代铸造的钱币上也较为常见,如辽代的"千秋万岁"钱币。

此外,文字瓦当中的文字构图也大有学问,目前发现的文字瓦当以阳文为主,书体主要有缪篆、小篆等。缪篆和小篆在西汉时期使用较多,缪篆作为汉代制作印章常用的字体,其特点是形体比较平方匀整,在处理瓦当的当面布局和疏密关系上优点突出;小篆因笔法浑厚、形体均匀、曲线较多,能巧妙地将博大精深的书法艺术浓缩在有限的圆形空间内,所以也经常使用。赤峰博物馆藏"千秋万岁"瓦当使用的是小篆字体,当面布局对称合理,结构舒朗,完美地将书法与绘画有机结合,展现出文字瓦当独特的艺术之美。

瓦当作为中国古代优秀文化艺术的一种特殊载体,凝结了古人的聪明才智和审美情趣,人们可以从不同角度来审视它。从历史角度来解析,通过瓦当的形制和当面的内容,可以了解不同历史时期的社会背景、政治形势、经济发展水平以及风俗文化等;从功能角度来看,瓦当具有实用功能,可以有效地保护木制房檐;从艺术角度来赏析,瓦当的当面纹饰和字体构图,具有美化建筑物的装饰效果。瓦当作为一种特殊的历史承载物,在我国古代建筑历史和艺术长河中熠熠生辉、长久闪耀,展现出独特的文化魅力。

制钱模具

汉代"大泉五十"陶钱范

35

年代：汉代
尺寸：残长 38、宽 27、厚 9.2 厘米
来源：赤峰市宁城县头道营子出土

周炎炽

　　钱范是古代专门用于铸造金属货币的工具。中国从春秋时期开始就已经以铸铜的方式制作钱币，后世钱币大都通过钱范铸造而成。赤峰博物馆藏"大泉五十"陶钱范，是汉代王莽时期铸币工艺的实物资料。

　　这件汉代钱范出自赤峰市宁城县头道营子，出土地点属右北平郡治遗址。遗址中发现类似钱范共计 1000 余块。馆藏"大泉五十"钱范为泥质红陶，羼有砂粒，残存部分呈长方形。陶范外层较厚，砂粒较粗；内层较薄，砂粒较细。上端中央有浇口，两侧设排气槽，下方布满"大泉五十"钱模。钱模凸起，中间有方穿。浇口两侧分别有"后锺官工衷造三十一"和"始建国元年三月"字样。完整的"大泉五十"钱范每方有钱模 64 枚，排列为 6

汉代"大泉五十"陶钱范

行，中部 4 行每行 11 枚，两边 2 行每行 10 枚。

战国时期，东胡在赤峰地区逐渐强盛，经常与燕国发生战争。为了防御东胡的入侵，燕国修建了燕长城，并在今赤峰市宁城县右北平镇设立右北平郡，以便更好地统治与管理。秦统一后，继续修建长城，右北平郡为三十六郡之一。汉代因之，右北平郡成为防御匈奴的北方重要边郡之一。因此，赤峰地区保留有许多战国秦汉时期的遗存。这些文化遗存为研究战国秦汉时期的政治、经济、文化提供了珍贵的资料。赤峰地区在当时不但是军事重镇，而且是冶炼铸币的重要基地。赤峰矿产资源丰富，冶炼历史悠久。早在商代，这里就已出现大型青铜礼器，而且发现有冶炼的矿石。林西县大井古铜矿遗址地表散布着大量夏家店上层文化遗物，并发现有冶炼的铜渣。从出土的铜刀及刀范来看，大井古铜矿遗址是目前国内发现较早且水平较高的一处矿冶遗址。赤峰地区早期矿冶的开发，为战国秦汉时期金属货币的铸造奠定了物质基础。

中国古钱币经历了四千多年的发展过程，种类丰富，脉络清晰，是我国古代经济社会发展的载体与见证。在汉代货币发展史上，五铢钱是其重要代表。五铢钱质量高，它的通行改变了货币混乱现象。西汉晚期，王莽建新朝，托古改制，滥发货币。后来由于通货膨胀、经济凋敝，又开始铸造"大泉五十"。"大泉五十"是王莽为解决经济危机而铸行的一种大钱。在王莽托古改制之前，西汉禁止郡国铸钱，铸钱以及货币的发行都控制在西汉中央政府手中。这件"大泉五十"钱范发现于当时的右北平郡，右北平郡治所为塞外重镇平刚城（今赤峰市宁城县右北平镇黑城古城），这表明它是当时享有铸币权的诸多郡国之一。钱范上有"始建国元年三月"纪年铭文。初始元年（8 年），王莽自立为帝，改国号为"新"，建元"始建国"，"始建国元年"即公元 9 年。锺官，属于水横都尉，为上林三官之一，职掌铸钱。王莽时期锺官被分为前、后两官，"后锺官工哀造三十一"铭文中的"后锺官"与前锺官，即新莽时期中央主管铸钱的官职。"哀"应该是掌管铸钱作坊的官吏名字。赤峰博物馆藏"大泉五十"陶钱范，证明了王莽改制中铸造钱币的历史事实。"大泉五十"一枚的重量相当于 2.5 个西汉五铢钱的重量，但要当 50 个五铢钱使用，这意味着每发行一枚大钱就要从百姓手中夺走 47.5 个五铢钱的财富。这引起了百姓的强烈反对，所以百姓在日常交易中仍然使用五铢钱。这让当时的统治者颇为不满，便以重刑酷法规定：凡敢私藏五铢钱者，将作为犯人充军戍边。

西汉至王莽时期是中国铸币史上的一个重要阶段。除了直流浇铸技术外，还发明了叠铸法铸钱工艺，尤其是叠铸工艺，大大提高了铸钱效率。因此，王莽时期陶钱范的发现，对于研究中国的铸币历史具有重要的价值。

货币，作为固定充当一般等价物的特殊商品，是随着商品的出现以及交换的进一步扩大而产生和发展起来的。汉代"大泉五十"陶钱范在赤峰地区的发现，表明当时赤峰地区已进入货币经济时代，汉代以来赤峰地区作为边陲重镇在当时社会发展中占有重要地位。

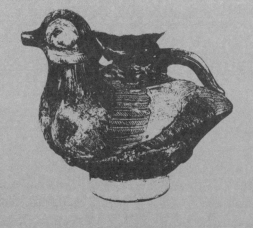

五

宋辽金

饮茶器具

宋代黑釉兔毫盏

王艳丽

36

年代：宋代
尺寸：口径 14、足径 5.8、高 6 厘米
来源：赤峰市翁牛特旗广德公乡辽墓出土

赤峰博物馆收藏有一件黑釉兔毫盏。碗作敞口，斜直腹，圈足。胎质厚实坚硬，胎呈铁锈色。内外壁均施黑釉，口沿呈酱色，内壁施满釉，釉面呈现条状兔毫斑纹；外壁施釉不及底，有流釉痕。馆藏黑釉兔毫盏，属于典型的宋代建窑兔毫瓷器。

兔毫盏是宋代福建建窑烧制的带兔毫斑纹的黑釉茶盏，为建窑烧造的名贵品种之一。建窑兔毫始烧于北宋，南宋时最为繁盛，元代不再生产。兔毫盏胎体厚重坚硬，含铁量高，有"铁胎"之称。黑釉兔毫盏釉面色黑如漆，晶莹温润。兔毫斑是宋代建窑创烧的一种在黑釉中形成的细长条状结晶斑纹。因黑色釉面上透出的棕黄色或铁锈色细长条纹形如兔毫，故当时文献称其为兔毫斑或玉毫、异毫。釉中除含有较多的氧化铁外，还含有微量到少量的氧化锰、氧化钴、氧化铜等其他着色剂。在瓷器烧造过程中，釉层中产生的气泡将其中的铁质带到釉面，在高温下釉层流动时，富含铁质的部分流成条纹，冷却时从中析出赤铁矿小晶体，从而形成了条状兔毫纹。因器物为仰烧，釉水下垂，烧制的成品一般会形成口沿釉色浅的特点。由于器壁光滑度、倾斜度不同，流速快，则形成纤细兔毫纹；流速慢，则形成粗兔毫纹。从外观上，兔毫釉还可以细分为金、银、灰、黄色兔毫釉。

兔毫盏，釉色温润而沉稳，厚重中蕴含秀美。釉面流淌状下垂的毫毛，浑然天成，飘洒自如，其色上浓下淡直至消失，给人一种自然愉悦的美感与历史厚重感。在阳光下，兔毫盏黑色釉面闪耀着动人的光波，盛满水兔毫纹则在水中跳跃翻滚，交相辉映，奇妙无穷。兔毫盏是宋代点茶器的上品。宋徽宗《大观茶论》："盏色贵青黑，玉毫达者为上。"宋代文人为之留下不少赞美诗词。蔡襄《北苑十咏·试茶》："兔毫紫瓯新，蟹眼青泉煮。雪冻作成

宋代黑釉兔毫盏

花，云闲未垂缕。"苏东坡《送南屏谦师》："道人晓出南屏山，来试点茶三昧手。忽惊午盏兔毛斑，打作春瓮鹅儿酒。"可见当时兔毫盏备受文人雅士推崇，这些美文佳句也使建窑黑釉瓷声名远播。

　　建窑又称"建安窑""乌泥窑"，是宋代黑釉瓷器的著名产地，其主要产品是茶盏。建窑遗址主要分布在今福建省南平市建阳区水吉镇一带，建窑烧制瓷器始于晚唐，兴盛于宋，衰落于元，以烧制青白瓷、青瓷、黑釉瓷为主，以烧制黑釉瓷闻名于世。除兔毫斑外，建窑还生产鹧鸪斑、曜变等结晶釉色。建窑原本只是南方民窑，北宋晚期开始为宫廷烧造御用茶盏，至南宋时已有上百个窑炉。在建窑兔毫茶盏的影响下，除福建本地外，河北、河南、四川、山西、江西、陕西等地的窑场也纷纷仿烧，逐渐形成了以建窑为首的黑釉瓷系，而以宋代建窑烧制的兔毫盏最为珍贵。

这件兔毫盏应为当时斗茶所用。辽代茶文化发达，受宋朝影响，斗茶风俗盛行，贵族之间皆喜斗茶。建窑兔毫盏适宜观茶沫、验水痕，符合上层社会斗茶的需求。辽墓出土的备茶图、饮茶图等壁画，体现了辽代崇尚饮茶的习俗，是辽代饮茶文化兴盛的有力证据。如1993年河北宣化下八里辽代张匡正墓发现了一幅保存完好的壁画《备茶图》，这幅壁画形象地展示了碾茶、煎茶等当时备茶的全部过程，工序及各种茶事用具与陆羽《茶经》的描述基本一致。此外，宣化下八里辽墓还发现有《饮茶图》《点茶图》等茶道壁画。辽代饮茶之风盛行，兔毫盏自然成为契丹人追求的茶盏佳品。

赤峰博物馆藏建窑兔毫盏，兔毫纹排列规整，制作工艺精湛，是非常珍贵的建窑黑釉兔毫茶盏。该盏出土于赤峰市翁牛特旗广德公乡辽墓，是辽代饮茶风俗的实证，反映了辽代对宋朝饮茶器具的推崇，体现了辽宋之间的经济文化交流。

宋代描金黑定盏

秦　博

　　赤峰博物馆收藏有一件宋代描金黑定盏，该盏于 20 世纪 60 年代入藏。该器原残为 14 片，经过分析残片弧度，确定器形为斗笠盏。通过三维打印工艺，文保人员修复了这件器物。器壁较薄，白胎，胎质细腻，黑釉莹润光洁。敞口，收腹。器物装饰采用描金工艺，由于器物不完整，描金图案部分缺失，只能大致推断是花卉类图案，花叶纹饰舒展明朗。

　　定窑遗址分布于河北省曲阳县涧磁、燕川及灵山诸村镇，这里唐代属定州，故称"定窑"。定窑创烧于唐代，主烧白瓷。"黑定"是指北宋定窑烧造的高质量黑釉器，与白瓷一样均为白胎，黑釉有漆的质感。由于产量较少，黑釉器在定窑遗址中难以见到。明代曹昭《格古要论》："有紫定色紫，

宋代描金黑定盏

有墨定色黑如漆，土俱白，其价高于白定，俱出定州。"明代收藏家项元汴《历代名瓷图谱》记载："宋墨（黑）定窑凫尊，凫尊仿《宣和博古图录》中款式也……定窑白色居多，紫墨（黑）之色恒少，至于墨（黑）色尤为罕见。余生平所见定器，白色者百余，紫色者数十，墨（黑）色仅见此一种而已。"由此可知，北宋定窑黑釉器非常罕见。

描金工艺即金彩工艺，是以毛笔蘸预先调好的金粉在烧好的瓷器上绘画，然后再入窑焙烧。关于金彩制作工艺，宋代周密《志雅堂杂钞》提到金花定碗用大蒜汁调金描画，但历代瓷器上的金彩大多用胶粘结才能达到不脱落的效果。在瓷器上以描金技法进行装饰，为北宋定窑首创。定窑描金器属于釉上彩瓷器，包括白釉、酱釉、黑釉产品。其中定窑描金黑釉器非常罕见，见于著录的只有两件黑釉描金花卉纹碗，分别收藏于日本箱根美术馆和大和文华馆，这也更显馆藏描金黑定盏的历史、艺术和科学价值。

关于黑定釉料，陈文增《定窑研究》（华文出版社，2003 年）指出："均以定窑遗址附近的矿物原料配比而成，完全不用化学色料，色釉于形制中往往是边口处薄，下部近底足处厚，自然形成一厚圈状。"黑釉的呈色剂是釉料中含有的氧化铁，当氧化铁含量达到一定比例时，就可以烧制出纯正的黑釉器。馆藏黑定盏缺失足部，根据现有的斗笠盏形制推测，应为底足无釉，使用仰烧法烧制。仰烧法是指坯件口向上装入匣钵入窑焙烧，匣钵底内撒一层石英砂或匣钵粉，其上或置垫片；有的不用垫片，足底则会粘砂，足底粘砂也是定窑瓷器的一个特色。

黑釉器盛行的社会背景是宋代生活方式的变化，而生活方式的变化直接对制瓷业提出了新的要求。宋代饮茶方式由唐代"煮茶法"发展为"点茶法"，点茶法即用执壶冲点碗中的茶末。蔡襄《茶录》："钞茶一钱匕，先注汤，调令极匀，又添注之，环回击拂。汤上盏可四分则止，视其面色鲜白，着盏无水痕为绝佳。建安斗试，以水痕先者为负，耐久者为胜。"点茶发展为斗茶，成为文人墨客的风尚。蔡襄在《茶录》中还提到，茶色贵白，而且宜用黑盏，他比较推崇使用建安兔毫黑盏斗茶，认为器壁薄或釉发紫色的黑釉盏，都不如胎坯厚的兔毫黑盏久热难冷。宋徽宗《大观茶论》："盏色贵青黑，玉毫条达者为上，取其燠发茶采色也。底必差深而微宽，底深则茶宜立而易于取乳；宽则运筅旋彻，不碍击拂。"该黑定盏的形制与《大观茶论》中理想的茶盏相近，这也从侧面证明黑定盏在宋代用于饮茶，是上好的饮茶器具。

辽代中晚期受宋朝饮茶方式的影响，点茶之风盛行。辽墓中大量备茶、饮茶题材壁画的发现，说明点茶在辽代社会已成为一种风尚。辽墓中出土有大量定窑白瓷，可见辽代社会对定窑瓷器的推崇。出于对定窑瓷器的喜爱，辽五京内的窑场也生产仿定窑的白瓷产品，从而形成了辽白瓷这一瓷器品种。

辽世宗耶律阮将俘获的定州技工迁到辽地，进一步促进了辽代制瓷业的发展。《辽史·地理志》："弘政县，世宗以定州俘户置。民工织纴，多技巧。"辽代生产的陶瓷器具有契丹民族特色，但在制作工艺上不及宋瓷精致。澶渊之盟后，辽宋榷场贸易繁盛，其中瓷器是大宗商品之一，宋朝各窑系瓷器源源不断输入辽境，辽墓中出土有大量磁州窑、耀州窑、定窑、龙泉窑、景德镇窑系的产品。在辽宋交聘过程中，辽国的马、牛、羊及马具与宋朝的瓷器、香料等产品均为经常性的互赠物品。馆藏描金黑定盏在当时就极为稀少珍贵，有可能是北宋赠送给辽国皇族的礼物。

宋代金彩黑定盏存世较少，且散落国外。馆藏描金黑定盏的成功修复，填补了国内该类器物的空白，对于研究定窑黑定的制作、装饰和装烧工艺以及辽宋之间的文化交流、辽代饮茶方式具有重要意义。

炉烟袅袅玉生香

北宋青白釉高足香炉

顾亚丽

38

年代：北宋

尺寸：口径 12、腹深 4、足径 9.5、
　　　高 12.4 厘米

来源：赤峰市翁牛特旗山嘴子乡
　　　毛布沟辽墓出土

北宋青白釉高足香炉

　　赤峰博物馆收藏有一件北宋青白釉高足香炉。香炉整体呈高足杯形，圆口，宽折沿，深直腹，下腹弧形内收，两层柱形柄，上细下粗，柄部中空，柄与身、足之间各有一层伞盖形饰分隔，喇叭形高圈足，足底外撇微向上翻翘。伞面及喇叭形足外壁均刻饰辐射状细密条棱纹，足沿随条棱纹尖脊切刻成锯齿状。

　　香炉口沿微残。从残口观察，胎质细腻坚致，胎色洁白。器内外满施青白釉，釉色清润明亮，白中泛青。因釉料的流动，条棱纹折棱处釉色浅淡，露出白色胎骨；聚釉处釉色呈湖青色，明澈润泽，与露胎处形成较大反差，色调单纯而不单调。足内与柄结合处有垫烧痕。

　　这件瓷香炉口部宽沿素面，毫无雕琢粉饰之气。柄、足部由两层伞盖和一层翘沿条棱纹喇叭形足组成，形成三层曲线过渡，刻饰线条细密流畅，富有律动感。整体造型上简下繁，对比强烈，极具艺术冲击力，既凸显了香炉的端庄优雅，又不失活泼灵动，与器物本身的功用巧妙融为一体。根据出土信息及造型、胎质、釉色和烧造风格等综合分析，赤峰博物馆收藏的这件瓷香炉应属北宋中期以后景德镇湖田窑青白釉产品。

在灿若繁星的宋瓷中，景德镇青白瓷以如冰似玉的釉色闻名天下。青白瓷窑口众多，以景德镇湖田窑烧造的青白瓷最为精美，其次有湘湖、胜梅亭、南市街、黄泥头、柳家湾等窑口。青白瓷，俗称影青，又名隐青、映青、罩青，因其釉色白中微微闪青、透光见影而得名，是北宋前期景德镇创烧的瓷器新品种。两宋时期景德镇生产的青白瓷，胎质细腻坚致，胎色洁白，釉色清新淡雅，白里泛青，釉面明澈丽洁，色泽温润如玉，有"假玉器""饶玉"（宋代景德镇隶属饶州，饶州瓷即景德镇瓷）等美称。

两宋时期的青白瓷产品以碗、盘、瓶、罐、壶、盒等日用器皿为主，另有盏、盂、洗、灯、香炉、枕及雕塑瓷等。南宋词人李清照《醉花阴》写道："薄雾浓云愁永昼，瑞脑消金兽。佳节又重阳，玉枕纱厨，半夜凉初透。东篱把酒黄昏后，有暗香盈袖。莫道不销魂，帘卷西风，人比黄花瘦。"词中"玉枕"即指色质如青玉一样的青白釉枕。青白瓷创烧不久便得到了社会的广泛认同与赞赏，更是得到北宋皇室的青睐，一度成为宋朝宫廷重点采购的瓷器品种。由宋迄元，景德镇青白瓷盛烧不衰，并带动周边乃至湖北、广东、福建等南方窑场纷纷仿烧，形成一个庞大的青白釉瓷窑系。元代后期，青白瓷走向衰落。明初，仅有少量生产。

相比于其他窑口的青白瓷，景德镇湖田窑青白瓷产品胎薄而坚致，釉色更为纯润清雅，清澈如湖水，莹润似玉。赤峰博物馆收藏的这件青白釉高足香炉，造型秀美端巧，做工精致规整，色调清丽温润，把宋瓷典雅、内敛、温厚、含蓄的人文情怀和自然风韵之美发挥到了极致。这件香炉是湖田窑产品中的佳作，即便炉口微残，也丝毫不减其学术和艺术价值。北宋前期的青白瓷器形相对单一，胎质较细，胎体较薄，纹饰少见，以规整的器形和玉一般的釉色取胜；中期以后，胎质细腻坚致，胎体更为轻薄，修足极为工整，装饰技法以刻花为主，兼有印花、浅浮雕、镂空、堆塑等，刻划工艺精湛，线条流畅。

香炉是一种专门用于焚香的炉具。宋人焚香用的炉具分为开敞式的香炉和封闭式的熏炉两大类，广义上都可称为香炉，其质地包括陶、瓷、竹、木、玉、石、金属等。宋人还把有盖子的熏炉称作"出香"。部分熏炉制成狻猊、麒麟、象、凫鸭等动物造型，以金属质地为多，名曰"兽炉"，俗称"香兽"，袅袅香烟就从这些动物的口窍中飘出。北宋熏炉一般尺寸较大，高度大致为 20～30 厘米或更高，常设在宫室厅堂上。日用焚香以开敞式的瓷质高足杯式炉、酒樽式炉（宋人称"㸖""小㸖""㸖炉""古㸖"）和仿铜鼎、铜簋、铜鬲等古器式样的小型香炉较为流行，高度基本在 10 厘米左右。毛布沟辽墓出土的这件青白釉香炉即属小型开敞式香炉。

焚香习俗在中国有着悠久的历史。宋辽时期，在祭祀、庆典、礼佛、拜道、宴会等场合，中原和南方的宋人普遍用香，燕居焚香还是宋朝士人的一种闲雅生活方式。在中原和南方普遍焚香、用香时，北方游牧民族契丹族建立的辽国也紧追其后，进行着一场香文化的洗礼。辽代焚香习俗受五代、北宋影响较大，广见于祭祀、丧葬、庆典、礼佛、参道等场合及百姓日常生活，因辽朝佛教普及度高，又以佛教焚香最为普遍。

北宋烧瓷技术高超，熏香器具在继承前代的基础上屡有创新，器形更加丰富，在南北方窑系均有大量烧造。尤其是南方的景德镇窑，因其烧造规模大、影响力强，生产的青白釉香炉除满足国内需求外还大量外销。在焚香习俗平民化的过程中，宋人多选用做工精致优雅的青白釉香炉。受其影响，青白釉香炉在辽国社会尤其是贵族阶层中亦倍受推崇。馆藏青白釉香炉出自毛布沟辽墓，表明辽人对宋人美学风尚的认可和对青白釉香炉的喜爱。这件香炉制作水平高，属于青白釉精品，表明墓主人生前当具有较高的社会地位。

拂去千年岁月的尘封，这件青白釉香炉依然美丽如初，优雅静立在赤峰博物馆的展橱中，向每一位驻足其前的观众诉说着它曾经的那段焚香故事。

缸瓦窑仿磁州窑产品

辽代白釉剔花洗

尹静雅

39

年代：辽代

尺寸：口径 28、足径 10.3、高 6.6 厘米

来源：赤峰市松山区猴头沟乡缸瓦窑遗址出土

洗是中国古代陶瓷器形之一，是重要的生活用具，主要用于盥洗。其主要特征是广口，折沿，圆腹，平底。最早用于盥洗的瓷洗见于西晋，此后历代瓷窑多有烧制。宋代时，南北窑场普遍烧造瓷洗，以磁州窑产量最大。赤峰博物馆收藏的这件白釉剔花洗，就是辽代缸瓦窑生产的仿磁州窑产品。这件剔花洗敞口，浅腹，圈足，口缘为七瓣花边。青灰色胎，胎壁很薄。修坯规整，造型精美巧妙。洗内有五个支钉痕。盘内壁剔刻一周牡丹花瓣纹，盘心剔刻一朵菊花纹。菊花纹作旋涡状，长条形花瓣向边缘延伸，刀法遒劲，线条流畅柔美，立体感强，具有一种清新、典雅的艺术特色。菊花被看作花中的"隐逸者"，不惧霜寒，用以表现人不屈不挠的气节，深受文人墨客的喜爱。牡丹在辽境多有种植，颇受辽人喜爱，是辽代陶瓷器上常见的装饰题材。

磁州窑是我国北方著名的民间瓷窑，其造型和纹饰为民间喜闻乐见，产品主要供应周围地区的民间日用。磁州窑产品风格豪放，色彩浓郁，影响范围较广，素有"南有景德，北有彭城"的说法。磁州窑一般在胎釉之间加施白色化妆土，为形成反差强烈的效果，磁州窑开创并发展了诸如白釉绿彩、白釉酱彩、白地黑花以及划花、剔花、印花、刻花等装饰技法。剔花装饰是磁州窑最早使用的技法，白釉剔花是将纹饰以外地方剔去，使瓷器的花纹凸起，形成浅浮雕的效果，花叶上再划以花蕊叶筋，最后施以透明釉烧成。剔出地子而露出胎色，达到了烘托主题纹饰的目的。在装烧工艺方面，这件洗在入窑时用 5 个半干的耐火黏土珠支垫叠烧，所以洗的底部有支钉痕。磁州窑的产品风格及制造技艺是缸瓦窑学习和仿制的对象。

缸瓦窑又称"赤峰窑"或"赤峰缸瓦窑"，位于赤峰市松山区猴头沟乡

辽代白釉剔花洗

西6公里处的缸瓦窑村。窑址规模很大，占地面积约1平方公里，目前已发现20多座马蹄窑和1座龙窑。缸瓦窑烧造时间长，产品种类繁多，质量较高，工艺丰富。所烧器物以白瓷为主，粗白瓷尤多，同时也烧造仿磁州窑的瓷器、辽三彩器和单色釉陶器。缸瓦窑生产的仿磁州窑产品有白釉剔花、白釉刻花、白釉绘黑花等品种，瓷胎为黄白色或灰白色，施白色化妆土，施釉多至足际。剔花器多施透明釉，釉面温润，胎体厚重。剔划花常饰折枝牡丹、缠枝芍药等纹饰，并配以水波、莲瓣、芍药等辅助纹饰。圆器类皆采用叠烧法，数件相叠。

缸瓦窑在辽代瓷窑中较为重要，曾见于宋元人的记载，从记载中得知缸瓦窑是辽代官窑。20世纪70年代，曾在缸瓦窑遗址采集到带"官"字款的匣钵，这也表明这里设过官窑。1954年，考古人员在赤峰大营子西北清理了辽穆宗应历九年（959年）辽驸马赠卫国王萧沙姑夫妇合葬墓。墓葬距离缸瓦窑遗址较近，墓中出土带"官"字款的盘、碗多数是缸瓦窑产品。在缸瓦窑村东南发现的烧制精细白瓷的窑场，可能就是官窑所在地。其他诸如牛腿瓶等粗白瓷器物，大部分可能是缸瓦窑民窑烧造的。由此可见，缸瓦窑遗址是一处官窑和民窑并存的窑址。缸瓦窑依托其周围丰富的制瓷资源，成为辽金时期我国北方著名的窑场。缸瓦窑南有乌台图河，村中有古井，为制瓷用水提供了保障；南侧山中储藏有大量瓷土（现在仍在开采中），北侧有丰富的釉土；周围有松林，为瓷器烧造提供了优质、充足的燃料。另外，缸瓦窑东北约 10 公里处即为辽代商贾聚集的松山州，为瓷器的流通提供了便利条件。

契丹族在发展初期逐水草而居，他们的生活器皿主要是木制器皿、皮囊和简陋的泥质陶器。辽代建国之初，没有成熟的陶瓷业，生产瓷器的窑场大都分布于中原和江、浙等南方地区。但是契丹族非常注重吸收和继承其他民族的先进文化和技术工艺，加之辽代统治者将大批中原工匠迁到辽境内，辽朝便开始了陶瓷生产，先后在五京地区设窑烧制陶瓷器皿。除缸瓦窑外，辽代比较有名的窑场还有辽上京临潢府南山窑、辽南京龙泉务窑等。这些窑场在生产陶瓷器的过程中，首先继承沿用了中原的器形，如杯、碗、盘、碟等日常用品；其次还结合自己的民族特点，创造了许多独具特色的契丹形式的陶瓷制品，如鸡冠壶、鸡腿瓶、凤首瓶、长颈瓶等。可以说，辽代陶瓷器既有北方草原民族粗犷豪放的风格，又有汉文化纤细精巧的特点，已经达到了较高的制作水平，具有很高的历史价值和艺术价值。辽代窑场烧造的瓷器和釉陶器不仅满足了契丹人从游牧生活逐渐转入定居生活的日常需要，同时也将制瓷业推广到了长城地带，扩大了瓷窑的分布范围，填补了长城以北制瓷业的空白，丰富了中国陶瓷的艺术内容，并对金代和元代的陶瓷器发展产生了深远的影响。

韝上风生看一举

辽代玛瑙臂韝

40

年代：辽代
尺寸：长 8.6、宽 3.6、厚 0.4 厘米
来源：赤峰市松山区大夫营子乡辽墓出土

张博程

　　辽朝是游牧民族契丹族所建立，曾经统治中国北方 200 多年，创造了开放包容的民族文化。契丹族是北方草原马背上的民族，他们早期过着四时田猎、逐水草而居的生活，狩猎经济在其生活中占有重要地位。在辽属故地，契丹族用来驾鹰捕猎的各式臂韝时有出土，这类文物具有非常浓郁的民族特色，是辽代游牧文化的重要见证。

　　赤峰博物馆收藏的这件臂韝，呈椭圆形片状，正面略有弧度，背部上凹。左右两侧各有一个扁长孔，应是用来系挂绳链固定臂韝。臂韝为玛瑙质地，表面光洁细润，上有渐变的淡红色，具有很强的层次感。臂韝造型流畅规整，做工细致精美。

　　东汉许慎《说文解字》："韝，臂衣也。"臂衣就是古人套在手臂上的袖套。韝起初是用皮革制作而成的单韝，远古时代以狩猎为生的先民为了保护手臂不受伤害，创造出了韝作为护具。商周之际，臂韝成为士人束敛衣袖的一种保护肌肤的射韝，一般套在左手臂上。春秋战国时期，臂韝被广泛应用

辽代玛瑙臂韝

于军队，此时的臂韝，左、右两臂均需佩戴，由此便出现了双韝。秦汉以后，臂韝从原来礼服或军服的专属，开始穿戴于普通百姓身上，只是以颜色来区分身份和等级。

至唐代，出现了专门用来驾鹰的单韝，也称为猎韝。杜甫《去矣行》："君不见韝上鹰，一饱即飞掣。""韝"指的就是放鹰人的臂韝，其主要作用是防止猎鹰起飞时后蹬发力抓伤人的肌肤。辽代臂韝一般由托架和固定托架的扣带或扣链组合而成。从目前出土的辽代臂韝来看，其大小一般为8～10厘米，多呈瓦片状，采用玉料、骨料或金属等硬物制成。臂韝托架的两侧还开有用来穿系带或链的孔眼，通过扣带或扣链可将臂韝牢牢地固定在放鹰人的手腕部。根据出土的其他玛瑙臂韝分析，馆藏臂韝应遗失了用于固定的金链子。

辽代的臂韝以玛瑙材质最为常见，玛瑙也称琼玉、赤玉。契丹族作为草原民族，本不将玉石作为财富地位的象征，但由于受到中原地区汉文化的影响，加上琥珀、玉石等沿着草原丝绸之路源源不断地输入辽地，玉石便作为一种物质财富、身份地位的象征，并深受契丹上层社会的喜爱。

辽代是我国古代驾鹰猎韝发展的巅峰时期，在大量辽墓壁画中，臂鹰是最为常见的艺术题材。辽朝建立后，契丹族虽由游牧逐渐转向定居生活，但仍然保留传统的游猎放牧习俗。特别是契丹皇族，秋冬避寒、春夏避暑，根据季节变化在不同地区轮番驻扎并进行相应的活动，这种四时打猎、游牧迁徙的生活方式，随着契丹政权的稳固发展，逐渐确立下来成为定制，称为"捺钵"。"捺钵"是契丹语音译，最初指"狩猎"和"围猎"，后演变成"行帐""行营"之意。辽代皇帝随着季节的变换，在不同地点进行春水、夏凉、秋山、坐冬的活动，形成了契丹族的春、夏、秋、冬四时捺钵体制。辽代捺钵活动从穆宗朝开始，到圣宗朝成为固定制度，直到辽朝覆灭，皇族一直沿袭四时捺钵的制度。而捺钵体制正是臂韝在辽代发展繁荣的背景之一。

辽代春捺钵的主要活动是捕捉天鹅、大雁、野鸭等飞禽，主要地点是长春州的鱼儿泺（今吉林省松花江上游洮儿河一带）。《辽史·营卫志》记载："春捺钵：曰鸭子河泺。皇帝正月上旬起牙帐，约六十日方至。天鹅未至，卓帐冰上，凿冰取鱼。冰泮，乃纵鹰鹘捕鹅雁。"捕猎天鹅的猎鹰并非寻常的鹰，而是体态娇小、聪明绝顶、凶猛异常的海东青。海东青属雕的一种，原产于我国东北长白山地区，因其羽毛呈青灰色而得名，以猎杀天鹅为习性。因善捕天鹅等飞禽，海东青甚得辽朝皇帝和贵族的喜爱。皇家猎捕天鹅时，鹰使击打扁鼓，惊乱鹅阵，海东青直冲云霄，搏击天鹅。南宋诗人姜夔《契丹歌》："平沙软草天鹅肥，胡儿千骑晓打围。皂旗低昂围渐急，惊作羊角凌空飞。海东健鹘健如许，韝上风生看一举。万里追奔未可知，划见纷纷落毛羽。"诗中描述了海东青捕猎天鹅的场景，其中"韝上风生"就是描写海东青从臂韝上一跃而起飞上天空的瞬间。在辽墓壁画中，契丹人驾鹰出行的生动景象也常有出现，如内蒙古敖汉旗克力代乡喇嘛沟辽墓《备猎图》、辽宁法库叶茂台辽墓《骑猎图》以及内蒙古库伦旗前勿力布格六号辽墓《出猎图》等，反映了鹰猎文化在辽代社会生活中的重要地位。

辽朝设置有专门的养鹰机构——鹰坊小邸，内设专属官吏和杂役人员对海东青进行精细饲养，并制定有一套完善的管理办法。饲养者在换季的时候，需要观察海东青的粪便，适时调节食量、加药清火；在寒冷的冬日，需将海东青放在绣墩上御寒；在酷热的夏日，则将海东青放在玉石上避暑。当将士征战有功，辽朝皇帝也常用海东青作为奖赏。辽代贵族对海东青喜爱有加、呵护备至。海东青作为皇家专用猎鹰，地位非比寻常，所有者必须是皇族或者皇帝授权的贵族或大臣，等级制度森严。

有辽一代，专门用来托架海东青的臂韝和海东青一样，成为辽代贵族身份地位的一种象征。而臂韝不单架起了海东青这种猛禽，更反映了辽代特殊的游牧文化和社会经济体制。

契丹丝织品

辽代水鸟荷花纹绢

41

年代：辽代
尺寸：残长 48、宽 17.5 厘米
来源：赤峰市翁牛特旗解放营子辽墓出土

张伟娇

　　赤峰博物馆收藏有多件辽代丝织品，其中一件为水鸟荷花纹绢残片。这件残片呈棕色，经密 56～60 根／厘米，纬密 28～30 根／厘米。绢上以墨线手绘花纹，图案以莲花为中心，两侧各有一只水鸟面向莲花作奔跑状，莲花下方两侧各有一荷叶和一对似鸳鸯的水鸟。整个画面线条简练、生动，充满和谐、安宁的气氛。这件文物出土于赤峰市翁牛特旗解放营子辽墓，该墓随葬丝织物较多，清理时大多腐蚀，经初步整理，出土丝织品主要有纱、锦、绸、绢、缂丝等，纹样有花树、缠枝牡丹、海水龙凤等，工艺有绣、描、印染等。

　　以蚕丝为原料的丝织品起源于中国，早在新石器时代中国就已经掌握了丝织技术，到了商代丝织物品种繁多。汉唐时期，中国的丝织业进入繁荣稳定的发展时期，丝织品通过丝绸之路远销中亚、西亚和非洲、欧洲等地。绢是一种较常见的丝织品，质地紧密轻薄、细腻平整，采用平纹织法，这种技法在新石器时代已经出现并沿用至今。由于绢轻薄细腻，吸墨性较强，保存时间相对长久，在纸没有发明之前，常常用来书写和作画。绢在古代比较珍贵，在货币没有大量流通之前，绢也常用作商品交换的一般等价物。绢也是一种制衣的上等材料，在辽代只有达官贵族才能享用。赤峰博物馆藏辽代水鸟荷花纹绢是一件残件，左侧一边隐约可见整个丝织品的边缘部分，上面又以墨作画，应该是一件辽代绢画作品。

　　辽代纺织业发达而又具有民族特色。辽在建国前就有了自己的纺织业，其纺织技术基本源于唐、宋，在纺织工艺、印染技术、刺绣工艺等方面大量借鉴中原的工艺技术。早在唐末五代时期，契丹迭剌部和中原接触频繁，很多汉人工匠来到辽境，进入各个手工行业。《辽史·食货志》载："（耶律阿保机）仲父述澜为于越，饬国人树桑麻，习组织。"由此可见，契丹族在9世纪中晚期就开始大量种植桑麻，从事纺织。耶律阿保机建立辽国后，中原许多精于纺织的匠人纷纷流入辽境，他们带去了先进的纺织技术和经验，

辽代水鸟荷花纹绢

加上辽初统治者对这些汉人纺织工匠非常重视，使得辽代纺织技术不断改进提高。辽上京、南京、中京、东京所属州县都有布帛绫锦等作坊，并已形成一定规模，辽中京、东京和南京地区还有桑、柘、麻种植和养蚕基地。辽南京是辽朝官营纺织业的中心，丝织工艺已达到很高水平。同时辽南京地区还有民间作坊，产量较大，其生产的精品与官营产品品质不相上下。

绫锦院是辽朝少府监所属机构，专门掌管锦工、织纴、锦绣等，以供皇帝服饰之用，其生产技术水平很高，在辽初就能生产"朝霞锦"等名贵产品。《辽史·地理志》记载："上京，太祖创业之地……西南国子监，监北孔子庙，庙东节义寺……其南贝圣尼寺，绫锦院、内省司、麴院、赡国、省司二仓，皆在大内西南，八作司与天雄寺对……周广顺中，胡峤《记》曰：上京西楼，有邑屋市肆，交易无钱而用布。有绫锦诸工作、宦者、翰林、伎术、教坊、角觝、儒、僧尼、道士。"关于祖州，《辽史·地理志》记载："祖州，天成军，上，节度……东为州廨及诸官廨舍，绫锦院，班院祗候蕃、汉、渤海三百人，供给内府取索。"文献记载表明，绫锦院是上京城和祖州城内一个重要的官设机构。1988年，朝阳市文物部门在朝阳县木头城子镇征集到一方辽代铜印。此印为当地农民耕种时挖出，铜印略呈长方形，印面阳刻篆书"兴中府绫锦印"两行6字。兴中府隶属辽中京道管辖，这方铜印就是兴中府纺织机构的官印。据此可知，辽中京地区也有官营手工业作坊绫锦院。辽代锦州、白川州、宜州等地均产绢，所产绢品质良好，精致者薄如竹衣，柔而透背，被称为"蜡光绢"。

辽代丝织技术涉及织、绣、描、绘、染等，工艺复杂。丝织品种类繁多，包括锦、绫、罗、绢、纱、绮、绸、缎等。装饰图案有中原地区常用的云、龙、凤、梅竹等，也有西域盛行的连珠人物，还有契丹人喜爱的骑射、海东青等，颇具草原文化特色。在辽代贵族墓葬中，多有丝织品出土，如衣物、罗帐、扇子、经幡等。辽代丝织品具有高超的装饰工艺，如手绘、泥金印花、泥金描花等。辽南京、中京等地都有染院，置使提点院事，管理印染等相关事宜。印染工匠能根据织物的不同质地，施以不同的印染方法，印花工艺丰富，有的先染后织，有的先织后染。织物多染成黄色、褐色、绛色、紫色、蓝色、绿色、黑色等。馆藏水鸟荷花纹绢采用手绘的装饰技法，使用墨线勾勒构图，下笔娴熟，清晰如刀刻，花中染色含蓄朦胧（因年久显为褐色），画工简练，写实性强。画虽简练但层次感较强，荷叶微卷莲动，两只水鸟身披丰厚的羽毛，卷曲的脖子将要伸展开来嬉戏，宛如一幅夏景呈现在眼前。花叶边缘勾勒颜色明显比脉络部分要深重一些，鸟羽勾勒颜色有轻有重。绢可以双面晕染、多次晕染，如此可以达到这种单一颜色呈现的多层次立体效果。解放营子辽墓出土的丝织物中有部分绘花丝织物，如黄色回纹绘花绮等，画中用墨线绘制并染色的凤鸟、团花、芦苇、水草、水禽等图案，线条简练生动，颇有文人画的意境。

在纸张没有发明之前，绢帛一直是写字、作画的重要材料。随着社会的进步，虽然绘画材料有多种，但绢上作画一直沿用至今，这主要是因为在绢上绘画所产生的笔墨色彩的微妙效果，是其他材质所不具备的。绢画有一种独特的绢丝美，一直深受画家的青睐。唐宋时期绘画大多使用绢，辽朝画坛习仿唐宋技艺，以绢作画在辽代也非常盛行。

辽代丝织品是在继承唐代艺术风格并吸收中原制作技术的基础上发展起来的，虽不如宋朝发达，但已初具规模，基本上囊括了中原的织物品种。辽代丝织品不但自用，还常常用作礼品赠送各国使节，并通过草原丝绸之路远销中亚、西亚等地。辽墓出土的丝织品多为辽地工匠织造，为我们研究辽代纺织技术提供了珍贵的实物资料。由于目前出土的宋代丝织品并不多，辽墓出土的丝织品也为宋代丝织品研究提供了一些可资借鉴的材料。

辽代铁犁

42　年代：辽代
尺寸：长 33、宽 30 厘米
来源：赤峰博物馆旧藏

张　颖

赤峰博物馆收藏的辽代铁制农具中，铁犁是代表性藏品。赤峰博物馆收藏的这件辽代铁犁，形似等边三角形，前部尖薄，两翼略呈弧形，中部稍厚并隆起，尾部两侧较尖。

辽代铁犁

在契丹立国之初，契丹人仍以游牧生活为主，生活来源主要依靠畜牧和渔猎。辽代诗人萧总管《契丹风土歌》："一春浪荡不归家，自有穹庐障风雨。平沙软草天鹅肥，胡儿千骑晓打围。"诗歌展现了契丹民族的游牧生活景象。随着不断的南征北战，辽朝的疆域逐步扩张，涵盖了部分农业种植区，但此时农业在契丹人的经济生活中还属于从属地位。

938 年，后晋将燕云十六州（今北京、天津北部、河北北部及山西北部地区）割让给契丹，辽朝农业区范围进一步扩大。辽国统治下的汉族农业区迅速扩展，粮食产量增长，使辽朝南部地区成为当时辽朝的粮仓。到 10 世纪，辽朝的农业生产规模已相当可观，辽海地区出现了"编户数十万，耕垦千余里"的兴旺景象。

辽代农业飞速发展的另一个重要原因，就是辽代冶铁技术的进步以及铁农具的广泛应用。而"契丹"一词的原意，即为"镔铁"。近年来，东北、华北等地的辽代遗址出土了大量铁制农具，其中绝大多数在形态、大小及制作工艺上均与中原地区铁农具类似，不少农具比中原地区铁农具更为先进。从结构形状上来看，燕云地区出土的辽代铁犁与金、元时期的铁犁相似，大多与元代王祯所著《农书》上绘制的农器图谱式样相同，甚至还有一些与现在北方耕作使用的农具相近，可见辽代农业生产工具在当时已相当先进。辽代铁犁的使用和发展，有力地将人力解放出来，扩大了耕种面积，提高了耕作效率，促进了辽代农业生产的发展。

铁犁是在木制犁具、石犁以及青铜犁具的基础上发展而来的，往往配合牛耕技术使用。一般认为，牛耕技术在我国出现的时间是春秋战国时期，而铁犁也大致在同一时期出现。这一时期，随着冶铁技术的发明并应用于农业生产领域，各种农具有了质的飞跃，牛耕技术也得以迅速发展。铁犁边缘由尖部向两翼经过打磨，较为锋利，有利于在犁地翻土时减少阻力。较之前的木质、石质等质地的犁具来说，铁犁坚固而锋利，有利于深耕、快耕，因此在中原地区很快得到广泛应用。

随着契丹人与汉人经济交流不断深入，汉族的冶铁技术、耕作方式、农用工具也不断向辽地传播，契丹人因地制宜不断改良，迅速促进了辽代农耕经济的发展。辽代统治者鼓励农桑，各级政府积极"劝农桑、教纺绩"，在适宜耕种的地区推广、应用先进的农业技术，推广和普及铁制农具，极大地增加了粮食产量，有力促进了农业生产的发展。

在与中原遣使交往中，辽朝不断融合中原地区先进的农耕技术，如垄上种植、施肥、水利灌溉等。这些先进耕种技术的使用，进一步丰富了契丹人的农作物，也改变了契丹人单一的饮食结构。辽朝大部分国土处于温带草原气候区，夏季干旱炎热，冬季寒冷多风沙。人们从以草原自然牧业为主的生产方式转为采取垄上种植的方式，使得农作物能深深植根于土壤中，既有利于增加产量，又在一定程度上抵御了北方风沙的侵袭，改善了居住环境。这种垄上种植方式是契丹人根据中原的种植方式，结合当地的气候条件而创新的一种种植方式。这种种植方式的发明，足以证明当时辽朝已开始因地制宜地进行农业生产，而不是简单套用中原的耕作技术。这种耕种方法的采用，是辽代农业技术的一大进步，标志着辽代农业生产的发展。在长城以北的一些地区，这种耕作方法至今仍在使用。

工欲善其事，必先利其器。铁犁的使用与推广是辽代农业生产的有力保障，极大地增加了耕种面积，提高了粮食产量，促进了辽代农业生产的发展。

盛极一时广严寺

辽代广严寺善弘石经幢

沙大禹

43

年代：辽代

尺寸：上端最大径 49.5、下端最大径 50.5、中孔直径 11.3、每面宽 19.5、高 21.8 厘米

来源：赤峰市宁城县大明镇征集

　　赤峰博物馆契丹王朝展厅陈列有 4 件辽代石经幢，分别为大安二年石经幢、大康八年石经幢、咸雍元年石经幢、广严寺善弘石经幢，系 2002 年在赤峰市宁城县大明镇（辽代属于中京地区）征集。这四件石经幢并不完整，均为经幢的幢身部分，幢身均呈八棱体。石经幢上镌刻有汉文或梵文，记载了有关佛寺及僧人等多方面的内容。除广严寺善弘石经幢外，其他 3 件均记载有具体建造时间，分别为辽道宗大安二年（1086 年）、大康八年（1082年）、咸雍元年（1065 年）。广严寺善弘石经幢"善弘"法号的"弘"字写作"弓"字，并且右侧空出，应为避辽道宗耶律弘基名讳。综上所述，这四件石经幢应均为辽道宗时期的文物，虽然在具体建造年代上各不相同，但在内容上却有一定的联系，其中内容最翔实、字数最多的当属广严寺善弘石经幢。

辽代广严寺善弘石经幢

广严寺善弘石经幢，刻文 55 行，满行 7 字，共 365 字，楷书。录文如下：

豫修寿藏陀罗幢者，梵文功德事、《尊胜经》具载，今但载其师之僧行、建幢义趣而已。师俗姓苏氏，法讳善弓（弘），心（恩）化郡人也。自为童好善，有家厌居，不食茹荤，不留鬓发，轻浮俗赏，爱重空门。年十二岁，脱迹访道往雾灵山，给使于契丹长老。至清宁八年入京师间，别礼广严寺耆宿密尚座为师。至咸雍中，考试经业，年满受具。尔后历于群方，学习经律，守其志，用其心，朝夕忘疲，星月数周。至大康中，启读《华严经》，大讲玄谈数席。徭是高以行洁，为众推为寺之纲首，叠任复能，屡为寺宰。自兹常住，壮盛即师之力也。在昔，先师长有衣盂可遗，嘱言广为福利尔，以不负亡师分无入己。噫，为人之子者，父有托孝之至也；为人之资者，师所凭行之极也。师无欺为道，干事为心。施法化行者，于释门五十余载，而精进于自欢喜，于他不放逸，于心不戏论，于口而专日课诸大乘经、诸佛名号以为常业。想西方净刹，而为所归建陀罗尼一幢，豫属门人澄湛等立为后荼毗之所。师愿影落尘沾，利益群生，愿之足矣。门资澄辉，门资澄湛，门资澄见，门资澄净，门资智祥。

经幢，源于古代的旌幡，在辽代之前已经盛行，一般建造在佛寺的院落中。经幢的规格与形制可以反映出佛寺规模大小、建造年代及香火旺盛的程度。随着佛教传入中国，特别是唐代中期佛教密宗的传入，佛像或佛经逐渐体现在丝绸制作的幢幡上，为了长久保存佛像或者佛经，后来改为在石柱上雕刻，铁铸极少。因其最初雕刻的内容主要是《陀罗尼经》，所以称为"经幢"。经幢一般由幢顶、幢身、基座三部分构成。幢身是整个经幢的主体，主要雕刻经文、佛像等，以陀罗尼经文最为常见。基座和幢顶则雕饰云纹、花卉纹以及佛像、菩萨像等。整体上以六棱形、八棱形居多，偶有圆柱形。经幢在五代十国以及北宋时期最为繁盛，受其影响，辽代经幢也逐渐盛行起来。经幢一般安置在四通八达的大道、佛教寺院等地，也有一些放置在墓地附近。

广严寺善弘石经幢刻字 365，正好是一年的天数。幢文行文讲究，记载了善弘的生平、僧行及建幢目的与建幢人。广严寺善弘石经幢还为确定广严寺的具体位置提供了重要线索。善弘"清宁八年（1062 年）入京师间，别礼广严寺耆宿密尚座为师"，表明广严寺在京师。辽有五京，在道宗时期，中京实际上已成为首都，而幢石也正是出自辽中京附近，因此经幢所记"京师"应指辽中京。广严寺的名字还见于赤峰博物馆收藏的其他石经幢中，例如大康八年石经幢、咸雍元年石经幢，表明广严寺在辽中京地区应该属于香火比较旺盛的佛教寺院。《大元一统志》中未记载广严寺，而且辽中京附近也没有留下广严寺的遗迹。辽中京毁于明朝靖难之役，广严寺有可能在这次战乱中被损毁。广严寺的规模应该不会太大，目前已知辽道宗时期中京城内最为重要的两个佛教寺院为镇国寺与大天庆寺，再加上辽道宗时期连年的自然灾害，财政极为困难，故很难再修建大型寺院。广严寺虽建于辽中京附近，但有可能为民间建造。广严寺善弘石经幢的发现，确认了辽中京广严寺的存在，弥补了史料记载的不足，为研究辽中京地区佛教发展情况提供了重要资料。

千年禅定之姿

辽代铜鎏金释迦牟尼佛像

张懿燚

44

年代：辽代
尺寸：底径 5.9、高 13.5 厘米
来源：赤峰博物馆旧藏

　　赤峰博物馆藏辽代铜鎏金释迦牟尼佛像，结跏趺坐于莲台之上，双手仰放于腹前，施禅定印。螺发肉髻，面慈祥和，双目微合，神态安详，体态端正，身披袈裟。莲台为束腰大仰莲式，莲瓣舒展自然，花瓣尖端向外伸展，整体呈盛开状，莲台下部为三层台阶式底座。

　　辽朝深受中原佛教文化影响，统治者也积极推崇佛教。据《辽史》记载，902 年，耶律阿保机下令在龙化州修建契丹境内第一座佛寺——开教寺，从而成为佛教北传契丹的起始点。《旧五代史·契丹传》记载："城南别作一城，以实汉人，名曰汉城，城中有佛寺三，僧尼千人。"由此可以看出，辽政权建立前后的佛寺修建、城市建设布局均体现出了契丹民族对佛教的推崇。辽圣宗、兴宗

辽代铜鎏金释迦牟尼佛像

和道宗统治时期（983～1100年），是辽朝佛教发展的极盛时期，在佛学思想上继承了唐代的佛学传统，贵族化的义学宗派兴盛，华严宗、法相宗成为辽代佛学的教学中心。辽代中晚期，辽圣宗大力支持刻印契丹藏，并派沙门可玄主持；兴宗时动用国库银两，进行大规模续刻；直到道宗时期，终于完成了契丹藏和房山石经《涅槃》《华严》《般若》《宝积》四大部及其他重要经典的刻印。这一举措为佛典的校订做出了重大贡献。

统治者的大力提倡促进了佛教在辽代的普及和繁荣，同时辽代佛教造像艺术也得到迅速发展。赤峰地区不仅是契丹族繁衍生息之地，更是辽代的政治、经济中心，辽上京、中京均在赤峰境内，留存了丰富的佛教建筑遗迹，出土有大量辽代佛教遗物。辽代佛教造像可分为石窟造像、佛塔浮雕、寺庙供像以及石刻、泥塑、铜铸和陶瓷等多种材质和形式的造像。辽代佛教造像艺术可谓承唐比宋，结合了唐代造像典雅端庄和宋代造像温婉写实的特点。赤峰博物馆收藏的这件释迦牟尼佛像，肉髻较为低平，螺发中央嵌有一髻珠，两肩宽厚，体态均匀，上身偏长，下身略短，面颊圆润，身披袈裟，上身袒露宽广，胸肌隆起。佛像的袈裟造型也是辽代佛像区别于其他朝代佛像的特点之一，这件佛像袈裟衣褶较多，衣纹质感更加明显。其形制风格、神态样貌均突显了辽代佛教造像的特点，堪称辽代佛教造像的代表。

2012～2020年，中国社会科学院考古研究所、内蒙古自治区文物考古研究所联合对位于赤峰市林东境内的辽上京遗址进行考古发掘，明确了辽上京西山坡佛寺遗址的布局。该佛寺由以佛塔为中心的北院和以佛殿为中心的南院组成，两侧还有附属院落。这是经过考古发掘的唯一一处比较大型的辽代皇家寺院遗址，发掘出土许多与佛教相关的遗物，包括石经幢、经幢座、仰莲雕花石座及泥塑佛教造像等。这为研究辽代佛教信仰和佛教造像艺术提供了重要资料。我国现存最为完好的辽代三大寺院——天津蓟县独乐寺、山西大同华严寺、辽宁义县奉国寺，是辽代佛教造像艺术的集中体现，寺院中佛教造像秀丽伟岸，题材丰富，既有显教的佛、菩萨、罗汉和力士等，还有密教的五方佛、八大菩萨等。

这件辽代铜鎏金释迦牟尼佛像尺寸较小，应是随身携带或放在家中供奉。辽代社会崇佛之风盛行，辽五京内塔寺相望、梵呗相闻，《辽史》中多有皇帝饭僧、谒寺、布施、施钱的记载。由于统治者的大力推崇，佛教信仰深入民心，并融入世俗生活的方方面面，如契丹妇女的"佛妆"是对佛教造像的模仿，璎珞佩饰的流行也源于佛教造像的装扮，孩子的名字中也常带有"观音""菩萨"等字样。在此背景下，辽代工匠塑造了大量尺寸较小的佛教造像，以便于人们随身携带，随时祈祷。可以想象，在繁华的辽朝京城，这件鎏金佛像或是摆放于僧侣案头，或是放于游子行囊中成为精神寄托。这种禅定之姿，也是崇佛之人所向往的安宁和超脱状态。

辽代佛教造像在一定程度上继承、吸收了唐宋风格，造像神态自然，体态均匀，并且融合本民族的艺术审美，与其他历史时期的造像略有差别，体现了契丹族的审美特点和高超细腻的佛像制作水平。这件辽代铜鎏金释迦牟尼佛像，用千年的禅定之姿，为我们展示了辽代佛教造像独具匠心的艺术魅力，见证了一个时代的佛教发展历程。正是在辽朝整个社会崇佛之风的影响下，辽代佛教及造像艺术呈现出一派繁华景象，时至今日世人仍能一睹辽代佛教造像的艺术之美。

辽代重熙通宝

年代：辽代
尺寸：直径 2.15、穿径 0.7、厚 0.15 厘米
重量：3.4 克
来源：赤峰博物馆旧藏

吴 迪

916 年，辽太祖耶律阿保机在中国北方建立辽朝。辽朝建立之初，辽朝统治者以武力征服和政策招降等方式获得了大量汉族人口，为了妥善安置这些汉人，辽朝统治者在其统治区实行"因俗而治"的统治政策，仿照中原地区的经济制度建立了适宜辽多种经济协调发展的货币制度，并在其统治区内推行货币经济。

辽代重熙通宝

货币是每个民族或政权经济发展的产物，在物品交换中起着媒介作用。辽代统治者出于政治和经济因素的考虑，铸行了具有民族风格的货币。《辽史·食货志》记载："鼓铸之法，先代撒刺的为夷离堇，以土产多铜，始造钱币。太祖其子，袭而用之，遂致富强，以开帝业。"辽朝建立之前，就已经使用铜铸币，而货币的使用是辽太祖耶律阿保机带领契丹各部族逐步强大的原因之一。由于只有文献记载，没有相应的考古发现佐证，当时所造钱币的样式和使用情况目前还难以考证。916 年，耶律阿保机建立辽朝，始建年号"神册"，后改元"天赞"，铸行年号钱"天赞通宝"，辽朝从此开启了在改变年号时铸行年号钱的制度。从考古发现的辽钱实物来看，"天赞通宝"是辽代最早发行的年号钱，也是辽代最早用于流通的货币。

赤峰博物馆收藏的这枚辽代"重熙通宝"铜钱，整体保存完好。"重熙通宝"四字隶书，旋读。重熙通宝在辽墓中出土颇多，钱文有大字、小字之别，"通"字有"隶通"和"楷通"之分。该枚钱币"通"字属于"楷通"。重熙通宝属于年号钱，为辽兴宗耶律宗真重熙年间（1032～1055 年）所铸钱币。《辽史·兴宗本纪》记载，重熙二十二年闰七月，长春州置钱帛司。钱帛司为掌钱币铸造等事的机构。重熙通宝的铸行是辽代钱币史上的分水岭，重熙以前钱币铸造较少，重熙以后辽钱种类和铸币量逐渐增多，这是由

于辽代中晚期政权稳固、商品经济发展对货币的需求量逐渐增大。

根据《辽史》等文献记载，从辽钱的用途角度分类，辽代钱币大致可以分为两类：一类是在辽朝统治区内作为交换媒介在市场上流通使用的货币，包括辽朝自铸的年号钱（一般年号钱、纪年年号钱、国号年号钱）以及在辽朝境内流通使用的宋钱、唐钱、五铢钱、刀币等各个币种；另一类是不用于流通领域但具有特定用途的钱币，主要有用于祭祀、祈福的压胜钱和赏赐钱等。按照制作材质分类，则可分为金、银、铜、铁四种金属铸币。按照钱币上的文字分类，可分为汉文钱和契丹文钱。按照制作工艺和形制分类，则可分为辽朝自铸币和仿铸其他朝代的钱币。

历朝历代统治者非常重视钱币文字的书写，有的系皇帝亲自书写，有的是当朝大书法家所作。辽代钱币文字的书写与设计不仅体现了辽朝统治者的政治思想，也融合了契丹人的价值观、审美观、自然观，突显了契丹人的性格特性。契丹人勇敢、果断、刚毅的性格，使他们思维灵活、表达直接，随时能灵活应对突发状况。特殊的地理和生活环境造就了契丹人独特的审美情趣和性格个性，这些独特性又在辽钱钱文的设计上表现出来。如有些钱文笔画粗细不均，遇到笔画多且繁的字，通常会采用借笔或者漫笔写意形式书写。如"大辽天赞"和"大辽天显"两种国号年号一体钱，"大"和"天"两个字的笔画较其他几个字粗壮浑厚，撇捺之间打破汉字固有的平衡感，似在奔腾飞舞的人，动感十足。"辽""赞""显"则分别在笔画繁杂处一笔带过，以简单的写意形式代替复杂的笔画。"应历通宝"的"历"字，在书写过程中省略"厂"字左半部分，借用钱币内穿右郭，使钱面整体布局协调，这是比较典型的借笔。有的钱文末笔着重强调、结尾长短不一，例如"天赞通宝"年号钱就有两种版本，一种是普通版，另一种"通"字末笔走之上挑，被称为"虎尾天赞"。

接受和推行货币经济，表明辽朝统治者的统治观念已发生转变，同时标志着辽朝全面走向封建化。辽代货币是中国古钱币的重要组成部分，它们的铸行不仅促进了民族融合、历史发展，也传承和丰富了中国货币文化。

辽代东营直纽方形铜印

46

年代：辽代
尺寸：长 3、宽 2.9、高 1.6 厘米
来源：赤峰市郊区城子乡城子村出土

张 颖

　　赤峰博物馆收藏的这枚九叠篆字铜印，系 1977 年赤峰市郊区城子乡城子村出土。铜印为方形，上有长方形直纽，纽上有一圆形穿孔。印文"东营"两字为九叠篆，单行，阳文。印文规整流畅，布局严谨，庄重大方。该印属官方印信。

　　印信是古代官府衙门所用各种图章的总称，包括印章、关防、钤记等。秦朝以后，玺成为皇帝所用印信的称呼，其他官印、私印均称为印。汉代出现印章的称呼。古代官印较现代所说的"公章"在用途、意义上还多有不同，除少数在固定的宫廷、官府衙门使用以外，多数随身佩戴作为权力、地位的象征，因古代征战较多，行军随迁的情况也较为多见。我国古代重视战争，武官甚为重要，军中官职名目庞杂，品位繁多，印章的使用及发放数量十分可观，所以官印的留存数量也较多。

　　中国古代官印作为官方要件，有着数千年的历史，而且历代官印在形制上差异不大，在文字结构、印文形式、印章形制等方面均有所传承。辽代官印上承隋唐，下启夏金，与宋代互通交融，形成了较具民族特色的印信形式，在国家治理、文化艺术等方面反映出契丹民族的智慧。

　　辽朝建立后，辽代统治者注重文化发展。通过吸收中原地区的汉文化，参照汉字，契丹族也创制了本民族的文字，即契丹大字和契丹小字。契丹大字和契丹小字与汉字同时流行于辽朝。同时，辽朝统治者为了有效加强对多民族国家的治理，实行"以国制治契丹，以汉制待汉人"的方针，设立北面官和南面官制度。因此，辽代官印中契丹文与汉文两种印

辽代东营直纽方形铜印

文并存，契丹民族也成为我国历史上首个将本民族文字运用到官印中的北方少数民族。

赤峰博物馆收藏的这枚铜印，在文字结构及印文形式上，采用了阳文九叠篆字，印文笔画折叠堆曲又均匀对称，堆满整个印面，线条流畅硬朗，行文工整。最早的九叠篆印章源出北宋，仅限于皇帝玺、爵位印、中央官署和京师衙署用印，因此被视为北宋的"国朝官印"，在后来的官印中应用更加广泛。此枚印章即反映出辽代官印与北宋官印文体的相似之处。

在印章形制方面，辽代官印沿用了秦汉官印的体例，但又形成了自己的特点。在印式方面，辽代官印多为几近正方形的长方形，纵向略长于横向，印式端庄而稳重。在台式方面，辽代官印可分为水平式、二层台式、水平覆斗式、二层覆斗式等类别，其中水平式和二层台式多用于汉文官印，而覆斗式多用于契丹文官印，且具有辽朝特色。在纽式方面，长方形直纽是辽代官印的常用纽式，纽式简约朴素，具有官方印信的特点，形态与唐晚期官印相同。赤峰博物馆收藏的这枚铜印，形制为长方形直纽，长方形印面，水平式印台，是典型的辽代官印。此外，在材质和外观方面，辽代官印也基本仿照宋代官印，材质多为铜质、木质，印面阳文，印文系铸造，刻痕较深，印面四边有细边。

此枚铜印"东营"印文具有重要的历史研究价值。据学者考证，这枚铜印的出土地——城子村城址，为辽中京松山州故址。辽代松山州是辽中京地区的重要州城之一，系辽中京通往辽上京的交通要冲。《辽史·地理志》载："松山州，胜安军，下，刺史。开泰中置。统和八年省，复置。属中京。统县一：松山县。本汉文成县地。边松漠（千里松林南段），商贾会冲。开泰二年置县。有松山川（今英金河及上游支流川地）。"松山州城址由东、西两城组成，中以墙相隔，平面呈横"日"字形。全城建筑、布局大有京都之制，敌橹（马面）、角楼、寺院寺塔、宫殿衙署等一应俱全，城内出土辽代及金、元时期遗物极为丰富。辽末天祚帝与金兵周旋时，曾多次途经中京松山州地。契丹族因受游牧习俗影响，建城以后，城防甚为严密，京城皇都、方州军城均有城防。而作为辽中京地区要塞的松州城，更有拱卫京都的城防重任。学者根据松州城城防结构推断，此印名为"东营"，当属松山州东城城防官吏所用印信。

辽代人物奏乐纹铜镜

年代: 辽代
尺寸: 直径 14.1、厚 0.73 厘米
来源: 赤峰市巴林左旗浩尔吐乡
征集

姝 雯

　　镜，别称"鉴"。甲骨文中"鉴"字就像一人在水盆旁照容。目前我国已知最早的铜镜出土于距今 4000 多年的齐家文化墓葬中，分别是 1975 年甘肃广河县齐家坪墓地出土的素面镜和 1976 年青海贵南县尕马台墓地出土的七角星纹镜。

　　铜镜是中国古代青铜器中铸造很早且延续时间最长的门类。历朝历代的铜镜都融入了特有的时代风格，战国铜镜精灵轻巧，两汉铜镜精致规矩，隋唐铜镜绚丽多姿。到了辽宋时期，由于辽宋在政治上的对峙局面，铜镜各自

辽代人物奏乐纹铜镜

分化出了不同的特点。宋代铜镜形制多样，纹饰细腻，以缠枝花草、神仙故事、诗文题记为主要题材。而辽代铜镜的制作工艺与纹饰设计，远承汉唐，近鉴北宋，可谓另辟蹊径，推陈出新。辽代还设有官办的"镜子局"，主要为朝廷、寺院、道观、契丹贵族和富人阶层制镜，所以辽代铜镜大多制作精细、工艺精良。辽代铜镜形制多样，主要包括圆形、菱花形、葵花形、长方形、方形、亚字形、扇形等。辽代铜镜纹饰题材广泛，既有继承汉唐风格的龙凤纹、神兽纹、瑞禽花卉纹等，也有具有自身特色的春水秋山纹、毬路龟背纹、契丹文铭文等。从目前发现来看，"人物奏乐"题材的铜镜存世量非常少，除赤峰博物馆收藏的这件外，仅见吉林扶余县石头城子古城和内蒙古赤峰市敖汉旗大甸子乡新地村窖藏各出土一件。

　　赤峰博物馆收藏的这件辽代人物奏乐纹铜镜，形制为圆形，窄沿，桥形纽。铜镜边缘饰一周连珠纹，主区由十字连珠纹分成四部分，每部分中间各有一人手持笙吹奏，两侧饰如意云纹，下为连珠纹组成的花朵。

　　铜镜上的"如意云纹"和"连珠纹"均为中华民族的传统纹样。《左传》昭公十七年载："昔者黄帝氏以云纪，故为云师而云名。"晋人杜预注："黄帝受命有云瑞，故以云纪事，百官师长皆以云为名号。"这说明古人视云为吉祥之物。云纹是由新石器时代陶器上的涡纹演变而来，而铜镜上的这种"如意云纹"出现于隋唐以后，在造型上以如意头、灵芝为来源，形成了独特的云朵形状。唐代云纹有"单勾卷"和"双勾卷"两种基本形态，两者均以圆滑波形曲线将"云头"和"云尾"连结成一体，具有"云头"内敛勾卷、"云尾"飘逸的特点。辽人喜唐俗，因此在云纹上也继承了唐代云纹的特点。"连珠纹"属于较为常见的几何形纹样，最早装饰在新石器时代马家窑文化的彩陶上，在以后历代的青铜器、瓦当、壁画、丝绸上均较为常见。辽代铜镜上的连珠纹多用于镜缘处装饰或镜子的区域分隔，铜镜上以连珠纹构成的花朵则属于连珠纹的变体形式。

　　铜镜四个分区的主体纹饰为一乐工正在吹奏笙。笙是中国最古老的乐器之一，也是世界上最早使用自由簧的乐器。目前我国发现最早的笙出自湖北随州曾侯乙墓。殷代甲骨文中就已经出现"龢"（和）的记载，《尔雅·释乐》"大笙谓之巢，小者谓之和"，"和"即小笙。《诗·小雅·鹿鸣》记载："我有嘉宾，鼓瑟吹笙。吹笙鼓簧，承筐是将。"笙在八音中属于匏音，唐代诗人杨希道在《咏笙》中写道："短长插凤翼，洪细摹鸾音。能令楚妃叹，复使荆王吟。切切孤竹管，来应云和琴。"这说明笙具有音色优美、和声丰富、艺术表现力强的特点。湖北随州曾侯乙墓出土的初期笙，由笙管、笙斗、笙簧三部分组成，笙管为竹制，笙斗为匏（葫芦）制，笙簧为竹制。笙的发音方法特殊，当吹气或吸气时，进入笙斗内的气流就可以激发相对应的簧片发生振动，振动的簧片会与笙苗内的气柱发生耦合作用，从而与笙管发生共鸣，再通过金属制作的扩音管扩音，就产生了这种金属与丝竹管乐叠加在一起的共鸣之音，音色柔和且明丽，故古人常用凤鸣比喻笙之音色。

笙在辽代的雅乐、大乐、散乐中都有应用。《辽史·乐志》"八音器数，大抵因唐之旧"，说明辽代的雅乐多承袭唐制。辽代雅乐中"笙"与"竽"仍属于匏音。大乐也是辽代用于朝廷的音乐，但较雅乐要轻松愉快。《辽史·乐志》形容大乐为"雅俗之乐"，多用于皇室宴饮作乐的场合。辽代大乐为后晋所传，在大乐的景云四部乐舞中，大笙、小笙是必备的乐器。笙在辽代的散乐中也具有举足轻重的地位，据《辽史·乐志》记载，"皇帝生辰乐次"与"曲宴宋国使乐次"中的"酒五行"与"酒六行"，分别对应着"笙独吹，鼓笛进"与"笙独吹，合《法曲》"，说明笙既可独吹也可合奏、领奏。笙可独吹，说明笙歌唱性的特点较为突出，具备独自成曲、领奏主旋律的特点。唐人段安节《乐府杂录》载有"丝不如竹，竹不如肉"，意思是弹弦乐器在歌唱性上不及吹管乐器，可见当时人们对于具有歌唱性乐器的重视。笙在辽代散乐中可与其他乐器合奏也得到了考古发现的佐证，在河北宣化辽墓壁画《散乐图》中，绘有笙与筚篥、腰鼓、大鼓、拍板、琵琶等乐器合奏的场面。

"我有嘉宾，鼓瑟吹笙"，也是辽国与北宋、西夏以及中亚、西亚等地经济文化交流的态度。如今，辽朝已经淹没在历史的尘埃中，这枚人物奏乐纹铜镜静静陈列在赤峰博物馆的展厅中，让人们可以追忆那明镜上的辽国气象与音乐世界。

辽代黄釉凤首瓶

吴　迪

　　作为一个善于接受外来文化的民族，契丹族以开放包容的姿态对中原文化、西域文化加以吸收，使其民族文化呈现多元化的特点。凤首瓶就是契丹、中原和西方文化相结合的产物，是典型的辽代瓷器。赤峰博物馆收藏的这件黄釉凤首瓶，器身修长，造型古朴。瓶口为花口碗式，碗口下方为凤首状，细长颈饰多道弦纹，溜肩，长腹，圈足。瓶身施半釉，釉不及底，釉层厚，釉质滋润。

　　凤首瓶因其颈部雕塑一凤头而得名，是辽瓷中最具艺术品位的产品。凤首上为一花口深腹碗，象征凤的花状羽冠。凤首精雕细刻，甚至连双眼皮、眉毛等细节都塑造得惟妙惟肖。瓶的颈部细长，饰有多道弦纹，象征凤的长颈。溜肩长腹象征凤的身躯，或刻上许多美丽的牡丹花纹象征羽毛翅膀。外侈的圈足既增加了瓶身的稳定感，又使整体造型曲线多了一层变化。整个瓶身好像一只静态的凤鸟。

　　凤首装饰的创作来源可追溯到伊朗高原。古代波斯的萨珊王朝出于对雄鹰的崇拜，曾创造出许多以鹰为题材的艺术作品，其中鹰头壶就是典型的代表。后来鹰头壶沿着丝绸之路传入中国，唐代开始出现以鹰、凤为母题的青瓷和三彩器。唐代凤首瓶仍保留着诸如一侧有鋬手和连珠纹装饰等波斯金银器的异国情调，但主体部分的鹰首则换成凤头，花纹装饰以中国的忍冬、龙、莲花、流云、人物为主，形成中西合璧的陶瓷装饰。

　　凤首瓶的长颈形制源于"胡瓶"，胡瓶早在罗马帝国时代即已在西亚、中亚地区作为生活用具广泛使用。"胡瓶"这一词汇是其传入中国和日本后，中国和日本的古代文献对它的称呼。胡瓶多以金银制作，器作长颈，有鸭嘴状流，上腹细长，下腹圆鼓，单把，高圈足。在装饰上，有的素面无纹，有

辽代黄釉凤首瓶

的周身遍布纹饰。例如壶身有捶揲的凸起人物或动物图案，图案往往具有故事性和连续性；圈足常见凸起的连珠纹；壶把的顶部还会有人头状或其他形态的圆纽，这个构件既是一种装饰，也可以作为倾倒液体时手指的借力点。

魏晋时期，胡瓶已经作为贡物进入中国。北朝时，中国境内的粟特人墓葬中频繁出现胡瓶形象，例如 2000 年西安市北郊发现的北周安伽墓出土的石榻和围屏上，共有 5 处胡瓶形象；2003 年安伽墓东北发现的北周史君墓出土的石椁浮雕上，共有 4 处胡瓶形象。这说明粟特人在胡瓶传入中国过程中发挥了重要作用。至于隋唐时期，北方以长安、洛阳两京为中心的贵族墓葬中，发现的胡瓶形象更是不胜枚举，胡瓶形象频繁出现在墓室壁画、石椁、屏风式石棺床以及陪葬俑上。

胡瓶传入中国后，应是作为酒器使用的。杜甫《少年行》"不通姓氏粗豪甚，指点银瓶索酒尝"，就是胡瓶作为酒器使用的佐证。在隋唐时期一些墓葬的石椁、石棺床、石屏风及壁画上的宴饮图里，胡瓶、瓣口壶、凤首壶等常与羽觞、叵罗等酒器配合使用。

作为辽瓷的一个新品种，凤首瓶的凤首不再用作流，而是成为一种纯粹的装饰，以增加瓷器的艺术魅力。与宋代景德镇窑生产的青白釉凤首瓶相比，辽代的凤首瓶更为修长挺拔，器肩较高，器腹向下愈窄，凤冠夸张，多施以黄釉、绿釉。一般认为，它们通常用作陈设器。

凤首瓶按质地可分为金银和陶瓷两大类，其使用功能也有所不同，金银制品主要用于烧水沏茶，陶瓷制品则主要用作酒具。凤首瓶的身高恰好符合契丹人席地宴饮的习惯，宴饮者席地而坐，可非常方便地抓住凤首瓶的颈部，将酒倒入酒杯中饮用。波斯风格的凤首瓶也同时在辽朝流传，在敖汉旗下湾子辽墓壁画中就描绘有一侧带凤首流的凤首瓶置于炭火中加热的情景。

辽代陶瓷器并没有简单地全面仿制外来的金银器，而是呈现出一个不断融合和创新的本土化过程。在造型上，一些凤首壶与胡瓶的亲缘关系更近，而另一些则相对较远；在功能上，一些凤首壶可能延续了胡瓶作为酒器、奶器、水器的传统功能，而另一些或依据中原的丧葬习俗和生活习惯，用作明器和陈设器。

辽三彩的精品之作

辽代三彩鸳鸯壶

贾秀梅

49

年代：辽代
尺寸：口径 8.3、底径 9、足高 2.3、通高 20.1 厘米
来源：赤峰市松山区王家店乡辽墓出土

　　赤峰博物馆收藏的这件三彩鸳鸯壶，系 1977 年出土于赤峰市松山区王家店乡辽墓。该壶属低温釉陶，陶胎为浅褐色，施化妆土，器表施黄、白、绿三彩，釉色鲜亮明艳，施釉工艺精细周密。壶体造型为一只浮出水面的鸳鸯，鸳鸯背上有一个五瓣花形壶口，壶口周围环绕一周流云纹，壶口下部以弧形水花纹柄与尾部相接，鸳鸯昂首，头上羽冠高耸呈弧线形，双目凝聚，喙部借形做成壶嘴。鸳鸯翅膀和羽毛丰满隆起，以细小的羽毛为底衬，托以披羽和翅膀，形成三层相叠的立体浮雕图案。鸳鸯腹下为一莲叶，似鸳鸯正在水面上静静游动。壶底部有一假圈足，底部无釉。鸳鸯神采飞扬，栩栩如生。鸳鸯壶采用三彩工艺塑造，制作工艺精致，是辽三彩中的精品之作。虽然目前出土的辽代三彩器数量众多且造型多样，但鸳鸯造型的三彩器在正式

辽代三彩鸳鸯壶

发掘资料中数量极少，具有重要的学术研究价值。

鸳鸯壶的壶体采用陶瓷范模压印工艺制作而成，形成立体半浮雕的艺术效果。这种工艺主要仿自金银器的捶揲技术，三彩中的黄白两色交互使用并以白色为地，以黄色突出重要部位的手法是金银器工艺常见的手法。辽代壶类器多作动物造型，其实一定程度上是受唐三彩的启发。此件鸳鸯壶吸收借鉴了中原汉文化因素，而又保留了契丹本民族传统皮囊壶的形制，器物造型设计成小口扁腹的样式，更适宜草原游牧民族使用。辽代三彩鸳鸯壶作为一件精美别致的随葬用品，是工匠在精湛的陶器制作工艺基础上充分发挥想象力制作而成。

鸳鸯作为一种鸟类，属于国家二级保护动物，外形似野鸭，体形较小，扁嘴，长颈，趾间有蹼，常栖息于内陆湖泊和溪流边。它不仅善于在水中嬉戏，同时还拥有较长的双翼，可以在天空中飞翔。鸳鸯非常聪慧机敏，深受人们喜爱，因经常成双出入，形影不离，故有"爱情鸟"之美誉。人们常用鸳鸯来比喻忠贞的爱情，自古以来它们便经常出现在文人墨客的文学作品中，如汉代司马相如《琴歌》之一："有艳淑女在闺房，室迩人遐毒我肠。何缘交颈为鸳鸯，胡颉颃兮共翱翔！"此外，鸳鸯也常作为重要题材出现在一些器具上，如陕西历史博物馆收藏的唐代鸳鸯莲瓣纹金碗、河南博物院收藏的唐三彩鸳鸯尊。契丹因受中原文化影响，也非常喜欢鸳鸯及其代表的美好寓意，辽代金银器、陶瓷器、丝织品上也常见鸳鸯图案。

河南博物院藏唐三彩鸳鸯尊也属低温釉陶，与辽代三彩鸳鸯壶相比，其写实性更强，体态更加宽大丰满。器高13.5、长29厘米。鸳鸯为扁嘴长颈，昂首卷尾，两翼贴身，背部有椭圆形口。通体施三彩，釉色斑驳绚烂但不艳丽，没有辽三彩那样绚丽耀眼。通过这两件器物的对比，可以看出辽三彩与唐三彩的异同，也可以看出辽文化和唐文化之间的传承关系。辽朝虽是契丹族建立的少数民族政权，但辽朝统治者实行开放包容的统治政策，在政治上实行"以国制治契丹，以汉制待汉人"的"因俗而治"政策和"南北面官"制度；在经济上注重发展农耕，大量吸纳中原人口，设立榷场进行贸易，重新恢复和打通了草原丝绸之路；在文化方面积极学习中原文化，兴儒学建孔庙，实行科举制等。这些政策使得辽朝国力日渐强盛，也促进了手工业的发展，表现在陶瓷制造业方面，则是呈现出多种文化因素共同影响的特点。

辽三彩虽然主要是仿照唐三彩烧制，但又具有契丹本民族的特色。在釉色方面，唐三彩虽称为三彩，但实为多彩，釉色有深绿、浅绿、翠绿、黄、白、蓝、茄紫、褐等颜色，且同一件器物釉色相互浸润，烧成后色彩斑斓，富于变化；辽三彩主要有黄、白、绿三种颜色，其他颜色较为少见，且各种釉色之间浸润很少，因釉色素雅、端庄，所以有人称其为"草原色"，这在三彩鸳鸯壶上体现得较为明显。在胎土方面，唐三彩的胎一般使用白色或红色黏土，质地细密坚实，烧制火候比辽三彩高；辽三彩的胎一般为黄沙胎，呈现红褐色、淡红色、黄色或土黄色，质地较细软。在装饰手法方面，唐三彩主要是在白地胎土上使用铅黄、绿、青、蓝、紫等色釉料描绘花纹图案，器物造型丰富，几乎囊括了社会生活中的方方面面；辽三彩的装饰手法主要有印花、划花、贴花、雕花、堆塑等，以小型器物居多。这件三彩鸳鸯壶的花形口使用的就是堆塑手法，在鸳鸯壶模范成型后，再塑造花形口粘接到壶体上。

辽三彩烧制温度一般在 800℃左右，属于低温釉陶器，多为随葬用品。辽代中晚期厚葬之风盛行，许多贵族墓葬中直接随葬金银器和钱币，对市场流通造成了影响。随着统治者下令禁止随葬金银器，辽三彩因其明艳的风格和多样的造型，成为金银器的替代品用于随葬。这也是辽代中晚期墓葬中三彩器大量出现的原因之一。这件三彩鸳鸯壶同样出土于辽墓，作为辽三彩中的精品之作，不仅给世人以美的感受，同时也体现出中原农耕文化与草原游牧文化之间的交流融合，将中华文化的博大精深体现得淋漓尽致。

辽代刻花绿釉鸡冠壶

王艳丽

50

年代：辽代
尺寸：口径 4.3、底径 8.2、高 23 厘米
来源：赤峰市翁牛特旗广德公乡辽墓出土

20 世纪二三十年代，日本考古学者在辽宁省和内蒙古赤峰地区发现了一些鸡冠壶标本，当时称之为"提瓶"。后来日本人山下泰藏据此类壶上端一侧有鸡冠状耳，称其为"鸡冠壶"，进而成为功能相同、形制相近一类壶的统称。其实，辽代鸡冠壶本有属于自己的名字——马盂。《辽史·兵卫志》记载："辽国兵制，凡民年十五以上，五十以下，隶兵籍……人铁甲九事……马盂、秒一斗、秒袋、搭钹伞各一，縻马绳二百尺，皆自备。"可见，马盂是契丹族行军打仗时马上所必须携带的容器。

在陶瓷技术未传入辽地之前，游牧的契丹族可能只是用皮革缝制的壶盛装酒或水。契丹建国后，从中原引进陶瓷技术，开始烧制仿皮囊壶的陶瓷制

辽代刻花绿釉鸡冠壶

品，并创造出数十个品类。这些新器形将中原文化、草原文化和西域文化结合起来，使皮囊壶的使用功能更加趋于合理化。鸡冠壶系模仿皮囊壶烧制而成，装饰形式有刻划、雕塑、模印、剔地等多种，釉色丰富多彩，极具契丹民族特色，是辽代陶瓷艺术精品。后来由于契丹生活方式的多元化，鸡冠壶的器形出现了许多变体，不再是单一的马背上的生活用品，特别是大量带有提梁的鸡冠壶，也不便于马上携带，而是定居生活用品。鸡冠壶在辽墓出土器物中占有很大比例，出土地点主要集中在内蒙古、辽宁和河北一带契丹族生活过的地方。鸡冠壶是辽代特有的器形，除陶瓷质地外，还有木、皮、金属等质地。

鸡冠壶主要用于储存酒、水和奶。辽代大量墓葬壁画中，出现有鸡冠壶的身影。例如辽宁朝阳耿延毅墓的壁画中绘有一件单孔鸡冠壶，旁边是手捧海棠花式长盘和高领罐侍宴的奴仆，充分印证了鸡冠壶是当时人们日常的生活用器。此外，还发现有个别用作随葬明器和礼器的鸡冠壶。鸡冠壶式样较多，不同时期器形不尽相同。根据形体差异，可将其大体分为穿孔式和提梁式两大类，其中穿孔式包括扁身单孔式、扁身双孔式，提梁式包括扁身环梁式、圆身环梁式和矮身横梁式。鸡冠壶年代的早晚，通常以壶身所保留的皮囊容器特点的多少来区分。

赤峰博物馆收藏的这件刻花绿釉鸡冠壶，系 1965 年出土于赤峰市翁牛特旗广德公乡辽墓。该壶造型浑厚古朴，制作精良。胎质细腻坚硬，烧制火候较高。器身通施绿釉，釉层较厚，釉面莹润光亮。壶口偏于一侧，管状直流，唇部微外侈；肩部有两穿孔及细腻的仿皮囊针脚线，肩部与壶身连接处饰有连弧纹；壶身扁圆，下腹肥大，小平底，腹部两侧及正面共饰三个圆形内刻连弧纹的皮球纹。此器容量较大，口小，盛放液体不易洒落。

绿釉是辽代鸡冠壶中最为常见的釉色，它以铜为着色剂，以铝化合物为基本助熔剂，是辽代传统釉色之一。随着辽代陶瓷烧制技术的提高，鸡冠壶的式样也越来越丰富，壶身装饰愈加美观，釉色鲜艳，有绿、白、黄、褐、茶末绿、三彩等釉色。其中，绿釉最多，白釉、黄釉次之，褐釉、三彩釉、茶末绿釉少见。

从鸡冠壶的分类上看，这件绿釉鸡冠壶属穿孔式。穿孔式鸡冠壶的孔是为了便于马上携带、捆扎而设计的，后来由单孔逐渐演变为双孔，更加突显了它实用性的特点。因为与单孔鸡冠壶相比，双孔鸡冠壶体形长方，体态较高，系于马上便于固定，前后两孔相同且靠近，受力均衡而稳定，结实而耐用，更加适合日常游牧生活使用。从器形上看，这件鸡冠壶小口，上扁下圆，肩部有细腻的仿皮囊针脚线，与契丹早期皮囊壶器形极为相似。这件鸡冠壶的器形体现了辽代早期鸡冠壶的特点，是辽代早期瓷器产品。

随着辽朝建立后契丹族生活方式的转变，穿孔式鸡冠壶逐渐衰落，提梁式鸡冠壶的数量明显增多，到了辽代晚期鸡冠壶仅保留了提梁式一种。此时鸡冠壶的形制由矮胖扁圆向扁身瘦高发展，最大直径由腹中部下调至腹下部，下方多带有圈足，更加适合定居生活使用，在装饰上更加趋于完美。辽代中晚期，大多数鸡冠壶在装饰上已不见皮扣和皮革缝线等纹饰，代之以中原式的牡丹、卷草等图案，壶体上部还增加了龙、猴、人物等中原式贴塑。可见，辽代中晚期鸡冠壶在造型、装饰方面，更多采用了中原式陶瓷的装饰手法，开始带有中原文化风格，这是契丹族积极吸收中原文化并与本民族文化完美融合的典范。随着辽朝的灭亡，盛极一时的鸡冠壶也随之消失了。

辽代鎏金錾刻凤形银钗

孙雪江

　　这件辽代鎏金錾刻凤形银钗由钗首和钗铤两部分组成。钗首为凤凰立于云朵之上，凤凰昂首挺胸，圆眼凸起直视远方，双翅舒展长尾飘逸，作展翅欲飞状；钗铤顶端卷成喇叭状圆筒与钗首的云朵托拼插组合。钗制作精美、构思巧妙，是一件弥足珍贵的辽代凤形饰品。

　　自古至今，发饰在人们生活中扮演着重要的角色。笄就是一种最古老的发饰，早在新石器时代的遗址中就有出土。《说文解字》称："笄，簪也。"最初人们为了固定头发，使用发簪盘发，后来在簪的基础上又演化出了钗。钗与簪的用途相似，但制作略有差异，簪为单股铤，而钗为双股铤。发钗约在西汉晚期开始普及，此后便成为中国古代女性常见发饰，深受历代女性青睐。

辽代鎏金錾刻凤形银钗

古代的发钗形式多样、花饰繁缛，常在钗首錾刻或点缀垂饰，最常见的是花形和凤形。凤是华夏民族最重要的装饰题材，象征吉祥、富贵。《说文·鸟部》记载："凤，神鸟也。天老曰：'凤之象也，鸿前麟后、蛇颈鱼尾、鹳颡鸳思、龙文虎背、燕颔鸡喙，五色备举……'"凤最初作为装饰出现在簪、钗之上是南北朝时期，唐宋之际凤钗开始普遍盛行。唐代凤钗凤体较大且形象完整，多大头、勾喙，凤尾由华丽的阔叶组成，衬以卷云蔓草，雄劲华丽。宋代的凤钗一般凤首较小，多尖喙，温雅而柔和，立体感更强。

辽代凤钗整体特征与唐代较为相似，凤首大、圆眼、勾喙、头上有灵芝状凤冠、颈项大幅度弯曲、三四根长翎尾。辽代墓葬中出土簪、钗的数量很少，凤形簪、钗则更为少见，说明这类发饰在契丹社会中并不流行，也很少使用，这应与契丹人的文化传统和生活习俗有关。契丹社会男子髡发、女子辫发，发辫都下垂于脑后。因为妇女没有梳髻的传统，所以无处承插簪、钗等饰品，加之契丹是草原上的游牧民族，早期过着四时游猎的生活，并不适于头上插戴首饰，即便是契丹建国以后转入定居生活，仍保留着很多本民族的传统文化习俗，妇女也有髡发习俗。考古发现，辽代的几座皇族大墓如吐尔基山辽墓、陈国公主与驸马合葬墓、耶律羽之夫妇合葬墓等中都没有簪或钗出土，可见契丹贵族并不崇尚簪、钗之饰。而在其他辽代墓葬或窖藏中，簪、钗也少有发现。即便在辽墓壁画中偶有插戴簪、钗的女子，也多为辽代汉地女子的妆容。因此，通过对这件鎏金錾刻凤形银钗的造型、材质及工艺分析，推测其应是辽代贵族中汉族女性的发髻饰品。

凤鸟造型的簪、钗头饰虽在契丹社会生活中并不多见，但凤鸟的形象在辽代却是一种较为常见的装饰纹样，在辽代金银器、陶瓷器和丝织品上都有出现，足见凤鸟纹饰在辽代上层社会还是非常受欢迎的。

辽代金银器多为贵族生活用品，象征其独有的身份和权力。金银器制作工艺也达到了较高的水平。这件凤形银钗使用的鎏金工艺就是辽代金银器常用的制作工艺。鎏金是用水银将金丝或金片溶解，制成金泥后涂抹于器物表面，再加热烘烤使水银蒸发，金涂层便附着在器物表面。鎏金工艺发源于春秋末期，此后一直应用于小器物装饰。该器物最精彩的制作工艺是錾刻，这是契丹工匠借鉴唐代錾刻技艺发展形成的成熟技术。工匠将提炼出来的金银块打成金银片，再在金银片下放置模具，进而将图形捶打錾刻出来。凤形银

钗首

钗上细微的羽毛、尾翼就是通过錾刻工艺来实现的，凤鸟的形象因此更加生动立体。此外，这件器物还使用了模冲、焊接等金银器制作工艺，模冲工艺是辽代金银首饰比较常用的技艺，将金银加热软化后直接在模具上冲压，模冲成形后进行焊接。可以说，辽代鎏金錾刻凤形银钗的制作将契丹匠人高超娴熟的技艺展现得淋漓尽致。

辽建国初期，辽太祖耶律阿保机非常重视汉族文化，重用汉族学者，辽太宗时期还正式袭用汉官制，加之唐代晚期河北地区汉人大量流入辽地，使汉文化对辽代的文化生活产生了巨大影响。而辽与宋处在同一历史时期，经济文化本就互有影响，尤其是双方签订"澶渊之盟"后，两国来往日渐频繁，两国互赠礼物，如金银器皿、马鞍等，并开展互市贸易，使汉文化不断渗透到契丹人的思想文化和日常生活中。同时，契丹工匠也会将草原民族的大气之风巧妙地融入金银器的制作之中。可以说，辽代的金银器既融入了唐文化元素，又借鉴了宋的先进技术，并有所创新，将以上与反映本民族游牧生活习俗的各种器形融为一体，形成了具有辽代特色的金银器风格。

辽代鎏金錾刻凤形银钗作为辽代金银饰品的代表之作，既展现了北方草原民族高超的技艺水平，也表达了人们对美好生活的向往和对幸福吉祥的期盼，彰显了多元共存、包容发展的民族文化。

金银为面　事死如生

辽代捶揲铜覆面

52　年代：辽代
尺寸：宽 21.4、长 29 厘米
来源：赤峰市征集

张小明

　　这件辽代铜覆面呈长方脸型，高鼻梁，嘴微张，腮两边各钻有一小孔，用于穿系固定，双目微睁，以薄铜片捶揲制成。其除"覆面"之名外，还有"面衣""面罩""面具"等称谓，是一种辽代特有的丧葬习俗的文化产物。

　　辽代墓葬考古中已发现大量金银等材质的金属面具，结合文献记载，可以明确其为死者覆面。除金属覆面外，还有同属覆尸仪物的金属网络。刘冰在《试论辽代葬俗中的金属面具及相关问题》一文中指出："为了防止遗骨的失落，当时可能采取一定的措施，如用绳结网，或用渔网罩于尸上，到辽中期时演变成金属网络同金属面具成套使用。"这种现象反映了辽代金属殡葬的历史。

辽代捶揲铜覆面

辽墓出土的覆面在形制与制作方法上具有一致性。大多数覆面是按照死者的肖像来制作的，多呈闭目状。覆面的质地有金、银、铜、铁等，还有银、铜鎏金。制作方法除传统锻造外，还有捶揲等工艺。"捶揲法"又称"打作法"，为利用部分金属质地较柔软，延展性较强的特点，经过长时间、多次捶打成形。

金属殡葬的葬俗是契丹民族与中原丧葬习俗相互融合的结果。契丹早期实行树葬，而不修建坟冢，反映出契丹早期社会处于渔猎经济状态，文化生活水平与其生产力水平相适应。至耶律阿保机建国以后，契丹大量吸收中原汉文化，包括中原墓葬中的墓地、墓室结构、壁画、小帐等丧葬习俗逐渐被契丹所学习、接纳，并融入本民族文化，辽墓中发现的覆尸小帐、彩绘木棺等就是最好的例证。

中国古代社会就入葬地点而言有归葬（归葬祖茔）、权葬（埋葬在祖茔之外的地方）和迁厝（埋葬祖茔之外又回归祖茔）三种形式。在辽代社会中，权葬现象非常普遍，如辽太祖天显元年（926年）七月去世，九月权葬于祖州，天显二年（927年）八月葬于陵墓；此外，辽庆陵发现的兴宗两位皇子和皇妃的两座合葬墓也有权葬的记载。由此可见，权葬从逝者逝去到下葬陵寝需要漫长的时间，前提便需要保存好逝者的尸体，以便搬运、祭祀等。因此，以金属为面、网络为衣的契丹葬俗也就应运而生。陈永志在《契丹史若干问题研究》书中谈道："加之契丹人死后一般不用棺，而多盛行木作小帐，直接暴露尸体，于是'以金属为面具、铜丝络其手足'的葬俗由此产生。"

同时，这种葬俗也是契丹祖灵崇拜文化的反映。契丹社会祖灵崇拜的宗教意识非常强，如祭祀木叶山、祖陵等。金属覆面保护了死者面部，也具有使先人形不散、神不离的象征意义。

仔细观察这件金属覆面的形制，它与人的五官面貌完全一致，可以判定其为仿照死者生前面貌所制。通常，男式覆面轮廓粗犷，耳朵位置靠后，眼睛和嘴唇紧闭，颧骨凸出，表情威严、凝重；女式覆面脸型微圆，眉毛弯弯，耳朵立起前张，眼帘低垂，嘴唇闭合，略带笑容，表情安宁。

契丹族很巧妙地将干尸技术与金属面具、金属网络结合起来，形成独有的丧葬风俗。据考古资料显示，目前发现金属面具及金属网络衣的辽墓达

60 余处，如内蒙古乌兰察布市察右前旗豪欠营 6 号墓发现的完整鎏金面具和铜丝网络、内蒙古通辽市奈曼旗陈国公主驸马合葬墓的两套黄金面具和银丝网络。这些墓中有的仅有面具无网络，有的仅有网络无面具，亦有成套出现的情况，反映出墓主社会等级、身份地位的不同。

这件辽代金属覆面反映了契丹独特的金属殡葬习俗。从文化溯源来看，它既有本民族的文化特征，又有外来文化的影响。从功能特征来看，它是保护死者面部的护具，是魂魄观念的一种反映。这让我们从中窥见契丹民族的文化特色。

身份地位之象征

辽代水晶骨朵

53

年代：辽代
尺寸：直径 5.4、孔径 1.3、高 5.1 厘米
来源：赤峰市克什克腾旗二八地辽墓出土

贾秀梅

　　这件水晶骨朵于 1966 年在赤峰市克什克腾旗二八地辽墓出土，整体造型为扁球状多棱体，上面磨出五边形的棱面，中间钻有一孔，用来安插木柄。光线经多棱形镜面体折射出丰富变幻的色彩，非常精致美观。现出土的辽代骨朵多为石、铁、铜等材质，水晶材质较为少见，所以此件骨朵非常珍贵，为馆藏精品文物之一。

辽代水晶骨朵

　　骨朵，在中国古代最初是一种兵器。虽然"骨朵"一词在北宋时期才见于史料，但其作为一种兵器却有着悠久的历史。根据考古发掘资料可知，其应起源于新石器时代，是史前人类狩猎时所使用的一种环状石器或棍棒头。随着社会的发展，氏族部落之间为了争夺食物、领地、财产等不断发生冲突和战争，这种狩猎用具逐渐演变为一种兵器，并出现了瓜棱形、蒺藜形、星形、锤斧形等多种形制，实用性、杀伤力也随之增强。进入青铜时代以后，随着青铜器的广泛使用，这种环状石器在殷周之际演变成殳，真正意义上成为金属骨朵的雏形。之后又经过春秋战国秦汉等不同历史时期的发展演变，中原地区的殳作为兵器逐渐被更为先进的矛、戈等取代，因而变为礼仪仪仗用具，如汉代史书上记载的"金吾"。而在中国北方草原地区，殳逐渐被北方草原游牧民族所吸收利用，并与本民族的生产生活方式相融合，如匈奴、

东胡等民族就广泛使用蒺藜形骨朵，骨朵的使用范围不断扩大。而关于"骨朵"一词的来源，很多学者研究认为它很有可能是匈奴语词的音译。在这之后经过一段时间的发展演变，最终形成了辽宋时期的骨朵。

目前考古发掘中出土的骨朵实物很多，其中以辽代的最多，也最具特色。赤峰博物馆就藏有多件骨朵实物，除了本文提到的水晶骨朵外，还有一件长柄瓜棱形铁骨朵和多件石质骨朵。此外，在辽墓壁画中也常见手持骨朵的侍卫形象，赤峰博物馆藏《辽代着红衫侍卫壁画》即是典型代表。在《辽史》《宋史》等史料中关于骨朵的记载也很多，说明辽宋时期是骨朵发展的一个高峰期。

为什么在辽代骨朵能被广泛使用呢？探其原因，还要从契丹游牧民族的习性说起。契丹族在建立国家之前主要以渔猎获取食物。《契丹国志》载："又好以铜及石为槌，以击兔。"这里所说的"槌"，研究推测就是骨朵，所以骨朵也是契丹人的一种渔猎工具。此外，在契丹人迁徙游猎的过程中，骨朵还可以作为疲乏休息时依靠的用具。库伦壁画 1 号墓墓道南壁出行图便描绘一名契丹男子旅途劳顿，双手把扶骨朵，低头假寐的样子。可见契丹建国后，骨朵的使用功能进一步扩大，并在社会生活中发挥着重要的作用，成为契丹族彰显民族文化的一个标志。

根据目前考古发掘成果及相关历史文献记载，骨朵按照形制主要可以分为三大类。第一类为蒺藜骨朵。这种形制的骨朵一般首部有尖锐的棘刺或者凸出的乳丁，呈放射状，是一种杀伤力极强的锤击类兵器，主要在战争中使用。第二类为蒜头骨朵，又名"朱蒜""铁瓜"。此类骨朵的首部主要有棱柱状和蒜瓣状两种，其中蒜瓣状骨朵居多，有长圆和椭圆等形制，此件水晶骨朵即属于这种类型。第三类为沙袋骨朵。此类骨朵的器首一般呈球状，部分球体表面会装饰简单的纹饰。这类骨朵来源于契丹人的刑具沙袋，赤峰市阿鲁科尔沁旗博物馆就藏有一枚球体表面光滑，通体做穿銎的沙袋骨朵。

辽代骨朵主要有三种用途。一是作为常见的兵器出现。如《辽史》卷三四《兵卫志上》载："每正军一名……人铁甲九事……长短枪、骨朵……皆自备。"作为兵器，最常使用的是蒺藜骨朵，它具有很强的杀伤力。契丹作为马背上的民族，骑马打仗需要有便利的兵器，骨朵长柄大头的形制可以插挂在士兵腰间，拿握取出方便，所以受到喜爱，是契丹人最常用的兵器之一。二是作为刑具使用。《辽史》卷六一《刑法志上》载："杖刑自五十至三百……又有木剑、大棒、铁骨朵之法……铁骨朵之数，或五，或七。"有学者研究认为，一般使用"木剑"或者"铁骨朵"施加刑法的多是辽朝贵族或者重臣，会象征性地击打五或七下，旨在警告。辽宁省鞍山市白家堡子辽墓壁画中就描绘有一名侍吏手持骨朵施刑的场景。三是作为仪仗用具使用，通常为蒜头骨朵。辽墓壁画出行仪仗图中骨朵出现的次数是极高的，作为仪仗中的必备之物，骨朵与旗、鼓、伞、长剑等一同组成辽代仪仗阵容以突显权力的神威，这与中原王朝仪仗中所使用的刀、枪、钺等兵器阵列如出一辙。

此件水晶骨朵的用途，与上述提及的三类明显不同，应属于一种手持的具有象征意义的礼仪用具。在辽代，水晶并不是本地所产之物，多来源于中亚、西亚，属于稀缺珍贵之物，所以将水晶制成骨朵，并且制作工艺如此精湛，表明克什克腾旗二八地辽墓墓主人的身份非同一般。在赤峰地区也曾出土过玉质、瓷质骨朵，它们与本文介绍的水晶骨朵一样，均应是象征性的礼仪用具，是身份地位的一种象征。

花纹出胎骨　天然去雕饰

辽代绞胎瓷碗

54

年代：辽代
尺寸：口径 10.8、足径 4.3、高 3.5 厘米
来源：赤峰市翁牛特旗高日苏苏木浩力图
　　　嘎查辽墓出土

杨　妹

　　1960 年，赤峰市翁牛特旗高日苏苏木浩力图嘎查辽墓出土了一件绞胎瓷碗。此碗敞口、宽平沿、敛壁、圈足，口与足露白色胎，腹部绞胎，白褐色花纹，口沿和腹部有裂纹。该碗用白色和褐色两种色调的瓷土相间揉和在一起，然后制坯成型，经施釉烧制后，形成了白褐色花纹，线条流畅，绞胎纹精美。瓷碗的胎质坚硬，细腻规整，瓷化程度很高，具有较高的艺术与研究价值。

　　古代陶瓷器品类繁多，名窑林立，争奇斗艳，在其发展过程中借鉴了很多其他艺术门类的修饰技艺，与自身特点相互融合，形成了自成一格的陶瓷品类。绞胎瓷器就是借鉴漆器工艺而形成的新陶瓷工艺，属于较为特殊的品种。它的制作工艺繁复，因此数量有限。

　　绞胎，也称"搅胎""绞泥"，我国北方民间称之为"透花瓷"。绞胎工艺最早出现在唐代，属于贵族日用品，它借鉴漆器犀皮工艺，运用胎体色

辽代绞胎瓷碗

辽代绞胎瓷碗

差相揉，形成花纹图案。

　　唐代绞胎瓷器的釉料多以低温釉为主，于瓷胎表面修饰出纹饰，主要为回纹、乱纹。至宋代，绞胎瓷器以其独特的纹理结构和色彩变化在宋代陶瓷产品中独树一帜，其发展进入繁盛期，以河南当阳峪窑绞胎瓷为代表。该窑所出绞胎瓷器精美别致、工艺完善。绞胎泥色有白、褐、黑三种，有白、黑二色相绞，也有白、褐、黑三色相绞，形成多种花纹，包括点状纹、编织纹、水波纹、麦穗纹、回纹、鳞纹、菱形纹、木理纹、鸟羽纹、云纹等，有的如老树缠绕、盘根错节，有的如层山叠嶂、起伏不定，构思奇巧，变化万千。绞胎瓷器的胎体成型方式有三种，即拉坯成型、捏塑成型、模具成型。拉坯成型是指将泥料放在轮车上，随着轮车旋转，将泥料拉成想要的大小，可以在旋转过程中随着手部动作的不同形成不同的纹饰；捏塑成型是指把各种颜色的泥料进行切割、拼接、拍打，根据需要的形状进行捏造，形成纹饰；模具成型是指根据模具形状将泥料进行压制。此件绞胎瓷碗从年代、纹饰和形制上看，应属拉坯成型。就年代而言，辽代制作瓷器通常采用轮制拉坯成型；就纹饰而言，整件器物的羽毛纹饰精细规律，纹样形状大小基本相同，均匀地排布在碗腹部外壁、内壁和底部，像是泥料随轮车旋转而形成的纹饰。施釉是绞胎瓷成型的必要步骤，可以保护瓷器胎体及其装饰。此件绞胎瓷碗施的是透明釉，施釉烧制后，白褐色花纹清晰可见，线条顺畅。

赤峰地区的辽墓和元墓中均有绞胎瓷器出土，馆藏辽代绞胎碗和元代绞胎高足杯等都是其中精品。目前，赤峰地区尚未发现辽金元时期烧造绞胎瓷的窑场，馆藏的绞胎瓷从烧造工艺、造型、胎釉、纹饰等看，当属河南当阳峪窑系烧造，是宋元时期互市而来，可谓中原与北方草原文化交流的实物例证。随着朝代更迭，北方中原地区大批窑工因战乱而逃涌入南方，致使南方制瓷业兴盛起来，绞胎瓷器的制作工艺逐渐失传，被其他瓷器品种所取代。

绞胎瓷是世界陶瓷之林的神妙之花。行云流水、变换无穷的绞胎瓷纹饰与胎俱来，馆藏的这件辽代绞胎瓷碗就是绞胎瓷表里如一特点的完美诠释。

辽代绿釉模印鹿凤纹瓷枕

55

年代：辽代

尺寸：枕面长 25、枕面宽 8、底长 14.2、通高 11.6 厘米

来源：赤峰市敖汉旗公爷府出土

张小明

《说文解字》称："枕，卧所荐首者。"枕头是人们起居生活的重要卧具。这件辽代绿釉模印鹿凤纹瓷枕为粉红色陶胎，通体施绿釉。枕面素面，轮廓呈弧形。枕座正面模印牡丹和双飞凤图案，两侧面模印云朵和长角鹿图案，其中鹿的脊背上还装饰有羽状飞翼，两侧面各有一气孔。枕整体呈元宝形。

刘辉在《宋元陶瓷枕的考古学研究》论文中写道："我国陶瓷枕自出现以来，经唐五代、历宋元、至明清。在漫长的历史长河中，唐五代和宋元当属于陶瓷枕发展的重要阶段，前者是陶瓷枕方兴未艾、日益流行的发轫时期，后者系陶瓷枕风靡一时、由盛转衰的关键进程。"瓷枕最先烧制于隋代，大量生产于唐代，并逐渐成为人们喜爱的枕物用具。两宋及辽金元时期，瓷

辽代绿釉模印鹿凤纹瓷枕

枕的发展进入了繁荣期，产地遍及南北，造型丰富，制作细腻，成为人们生活中的常见用品。

根据目前我国的考古学资料看，枕头材质主要分为硬质与软质两大类，受到生产力水平、地域环境等因素影响。硬质枕头如玉石枕、陶瓷枕、木藤竹枕、金银器枕等。软质枕头包括丝绸、布帛类枕，皮革枕等。瓷枕发现数量最多，历史时期跨度最长，融合了软、硬质枕的优点，但因其保温性较差，适用范围主要在中原以及南方气候温和或炎热的地区。

随着瓷枕的发展，造型和装饰图案逐渐多样化。造型主要有长方形、多边形、元宝形、马鞍形、银锭形、建筑雕塑类型、动物形、人物形等。纹饰题材多寓意富贵吉祥，如河北邯郸出土的元代"漳滨逸人制"白底黑花瓷枕、河北磁县观台镇出土的金代戳印荷花的白地黑花瓷枕等。

在内蒙古赤峰地区，古人应多使用保温性好的软质皮革类枕，但由于不易保存，这类材质的枕头遗留不多，反而是瓷枕更多见。辽代瓷枕无论是造型还是装饰风格，既承袭了中原地区的文化特征，又保留了自身的文化因素。

这件绿釉模印鹿凤纹瓷枕整体呈元宝形，中间低两端高，枕面上无纹饰。其造型吸收了唐宋瓷枕特征，弧线形枕面增加舒适性；单色绿釉生机自然，是契丹人所喜爱的草原之色；侧面雕绘牡丹、双凤、云朵、鹿纹等，均为辽代器物常见纹饰。牡丹在辽代陶瓷器、金属器、丝织品均可见到，鹿更是与契丹人生活息息相关的动物。

辽代瓷枕是契丹本土文化与中原陶瓷文化相互结合创造出来的文化结晶。瓷枕自隋朝始创，到辽代出现富有契丹民族风格特征的瓷枕，展现了瓷枕在历史进程中的不断演变与发展。

颈间的华丽

辽代璎珞

王　迪

56

年代：辽代
尺寸：玛瑙管长约 4、宽约 2 厘米
来源：赤峰市出土

　　这件璎珞由玛瑙管、金属镂空球、心形坠饰、T 形坠饰串组而成。2 件坠饰均为白玉质地，光滑润泽，大小相当，雕琢精致，上部有横向的柱形穿孔，是辽代璎珞组件中常见的坠饰类型。在辽代，璎珞是非常受贵族欢迎的一种装饰物，无论男女，都喜欢佩戴。由于部分串饰缺失，这件璎珞比实际璎珞的尺寸要短。

　　璎珞，是一种由珠玉或花等物编缀而成的装饰物，原本流行于古代南亚次大陆贵族社会，可以佩戴在头部、颈部、手臂等处，在佛教产生之后成为佛像上的装饰。"璎珞"的名称是从这种饰物的梵文音译"枳由罗""吉由罗"转化而来。

　　佛教中的璎珞在南北朝时期已进入世俗生活，成为现实生活中的一种装饰物。至辽代，璎珞更是上层社会非常流行的颈间装饰，这一点可以从辽墓考古发现得到有力的证实。就目前出土的辽代璎珞来看，其形制有单股和多股之分，上面穿缀水晶、玛瑙、琥珀质地的珠状饰、管状饰、T 形坠饰、心形坠饰以及镂空金属球等。在辽代墓葬中，璎珞是贵族常见的随葬物，且数量比较可观。著名的吐尔基山辽墓和耶律羽之墓出土了辽代早期璎珞，为研究早期璎珞形制提供了参考。吐尔基山辽墓中发现玛瑙璎珞和玛瑙水晶璎珞各一组，由玛瑙管，镂空金属球，金属 T 形、心形坠饰等组成；耶律羽之墓中发现玛瑙璎珞和琥珀璎珞，组件包括 T 形、心形坠饰，水晶珠等。辽中期最惊艳的璎珞饰件是在陈国公主和驸马合葬墓中发现的，陈国公主和驸马各佩戴有一套豪华的琥珀璎珞。公主所戴璎珞由 300 多个组件穿缀而成，包括琥珀浮雕饰件、琥珀珠、琥珀 T 形与心形坠饰等，十分华丽。驸马的璎珞与公主的形制相当，组件为琥珀珠、T 形与心形坠饰、琥珀佩饰等。辽代

辽代璎珞

晚期墓葬中的璎珞数量不及早期、中期，但是或多或少也有作为组件的各式琥珀珠或其他材质的珠饰被发现。

　　辽代璎珞作为颈间装饰，一般被制作得又长又大，并不适合日常生活中佩戴，应是在一些重要的庆典场合中佩戴，作为贵族身份地位的象征。璎珞在辽代如此流行的一个重要原因就是当时佛教盛行。契丹族原本信奉萨满教，建国后受到中原文化的影响而转为崇信佛教。统治者对佛教采取支持、保护的政策，从辽太祖耶律阿保机时期开始，就建造寺院、施舍僧人。大辽五京之间，塔寺林立，梵音相闻。佛教在辽境内得到蓬勃发展，以至于上至皇亲国戚，下至黎民百姓，崇佛礼佛，笃信甚深。受佛教思想文化的影响，当时人有的以佛号作为名字，如辽代圣宗皇帝小字文殊奴，道宗宣懿皇后萧氏小字观音等。"僧、佛、观音、菩萨"等字都在契丹人的名字里出现过。在审美装饰方面，辽代妇女非常流行的妆容之一就是"佛妆"，配饰则是佩戴璎珞。可见佛教的兴盛对当时人们的世俗生活产生了深远影响。

　　赤峰博物馆这件璎珞的用料主要是玛瑙和白玉。制作璎珞的原材料有的产自中国，很多则是从西方经辽代草原丝绸之路贸易而来。这条著名的商道起始于辽上京，打通了辽与当时中西亚地区的交流通道，朝贡的使者、经商的商队往来不绝，琥珀、玛瑙、香料、犀角等产品自西而来，瓷器、绫罗、马备等从东而去，促进了辽代商贸的发展。辽代草原丝绸之路既是当时重要的商业通道，同时也成为中西方政治、经济、文化交流的桥梁。

这件璎珞上的白玉T形和心形坠饰，是辽代璎珞组件中经常见到的形制。这两种坠饰上面都有像鼓一样的横向柱形穿孔，T形饰的下部呈管柱状，心形饰的下部呈心状，因此也有管形器、丁字形器、鸡心形器、吊锤形器等称谓。许晓东在《辽代玉器研究》一书中提及T形和心形坠饰："这种极具契丹族特色的饰物，其中所包含的意义尚不知晓。但从其用料的考究，装饰的华美以及仅限于高级贵族使用的情况看，应当是当时极其珍贵之物。"有学者认为T形和心形坠饰的造型源于契丹人使用的两种武器——骨朵和布鲁。骨朵的外形一般是顶端有圆头的棍棒，布鲁的头多为心形，将这两种武器的造型简化为T形和心形坠饰，类似于"五兵佩"（上面有斧、戟等兵器形状坠饰的颈饰，与佛教有一定关系）。也有学者认为T形和心形坠饰作为璎珞的组件，同样和佛教密切相关。T形坠的原型可能是辽代收藏佛教经卷的经塔，也叫法舍利塔，T形坠是抽象化的法舍利塔形象。在赤峰市巴林右旗辽代庆州白塔的天宫中，出土了不少彩绘柏木法舍利塔，整体形象是底大上小的圆柱体。另外，辽宁朝阳北塔博物馆收藏一件金银经塔，其形象和T形坠看起来更为相似。心形坠的原型可能是未绽放的莲花花苞。莲花与佛教关系不言而喻，佛经记载佛祖诞生之后走了七步，步步生莲，莲花象征佛的诞生，也是佛教中的吉花，在与佛教相关的地方随处可见莲花的形象。璎珞本身就是源自佛教的一种装饰，加之辽代对佛教的推崇，T形和心形坠饰的造型来源于经塔和莲花，相对而言更为可信。多数情况下，T形和心形坠饰，材质除了玉，还有金、水晶等，二者往往成对出现，与璎珞的其他各种珠饰穿缀起来，垂于胸前，在对称中又展现了不均衡之美。

三彩八方聚书墨

57　　年代：辽代
尺寸：砚面直径 14.6、洗面直径
14.8、高 6.5 厘米
来源：赤峰博物馆旧藏

辽代三彩印花八方砚洗

张小明

　　这件辽代三彩印花八方砚洗，呈八棱体形，由顶面砚和底面洗两部分组成，因此具有砚台和笔洗的双重功能。砚池斜凹，饰有菊花、水波纹。砚面边缘处有一不施釉的部分，为研墨处。其余边缘即砚额，模印八组菊花纹饰。砚洗通体施黄、白、绿三彩，底面凹陷的洗内壁施黄釉。这件三彩八方砚洗是辽代三彩工艺与辽代制砚技术交融的产物，既代表了辽三彩的成熟技术，又展现了辽砚的精美特征。

　　辽是我国历史上以契丹族为主体建立的北方少数民族政权，契丹族曾统治中国北方 100 余年，对中华民族多元一体格局、中华文化多元一体的形成与发展作出了突出贡献。政治上的"分而治之""四时捺钵""南北面官制"等制度，将存在于中国北方的农耕与游牧两大经济形态很好地结合起

辽代三彩印花八方砚洗顶面

来，结束了中国北方诸民族长期对抗纷争的无序状态，奠定了中华民族大一统的历史根基。金维诺在《辽代墓葬艺术中的捺钵文化研究》一书序言中写道："契丹是一个开放的民族，建国后最早采取'以国制治契丹，以汉制治汉人'的'一国两制'，将存在于中国北方农耕与游牧两大经济形态完美地结合，从而奠定了我国古代北方民族'万风而归一元'的文化基础，并大量吸收外来文化来丰富自己的文化艺术传统。"

契丹人既吸收和借鉴了中原文化，又根据自身的地域和生活特征，创造了独具特色的辽代陶瓷制品。辽代的陶瓷砚，常见的造型除如同此件砚台的八角形外，还有圆形、簸箕形等。常见釉色除了如同此件器物的三彩釉外，还有绿釉和黄绿釉。三彩釉工艺采用高温素烧继而用低温釉烧的二次烧成法制成，胎上常常使用白色化妆土，色彩明快艳丽。

在辽代，三彩砚是最为主流的釉色，而八角形砚则是三彩砚中最有代表性的砚形。在工艺流程上，首先将其模压成型为八角形，顶面保留有露胎部分用以研墨，并向砚池倾斜凹陷，砚底多为倒置的圆洗。在装饰上，砚面与侧壁压印草木花卉纹或几何纹，釉色多为白釉、黄釉和绿釉等，洗内多素面无纹饰，釉面光滑。其中，纹饰主要以草木类纹饰为主，包括菊花纹、牡丹纹、莲花纹、卷草纹等，而牡丹纹、菊花纹是在辽三彩中运用比较多的两种纹饰。

辽代三彩印花八方砚洗侧面

辽代三彩印花八方砚洗底面

    辽代砚台有中国三大名砚之一的美誉。同时，辽代砚台是辽宁省非物质文化遗产之一。辽代砚台既具备了中原的文化内涵又具有典型的契丹民族风格，尤其在装饰艺术方面，辽代砚台注重装饰刻画，制砚时不惜成本，使得辽代砚台独树一帜。辽代砚台除实用器以外，以辽三彩工艺制成的砚台多为随葬的明器。此外，在辽代墓室壁画上偶尔可以见到辽代砚台的画面，如河北宣化辽墓张匡正墓后室东壁上就绘有带底座的簸箕形砚，生动写实，反映了墓主生前的喜好。

    辽代陶瓷砚在烧造工艺上，深受中原陶瓷文化的影响，并将契丹民族的文化因素赋予其中，是不同文化之间相互交流和融合的智慧结晶。

梵字密言幢

辽大康八年石经幢

58

年代：辽代
尺寸：每面宽 20、顶面径 51、底面径 52、
孔径 12.5、通高 18 厘米
来源：赤峰市宁城县辽中京城遗址附近征集

沙大禹

　　这件辽道宗大康八年（1082 年）石经幢于 2002 年 5 月在赤峰市宁城县辽中京城遗址附近征集，八棱体，每个棱面均刻楷书，每行最多 16 字，总计 355 字，录文如下：

　　　　诸法从缘起如来说是因彼法因缘尽是大沙门说总持无文字文字
显总持（第一面）由般若大悲故以文字显总持犹妙药亦如天甘露能
疗众惑病服者常安乐（第二面）梵字秘章是三世佛母诵持三业净
速证大菩提见本末梵字能灭极重罪（第三面）增无量福智命终生佛
国譬仙灵丹药点铁为金宝受持陀罗尼变凡作贤圣（第四面）皈命尽
十方三世诸三宝我发菩提心为法界有情依经如是建梵字密言幢（第
五面）所集福智聚愿共成佛道大天庆寺前三世殿主悟寂大师赐紫沙
门归如特抽净贿预建梵幢愿资见生（第六面）之遐寿欲荐来世之果
因承兹福佑普及舍灵影覆尘沾齐登觉岸咸雍八年大师自造维大康八
年岁次壬戌七月庚辰朔二十四日癸卯庚时建（第七面）□敬寺主临
坛□□大德尼妹法显门资习经论比丘蕴忠门资习经论比丘蕴祥门资
习经论比丘蕴慈门资广严寺比丘蕴戒门资广严寺讲经律论比丘蕴智
门资崇宝寺尚座净修大德比丘蕴乘门资昭先塔主赐紫沙门蕴才大天
庆寺讲经律悟寂大师赐紫沙门归如（第八面）

　　经幢是由丝绸制作的幢幡演变而来，早期的内容主要为《陀罗尼经》，故称为经幢。辽代时期的经幢主要由幢顶、幢身、基座三部分构成，在材质上已经发展为石质，内容上一般雕刻佛像、佛经以及本寺住持、化募方丈及功德主等名字。本文介绍的石经幢应为幢身的一部分，雕刻文字规整，言语流畅。

　　起首"诸法从缘起，如来说是因，彼法因缘尽，是大沙门说"，大意为："世上一切现象都是因缘分相合而产生的，缘分尽了，所产生的现象也

辽大康八年石经幢

就消失了，这是佛陀所言。"所谓"大沙门"是对佛陀的尊称，因为佛陀是"沙门"中最大者。

接下来，幢文强调了佛教的若干重要法门无时无刻不在显现，尤其在救人苦难的时候，这些重要法门就相当于灵丹妙药，能医治大众的疾苦，信奉者常安乐。"梵字秘密章，是三世佛母，诵持三业净"，告诉世人如何可以快速证得佛果，消除重罪，进而达到增无量福智。如果往生佛国，好像服了灵丹妙药一样，不仅具有点铁为金的能力，还可以由凡人变成圣贤，所以要皈依"十方三世诸三宝"，"我发菩提心"，依照佛法经文建立了"梵字密言幢"。

"咸雍八年（1072年），大师自造"，这是由迷惘而到觉悟的境界。大康八年（1082年），集结了佛教信众的福智，"大天庆寺前三世殿主、悟寂大师、赐紫沙门归如，特抽净贿，预建梵幢"。此石经幢可以"影覆尘沾"，即经幢的影子映到身上，甚至经幢上的灰尘飘落到身上，都可以净除灾殃而得福报。现在的许多学者都认为这是经幢得以诞生以及发展的直接原因。归如和尚连同"□敬寺主、临坛□□大德、尼妹法显，门资、习经论比丘蕴忠，门资、习经论比丘蕴祥，门资、习经论比丘蕴慈，门资、广严寺比丘蕴戒，门资、广严寺讲经律论比丘蕴智，门资、崇宝寺尚座净修大德比丘蕴乘，门资、昭先塔主赐紫沙门蕴才"共同建造了此石经幢。

经幢共记录了9名僧人，分别为归如、法显、蕴忠、蕴祥、蕴慈、蕴戒、蕴智、蕴乘、蕴才，除了法显为女尼，其余都为男性僧人；共记录了4

座佛寺，包括大天庆寺、□敬寺、广严寺、崇宝寺，以及昭先塔。

　　大天庆寺僧人归如是建幢的发起人。该寺在文献中有过记载，宋人陈襄《使辽语录》："七月一日至中京大定府……二日，送伴使副请臣等同游镇国寺，次至大天庆寺，烧香、素食，依例送僧茶绢。"可以看出大天庆寺、镇国寺位于辽中京，规模与影响力很大，经常接待外国使者。镇国寺在《大元大一统志》中有载，位于中京大定府西关。

　　此外，经幢中记录的昭先塔塔主蕴才与□敬寺女尼法显在秦德昌墓志（1990年6月辽宁建平县三家子乡出土）中出现过。志文记秦德昌有三子："长子绥，仕至六宅使。次子蕴才、少子运舻，皆出家为僧。"蕴才是"镇国寺文□门主□□大德"，运舻是"镇国寺诠教大德"。"有二女，次女出家法号园敬，宗敬寺妙行大德。"夫人李氏从"宗敬寺尼临坛大德法显，削染受具，法讳道远"。秦德昌的墓地于大康四年（1078年）进行了迁移，志文称"大康四年四月十八日迁柩于里东桃港而茔之"。可见墓志时间与经幢仅相隔4年。结合经幢与墓志，可知蕴才、运舻在大康四年（1078年）为镇国寺僧人，蕴才至大康八年（1082年）为昭先塔主，昭先塔应为镇国寺的一部分，而运舻在赤峰博物馆藏咸雍元年（1065年）石经幢中记载为"广严寺沙门"，说明是后来投奔其兄蕴才，至镇国寺。

　　经幢中记录的□敬寺女尼法显在志文中记为"宗敬寺尼临坛大德法显"，故"□敬寺"的缺损之字应为"宗"。宗敬寺的位置，也在中京附近。

　　关于崇宝寺，《大元大一统志》有这样的记载："崇宝寺在大定府丰实坊，金皇统二年（1142年）建。"这与大康八年（1082年）石经幢记录的崇宝寺在时间上不符。从位置看，大定府丰实坊没有发生变化，辽中京大定府共设有八坊，丰实坊是其中之一，金皇统二年（1142年）时，这里作为金中京大定府，仍然保留了辽代的坊名。由此推断，崇宝寺的位置就在大定府丰实坊，之所以记载时间不同，可能是由于辽时的崇宝寺已被金军损毁，至皇统二年（1142年）时又在原址进行了复建。

　　至于广严寺，虽无史料记载，但在赤峰博物馆所征集的"辽代广严寺善弘石经幢""辽咸雍元年石经幢"中都有记录，说明广严寺是确切存在的，位置也应在辽中京附近。

辽大安二年石经幢

年代：辽代
尺寸：最宽面宽 18.5、顶面径 47、底面径
48、孔径 12.5、整体高 19.5 厘米
来源：赤峰市宁城县辽中京城遗址附近征集

沙大禹

　　这件辽大安二年（1086 年）石经幢于 2002 年在辽中京遗址附近征集，同时被征集的还有辽广严寺善弘石经幢、辽大康八年（1082 年）石经幢、辽咸雍元年（1065 年）石经幢。这些经幢记录的内容既有互相关联之处，又有各自建幢内容。除了辽广严寺善弘石经幢没有明确记载建幢时间外，其余经幢均有纪年，均为辽道宗时期建造。

　　辽大安二年石经幢共有八个棱面，其中五个棱面只刻有一个梵字。梵文与汉文总计 80 字，录文如下：

　　भ（第一面）ह्रीं（第二面）म（第三面）大大天庆寺东贤圣洞主讲经律护胜大德沙门觉相（第四面）र（第五面）门资善赏门资善规门资善存门资善信门资善恼门资善思（第六面）म（第七面）圆觉奴九圣奴三贤奴七佛奴大安二年岁次丙寅十月乙酉朔十六日庚子建（第八面）

辽大安二年石经幢

这件经幢在内容上记载得比较简单，只记录了建幢的时间及 11 名建幢者，大致意思为"大安二年，大天庆寺、东贤圣洞主、讲经律护胜大德、沙门觉相，连同善赏、善规、善存、善信、善恤、善思、园觉奴、九圣奴、三贤奴、七佛奴，共同建造了此石经幢"。可以看出，觉相和尚徒弟是"善"字辈，参与建幢的有 6 位，均为尚未受"具戒"的沙弥"门资"。最后四位的名字"圆觉奴、九圣奴、三贤奴、七佛奴"，很显然不是法号，应是未取得法号前所用的俗名，即属于尚未"具戒"沙弥的"门资"。

经幢源于古代的幢幡，因最早在丝绸上书写《陀罗尼经》而得名，随后逐渐出现更易保存的石经幢。石经幢一般建在佛寺内，也有一些建在大道及墓地附近，以六棱形、八棱形居多，偶有圆柱形，一般由三部分组成，分别为幢顶、幢身、基座。幢身雕刻经文、僧人、供养人等内容，幢顶和基座雕饰云纹、花卉纹以及佛像、菩萨像等。经幢的整体高度、雕刻内容及精细程度往往反映出佛寺规模大小、建造年代及香火旺盛的程度。本文的石经幢应是幢身的一部分，在赤峰博物馆藏的咸雍元年（1065 年）石经幢中记载"建石幢子一座三级"，如本文经幢也为三级的话，现存这件幢石应是其中一级，其高 19.5 厘米，则整个幢身三级即为 58.5 厘米，再加上幢顶及基座，总高度应该在 1 米以上。

这件经幢的主建者是大天庆寺觉相和尚，且只出现了这一个寺的僧人。大天庆寺在《大元大一统志》中并无记载。赤峰博物馆藏大康八年（1082 年）石经幢的创建者同样来自大天庆寺。此外，《赠僧统大师》中智佶和尚称自己是"大天庆寺"僧，《全辽文·神变加持经释演密钞引文》记有沙门觉苑曾经"提总中京大天庆寺"。宋人陈襄在《使辽语录》中记载："七月一日至中京大定府，少尹大监李庸郊迎，置酒九盏，宿大同馆。二日，送伴使副请臣等同游镇国寺，次至大天庆寺，烧香、素食，依例送僧茶綵。"通过记载可知大天庆寺位于辽中京大定府，规模较大，会接待外国使者。

目前，考古界并没有发现大天庆寺的遗址、遗迹，通过宋人《使辽语录》可知，使臣一天之内先后游览了镇国寺与大天庆寺，推断这两所寺庙距离不会太远。关于镇国寺的位置，《大元大一统志》记载："镇国寺在大定府西关，有铁塔，辽统和三年（985 年）建。"鉴于宋使臣抵达中京大定府后，第一天在城内做客游览，第二天从城内出发到城外，参观镇国寺与大天庆寺，推测大天庆寺也应在城外西南不远处。现辽中京遗址外西南处的半截塔，满足以上条件，并且位于主要道路旁，交通十分便利，很有可能是大天庆寺的所在。

通过辽大安二年（1086 年）石经幢、大康八年（1082 年）石经幢可知，大天庆寺包括三世殿、东圣贤洞。三世殿即在殿内供奉三世佛，一般中间为释迦牟尼佛，左、右为东方药师佛和西方阿弥陀佛。关于圣贤洞，据辽宁锦州义县辽代奉国寺尚存元至正十五年（1355 年）《大奉国寺庄田记》碑记载："义州大奉国寺：七佛殿九间，后法堂九间。正观音阁、东三乘阁、西弥陀阁，四圣贤洞一百二十间……"奉国寺圣贤堂据学者推测位于第一进院落两厢，东西各 60 间，与回廊相连。圣贤堂（洞）一般东西对称布局。本文的幢石虽只记载了东圣贤洞，但大天庆寺一定还有西圣贤洞。

辽代伊德妃银执壶

秦 博

60

年代：辽代
尺寸：腹径 12.2、底径 6.6、高 20.6 厘米
重量：426 克
来源：赤峰市巴林左旗哈拉哈达镇盘羊沟
　　　伊德妃墓出土

2012 年，赤峰博物馆与巴林左旗辽上京博物馆抢救性发掘了后唐妃子伊德妃墓，墓中出土文物 208 件（组），以生活用具居多。出土文物中有一件银执壶，底部刻有"德妃宅"三个字，证明是德妃生前使用的器物。墓中还出土了一方墓志，证明了德妃的身份，为后唐开国皇帝李存勖的妃子伊德妃。结合《后唐书》记载，德妃伊氏，山西汾州人，后唐建立之前已嫁给李存勖，后被封为"燕国夫人"。同光二年（924 年），被立为德妃。926 年，明宗李亶即位，遣散了庄宗后宫，德妃回到汾州。936 年，后唐末帝李从珂派大将张敬达征讨石敬瑭，石敬瑭向契丹皇帝耶律德光请求派兵援助。耶律德光率五万大军南下，助石敬瑭灭后唐，建立后晋。此时，耶律德光将伊德妃带到了辽怀州（今赤峰巴林右旗）。德妃于辽会同五年（942 年）去世，时年六十一岁。

伊德妃墓中出土了一套银茶具，包括残铁釜、龙纹银盒、银执壶、银花口尊、越窑青瓷碗、银盏托、鎏金台盏，以及银钵、银茶匙、银渣斗等，非常珍贵。在这套茶具中，只有银执壶底部有铭文，证明是伊德妃生前喜用之物。银执壶长颈、圆形腹、管状流、扁平执柄，壶流和壶柄焊接在壶身上，底部刻有"德妃宅"三个字。

执壶本是酒具，唐代因对酒的提纯程度不高，杂质偏多，为了防止堵塞，壶流一般很短、宽口。晚唐五代时执壶颈加高，壶流变成较长的曲流，和这件银执壶的特征相符。在多数辽早期反映贵族生活场景的壁画中，执壶经常出现，但多为瓷器，银执壶较为少见。

这套茶具中，还有一件花口尊，与执壶配套使用。花口尊出现于晚唐时期。在辽代多幅饮茶题材的壁画中出现过瓷花口尊。尊外形宽阔，恰好能放置执壶，执壶流位于尊口上方。在尊内注入沸水，作为温水或温酒具，可使执壶保持热度。两件器物组合使用，是辽代《备茶图》中的常见器形。

伊德妃生活在后唐、后晋时期，伊德妃墓属于早期辽墓，结合唐代饮茶方式分析，德妃使用的应还是唐代的饮茶法。盛唐以前流行粥茶法，即将茶叶

与葱、姜、枣、橘皮、茱萸、薄荷一起放在釜中煮，也可称之为"吃茶"。《茶经》问世之后，世人更推崇煎茶法，即茶釜中煮水，茶末往釜心投下，用竹筴搅动，酌入茶碗中饮用。晚唐开始流行点茶法，即在茶瓶中煮水，置茶末于茶盏，再持瓶向盏中注沸水冲茶，虽然过程繁复，但体现出一种饮茶的境界和平静的心态。伊德妃墓出土的茶具包括用于煮茶的残铁釜，盛放花形茶饼的龙纹银盒，饮茶用具鎏金台盏、越窑青瓷碗，倾倒废茶水的银渣斗，以及盛放调料的银钵等器具。

辽代伊德妃银执壶

宋徽宗赵佶《大观茶论》中提到"瓶"，也就是汤瓶、执壶，他认为"瓶宜金银，大小之制，惟所裁给"。宋代点茶之风盛行，文人墨客比较推崇金银制的执壶作为点茶用具。伊德妃生活的辽早期，煎茶法已经逐渐向点茶法演变，不排除辽早期已经有点茶的饮茶方式出现。银执壶既是注水用具，也是点茶中必不可少的用具。

有学者通过对河北宣化辽代张世卿墓壁画《备茶图》上的茶具分析，认为辽中晚期的饮茶习俗受到北宋饮茶方式影响，使用点茶法。宋徽宗《大观茶论》对点茶法有所记载："点茶不一，而调膏继刻，以汤注之，手重筅轻，无粟文蟹眼者，谓之静点面。"蔡襄《茶录》中也载点茶法："钞茶一钱匕，先注汤，调令极匀，又添注之，环回击拂，汤上盏，可四分则止，视其面色鲜明，着盏无水痕谓绝佳。"同时，辽墓中出土的建窑盏也不在少数，与唐代认为越窑青瓷是绝佳的饮茶具不同，宋代认为建窑盏是最佳的点茶和斗茶具。

考古中出土的各类茶具不在少数，然而成套茶具的出土，据公布资料显示，只有陕西扶风法门寺地宫出土的唐僖宗御用茶具，代表了唐代饮茶文化达到的最高境界。伊德妃墓出土的这套银茶具种类基本齐全，为研究辽早期的饮茶文化提供了非常难得的实物资料。

高雅清洁一茶盒

辽代伊德妃龙纹银盒

秦 博

61

年代：辽代
尺寸：口径 21.5、高 15.8 厘米
来源：赤峰市巴林左旗哈拉哈达镇
　　　盘羊沟伊德妃墓出土

辽代伊德妃龙纹银盒

　　伊德妃墓位于赤峰市巴林左旗哈拉哈达镇大西沟村西北山谷盘羊沟，该墓于 2012 年被抢救性发掘，出土文物 208 件（组），其中一套银茶具颇具价值，堪称辽早期饮茶具的代表。该套茶具包括残铁釜、龙纹银盒、银执壶、银花口尊、越窑青瓷碗、银盏托、鎏金台盏以及银钵、银茶匙、银渣斗等。其中的龙纹银盒为五瓣连弧形，盒盖、盒身为子母口，可以扣合。盖正中錾刻一条三爪龙纹，五曲部分共錾刻五只鸳鸯图案。盒边缘饰一圈简化的莲瓣纹加连珠纹。盒身下腹錾刻一周莲叶和蔓草。

　　伊德妃墓出土的一方墓志记载伊德妃在嫁给后唐庄宗李存勖之前"惠敏非常，聪巧难继，妇仪克俭，女德无亏。玉管朱丝，乃得生知之妙，宝刀金尺，咸推神助之奇，而又别蕴智谋，好攻词术，世重幄环之见，时成赋雪之辞"。反映了伊德妃待字闺中时精通琴棋书画，有很高的修养。嫁给李存勖后，初被封为"燕国夫人"，她"出坐鱼轩，入专虎幄，忌管弦而不听，贵示忠规，服澣濯以去奢，潜修阴教，遂致庄皇帝雄图渐炽，霸道弥隆"。可见其成为燕国夫人后，言行更加谨慎，忌管弦，尚简朴，恪守女子教化，辅佐庄宗皇帝。因德行高尚，被封为"德妃"，"由是服拟祎褕，位隆宫显，虔修内则，克保和鸣，嫔嫱共仰于雍柔，尝初能臻于严洁"，更体现了伊德妃的气度和自律。

936 年，后唐末帝李从珂派大将张敬达征讨石敬瑭，石敬瑭向契丹皇帝耶律德光请求派兵援助。耶律德光亲率五万大军南下，助石敬瑭灭后唐，建立后晋。同时，耶律德光将德妃带到了辽怀州（今赤峰巴林右旗）。"……乃将德妃来归上国。于是特修宫苑，俾遂优游厚有，又特令充赡给，降鸿私而迥异，方故国似无殊。"可见即使到了辽地，伊德妃也被给予了优厚的待遇。

伊德妃生活在后唐、后晋时期，晚年在辽地生活，于 942 年去世，此时北宋尚未建立，结合各茶具器形推测，她的饮茶方式仍然是受到晚唐饮茶方式的影响。对于这件龙纹银盒的功用，可考陆羽《茶经》，其中提到了一种制茶饼的模具——规。"规，一曰模，一曰棬。以铁制之，或圆或方或花。"规是用来把茶叶压紧做成茶饼的模具，唐代很讲究成品茶的美观，茶饼的形状有圆形、方形、花形等。该银盒呈五瓣花形，有盖，且制作精致，纹饰精美，推测是贮藏花形茶饼的茶盒。

唐代将茶叶做成"蒸青饼茶"，其制作方法《茶经》有载："晴，采之，蒸之，捣之，拍之，焙之，穿之，封之，茶之干矣。"即在晴好的天气采茶，用甑蒸茶，蒸后放在杵臼中捣碎，将捣碎的茶叶放在方形、圆形、花形模具中拍压成饼，然后将茶饼穿起晾干再保存。这种做法最大限度地保留了茶叶的原味，且便于长久保存。辽时，中原输往契丹的茶叶也多是饼茶，《辽史·礼志》中有记。契丹上层社会还流行一种"团茶"，宋张舜民《画墁录》载："有贵公子使辽，广贮团茶。自尔辽人非团茶不贵也。常以二团易蕃罗一疋。"团茶也是饼茶的一种。

《茶经》中提到刚制成的茶饼用"芘莉"，即竹篾编成的土箩来贮存，可以起到通风防潮的作用，但长久贮存茶饼的茶盒，《茶经》中并未提及。此外，茶饼需要碾成茶末才可煮用，在赤峰地区辽墓中曾出土过辽代茶碾。因此，也不排除该龙纹银盒是盛放茶末的茶盒。

该龙纹银盒为银制。陆羽在提到釜时曾感慨："用银为之，至洁，但涉于侈丽。雅则雅矣，洁则洁矣，若用之恒，而卒归于银也。"成套的银茶具在出土文物中并不多见，结合德妃墓志上所描述的其高雅的生活格调，推测她是喜茶、爱茶之人。

方圆世界黑白间

辽代围棋

王 迪

62

年代：辽代

尺寸：黑棋直径 1.7 ～ 2、厚 0.5 ～ 0.6 厘米；白棋直径 1.9、厚 0.5 厘米；盒口径 10.9 ～ 11.2、高 1.8 厘米

来源：赤峰市翁牛特旗山嘴子乡毛布沟辽墓出土

这套辽代围棋出土于赤峰市翁牛特旗山嘴子乡毛布沟辽墓，黑子为煤精石质地，白子为白石质地，棋子为圆形，边缘微微鼓起，配有铁丝编成的棋盒两个。围棋在辽代社会是非常盛行的一项娱乐活动。创建辽的契丹族虽然是游牧民族，但是建国后受中原文化影响颇深，在文化娱乐方面也不例外，围棋、双陆、叶子戏等源于中原的游艺项目传入后，受到了契丹族的喜爱和推崇。

围棋，起源于中国，历史悠久。关于围棋的发明，都与传说有关，有传尧帝创造出围棋，他的儿子丹朱则擅长围棋；有传是舜帝发明，为了教育儿子商均。围棋的技艺和理论与天文学、数学、军事、哲学等多方面知识相关，是人们长期实践的智慧结晶。

隋唐时期是围棋发展的高峰，唐代上至君王贵胄，下至平民百姓都是围棋运动的参与者。围棋的专官"棋待诏"的设立，体现了统治者对围棋的重视。辽文化受到唐影响很大，《契丹国志》记载契丹贵族"夏月以布易氈帐，籍草围棋、双陆，或深涧张鹰"。此外，从出土的辽代围棋和辽墓壁画中出现的下棋场景，也可以证实围棋在辽代流行范围较广。

在位于赤峰市阿鲁科尔沁旗东沙布日台乡西南的宝山辽墓中，发现了蚌制的围棋子。宝山辽墓中有墨书题记，可知墓主人下葬于辽太祖天赞二年（923 年），距契丹建国仅 16 年，这说明围棋很可能在契丹建国初期就已经流传开来，而其传入契丹的时间应该更早。此后的辽墓中也陆续发现过围棋。辽宁省朝阳市纺织厂辽墓出土有一副玛瑙围棋，黑、白子各 186 枚，是国内少见的保存比较完好的围棋，墓主人常遵化卒于辽圣宗时期。内蒙古敖汉旗白塔子村辽墓中出土有一件刻有围棋棋盘的方桌以及 79 枚黑子、76

辽代围棋

枚白子，墓主人葬于辽道宗大康七年（1081年）。辽宁省锦西县西孤山辽墓中出土有76枚围棋子，墓主人萧孝忠葬于辽道宗大安五年（1089年）。在辽代早、中、晚期的墓葬中，均有围棋的发现，说明辽代围棋的发展从契丹建国一直到灭亡，始终延续。

这套馆藏围棋的出土地赤峰市翁牛特旗毛布沟辽墓，是契丹贵族的一处家族墓地，共发现墓葬四座，从其中一座墓葬中发现了一块写有"故耶律氏铭石"的墓志。耶律是契丹的皇族姓氏，由此可知墓主人的身份地位应该很高。这套棋子是用白石和煤精石精细打磨出来的，表面光滑。盛装棋子的铁编棋盒，做工精湛，棋盒中间的铁网采用掐丝编织技艺将铁丝编缀成细密的网络，上、下边缘的铁丝和中间的铁丝网络粗细不同，可能是用焊接技术将边缘粗铁丝和铁丝网连在一起。这些精致的棋子、制作讲究的铁编棋盒可以反映出墓主人生前的地位。

除了围棋出土物，在一些辽墓壁画上也有关于辽人对弈场景的描绘。

1974 年，辽宁省法库叶茂台圣迹山 7 号辽墓中发现了两幅绢画，其中一幅描绘了掩映在山峰松柏之中的楼阁前，有两人正在桌前对弈，另有一人在旁观看。专家根据画中的人物活动，将这幅画命名为《深山会棋图》。1993 年，河北省张家口市宣化区下八里村 7 号辽墓发现了关于围棋的壁画，画中间的人物身穿宽大袍服，戴幞头，左侧为束髻老者，右侧应为僧人，三人正围着棋盘聚精会神地对弈。2001 年 8 月，辽宁省阜新市辽代萧德温墓中出土了一幅壁画，描绘了在一株高大苍翠的松树下，有两名男子席地而坐正在对弈，旁边一人背着双手俯首屈身观棋。

关于辽代围棋的形制，敖汉旗辽墓发现的方桌上刻的棋盘是 13 路，而辽宁省朝阳市辽墓中发现的围棋棋子有 372 颗，推测棋盘应该是 19 路。考古发现表明，中国古代的围棋棋盘有 15 路、17 路，隋唐时期已经使用 19 路棋盘。辽代围棋从中原传入，下棋的技法、棋盘的形制应与中原无异，使用的应当是唐宋时期的 19 路棋盘。而敖汉旗辽墓中发现的 13 路棋盘作为随葬物，很可能只具有象征意义，并不是严格按照实际的棋盘规格来制作的。

上述辽墓的年代和分布地域反映出围棋在辽代流行时间久、普及范围广的特点。辽代围棋的发现，是当时契丹与中原文化交流的佐证。

千年的守护者

塔子山辽墓壁画《侍吏图》

贾秀梅

63

年代：辽代
尺寸：画幅横约 83、纵约 200 厘米
来源：赤峰市元宝山区小五家乡塔子山
辽墓出土

这幅壁画是 2000 年 9 月赤峰博物馆工作人员在赤峰市元宝山区小五家乡塔子山辽墓中揭取的。画中侍吏浓眉立目，面容严肃，蓄短胡须，体态高大威猛，留着契丹人传统的髡发，双手交叠放在一件黑柄骨朵上，身着红色圆领紧袖长袍，内着白色单衣，腰系带饰，足蹬黄色长靴，身高约 1.9 米，整体给人以威严之感，是守门侍吏常见的姿态。

这幅壁画画技高超，色彩艳丽，笔法简练，由画面构图可以推测出当时画者应该是先用红褐色线条勾勒出草稿，再用黑色墨线描绘出轮廓，之后再内部填涂色彩。画者在细节方面处理得细腻到位，如运用粗犷的线条描绘人物的面部轮廓，采用写实的手法刻画人物表情，将游牧民族的粗犷豪迈表现得淋漓尽致。衣服的褶皱部分则先是用重墨来勾画轮廓，之后再用淡墨

侍吏图

重描，以此来增加衣褶的明暗效果。该幅壁画堪称辽代壁画中侍吏人物像的经典之作。此外，画中的侍吏也是目前发现的辽代壁画中单体人物最大，最完整，色彩、画面保存较好的一幅。

这幅壁画所处的辽墓位于元宝山区政府所在地平庄镇西北约 30 公里处的大营子村。在大营子村北部有一座岩崖壁立的孤山叫塔子山。塔子山北坡陡峭，南坡较为舒缓，而墓葬就坐落于塔子山南坡的台地上。2000 年 5 月，赤峰市元宝山区文物管理所清理了位于此地的两座辽代墓葬，即塔子山 1 号墓和塔子山 2 号墓。塔子山 1 号墓由甬道、墓门、斜坡墓道、前室、主室组成。主室为砖砌八角形穹隆顶，但顶部已全部坍塌。发掘只出土了两方墓志和几枚宋钱，且多不在原始位置，说明可能被扰动。根据两方墓志内容可以推断墓主人为耶律昌允夫妇，墓葬年代为辽代晚期。塔子山 2 号墓由甬道、墓门、墓道、主室组成。由于主室已经全部坍塌，所以只清理了甬道部分。墓门为砖砌拱形，门宽约 1.5、高约 2.4 米。甬道进深约 2.4 米，两侧绘有壁画，每侧各站两个门吏，其中三人因白灰脱落而严重毁坏，只有东侧第一人保存较为完好，就是此幅"侍吏图"壁画。因为 1 号墓位于墓地右侧比较突出的位置，在墓葬排序上一般以右为尊，而 2 号墓没有发现证明墓主人身份的重要器物，所以根据 1 号墓和 2 号墓的位置可以大致推断，2 号墓应为耶律昌允后代之墓。

耶律昌允为辽太祖弟耶律剌葛第五代子孙，生于辽圣宗统和十八年（1000 年），卒于辽清宁七年（1061 年），享年 61 岁，生前曾任建雄军节度使、左千牛卫将军、检校太师等职，其妻为兰陵郡夫人萧氏，生有二子，长子耶律佶，《全辽文》中有载，曾为银青崇禄大夫，次子耶律特里德，史料无载。现今的大营子村附近曾为耶律剌葛的封地。耶律昌允任建雄军节度使时曾立下宏愿想建造一座佛教寺院而未果，昌允妻兰陵郡夫人为完成先夫遗愿历时十一载建成静安寺，而后又在寺院附近修建了静安寺塔。通过史料、现存遗址、墓葬发掘情况可知，发现"侍吏图"壁画的耶律昌允家族墓地应属于辽代中后期契丹贵族墓，墓主人身份地位并不算显赫，出土的壁画内容题材应是当时社会上较为流行常见的。

这幅壁画上侍卫手中拿的骨朵在辽墓出土文物和壁画中也较为常见。关于"骨朵"的称谓，最早出自宋代曾公亮所著的《武经总要》，但从目前考古发掘资料可知骨朵形器应该出现很早，可以追溯到新石器时代，初始形态可能是作为兵器使用的棍棒头或者环状石器等。此后，骨朵形态逐渐发展，辽宋时期演变成壁画所见样式，此时已不完全作为兵器使用，还作为刑具和仪仗用具。在很多辽代仪仗图壁画中出现了骨朵，如库伦 1 号墓《出行归来图》等。此外，赤峰博物馆藏有一件长柄瓜棱形铁骨朵实物，同属仪仗用具。辽宋以后，骨朵出现得越来越少，渐渐淡出人们的视野。

契丹社会无论男女老少皆髡发，这是继承东胡等少数民族的传统，这幅壁画上的侍卫亦是如此。所谓"髡发"指的是剃发，即头发有一部分被剃去，其他部分留下梳成各式造型。不同身份地位、性别、年龄的髡发会有不同，契丹的髡发样式是古代少数民族中最多的。

这幅《侍吏图》壁画作为辽代众多壁画中的一幅，珍贵精美。在中国壁画发展史上，辽代壁画在保存契丹传统民族艺术的基础上，追唐比宋，形成了质朴、淡雅、雄健、飘逸的艺术风格，是游牧文明与农耕文明共同孕育出的艺术杰作，是文化交流、民族融合的历史见证，是中国北方绘画体系承上启下的里程碑，在中国绘画史上占有十分重要的位置。

身归何处

辽代木作小帐

任禹丞

64

年代: 辽代

尺寸: 长 250、宽 186、通高 220 厘米

来源: 赤峰市松山区大夫营子乡马莲川村
头道杖房自然村哈喇海沟西山坡
辽墓出土

　　这件小帐于 2007 年 9 月在赤峰市松山区大夫营子乡马莲川村头道杖房
自然村哈喇海沟西山坡辽墓出土，保存相对完好，分拆运至赤峰博物馆后
重新组装而成。小帐系柏木制作，榫卯结构，顶部因糟朽严重，部分做了
修复。

　　木作小帐即覆尸小帐，属辽代葬具之一，与木椁葬相似，其使用可能与
唐代盛行的宫殿式石椁葬有关。契丹族在部落形成初期，盛行风葬、焚骨葬
等古老的葬法，后受汉文化影响，土葬日盛。

　　契丹族作为中国古代北方游牧民族之一，主要活跃于西辽河上游、大兴
安岭南麓地区，即老哈河及西拉木伦河流域。契丹族极具特点的丧葬习俗是
辽文化的重要组成部分，为人们窥探辽代社会风俗提供了重要资料。

辽代木作小帐

契丹在部落联盟时期，经济形态以游牧生活方式为主，这一时期的丧葬习俗较为原始而简朴。《旧唐书·契丹传》载："死者不得作冢墓，以马驾车送入大山，置之树上，亦无服纪……子孙死，父母晨夕哭之。父母死，子孙不哭。"《隋书·契丹传》载："父母死而悲哭者，以为不壮。但以其尸置于山树之上，经三年之后，乃收其骨而焚之。"同书载三年后，将死者尸骨焚烧时，死者亲人聚众洒酒祈祷"冬月时，向阳食，若我射猎时，使我多得猪鹿"。以上是对契丹族早期"树葬"习俗的记录。树葬是北亚地区部分游猎民族采用较多的一种丧葬形式，可能与其早期树居的生活方式有关。树葬作为萨满教中盛行的古老葬法，将死者尸体放置于山树顶端，其认为树的顶端与天接近，死者奔赴的地方便是天上。这种古老原始的丧葬习俗曾在世界各地的诸多原始民族中盛行。

耶律阿保机于916年建立契丹国，与中原交往变得密切。契丹的政治文化日益受到中原文化影响，在丧葬习俗上表现为开始重殓厚葬，重视墓地风水，学习汉人死后归葬祖茔，皇族或贵族墓葬内部也有仿宫殿式建筑，墓内随葬品更是奢华。

辽代贵族墓中，死者往往被安放于木棺、石棺中，或卧躺在砖砌或木质胡床形制的尸床上。有的墓葬在石棺、尸床之上立木质小帐，小帐内部或悬挂丝质帷幔；外部摆放砖砌供台或木质供桌、供椅、马鞍架等，其上陈列供品器具等。辽早期墓葬中，尸体一般放置于尸床上，上罩以帷幔或木作小帐；辽中晚期墓葬中，有的尸床上增置木棺，尸体置于棺内，也有不设尸床，而把尸体直接置于木作小帐内。木作小帐的使用可能和唐代盛行的石椁葬有关，契丹喜唐俗，模仿石椁而改用木作。此外，木作小帐也极有可能是仿契丹社会的毡帐而来。

辽代贵族墓中不乏制作精良的木作小帐出土，体现了辽代手工业制作已经达到很高的发展水平。《辽史》卷三十七载："上京西楼，有邑屋市肆，交易无钱而用布。有绫锦诸工作、宦者、翰林、伎术、教坊、角觝、儒、僧尼、道士。中国人并、汾、幽、蓟为多。"中原各行百工进入辽境，促进了手工业的发展。木作小帐除了反映契丹葬俗外，其歇山屋殿式结构也是辽代建筑的一个缩影。

65 年代: 金代
尺寸: 长 6.7、宽 6.7、高 4.7 厘米
来源: 赤峰市松山区太平地乡出土

金代"行军第三万户之印"直纽方形铜印

任禹丞

该印于 1963 年在赤峰市松山区太平地乡出土。印铜质，方形，带长方形直纽，印面阳刻篆文"行军第三万户之印"，纽边刻"明昌七年十一月"，印侧面刻楷体"行军第三万户之印"。明昌七年，即公元 1196 年，是金章宗完颜璟统治时期。

金代出土与传世的官印数量很多，且大都有刻款。据张米《金代纪年万户印铜印解读》一文，印上刻款始创于南北朝之际，年款出现在隋朝，至唐代逐渐消失只保留印文，而宋初基本仅刻年款，宋中后期出现铸造机构款。金代刻款在内容上相比于辽代更加丰富，除年款、铸造机构与印文之外，还增加了带千字文编号的特色刻款。

该件铜印印文中提到的官职"万户"最初设置于金太祖天辅二年

金代"行军第三万户之印"直纽方形铜印

（1118 年）。金初，万户官职较高，直接统领猛安、谋克。《金史·百官志》载："猛安，从四品，掌修理军务、训练武艺、劝课农桑，余同防御。"又载："凡猛安之上置军帅，军帅之上置万户，万户之上置都统。"猛安、谋克是金代女真社会的最基本组织，由最初的围猎编制发展为军事组织，最后变革为地方的行政组织，具有行政、生产与军事合一的特点。作为地方行政单位，猛安相当于防御州，高于刺史州；谋克相当于县，但地位高于县。猛安、谋克的职责最初只管训练士兵、指挥作战。后来，猛安还负责"劝课农桑，余同防御"，谋克则掌捉辑军户，"惟不管常平仓，余同县令"。又《续文献通考》载："窃闻国初取天下，元帅而下惟有万户，所统军士不下数万人，专制一路。"因此万户在历史上也一度被称为统军。万户作为世袭军职，通常由皇帝亲自任命，一般获封"万户"官职之人皆为宗亲功臣，总领于中央枢密院。在各路分设万户府，统领千户所，受行省管辖。至天德三年（1151 年），金海陵王完颜亮为打击日益增长的宗亲权势，而罢黜万户，以节度使取而代之，承安三年（1198 年），又设节度副使。直至金宣宗时才又恢复了"万户"之名，但与初始内涵有所不同，官品不一，此后得到了一定延续。

"行军万户"的印文在纪年万户印中常见。"行军"是领兵武官的官称，"行军万户"出现在《金史·本纪》中，金海陵王完颜亮 18 岁时"以宗室子为奉国上将军，赴梁王宗弼军前任使，以为行军万户，迁骠骑上将军"。此时行军万户官级为正三品。

金代一尺约为 43 厘米。金贞祐二年（1214 年）以前，三品官印印面边长约为 6.6 厘米，四品官印约为 6.4 厘米，五品官印约为 6 厘米，以后印章尺寸在 5.2～7 厘米之间，变得大小不一，反映出当时的官名与阶品已脱离联系。由此可见，金代军印与金代军事制度的发展密切相关，对金史研究有着重要意义。

双兔傍地　三彩余晖

金代黄绿彩兔纹荷叶口长颈瓶

郝柏林

66

年代：金代
尺寸：口径 11、底径 10、高 20 厘米
来源：赤峰市敖汉旗柳条沟金墓出土

　　这对黄绿彩兔纹长颈瓶于赤峰市敖汉旗柳条沟金代墓葬中出土。两件兔纹瓶的器形、大小、釉色、纹饰基本一致。器形呈荷叶口、长颈、折肩、直腹、圈足。肩部及瓶下部饰弦纹。釉色由绿、黄、白组成，是典型的辽金三彩釉色，其中以绿釉为主，釉面光泽，表面微现冰裂纹。胎质呈淡红褐色，火候偏低。瓶身对称刻饰两兔纹及草叶，一件为黄彩兔身，白彩兔耳，另一件则相反。兔子表现为侧面静卧状，头部低垂，双眼微闭，有一种自然安逸的姿态。这对兔纹瓶是目前国内金代三彩中的上乘之作。

　　金代的制瓷业多承袭辽代，许多辽代窑址在金代继续沿用，金三彩就是在继承唐三彩与辽三彩工艺的基础上烧制而成。考古发掘资料表明，耀州窑、巩县窑、磁州窑均出产过金三彩。这对兔纹瓶的形制和装饰具有典型的磁州窑风格。磁州窑是中国传统制瓷工艺的珍品地，是中国古代北方最大的民窑体系，也是著名的民间瓷窑，有"南有景德，北有彭城"之说。金代磁州窑的最大特点就是打破了北宋以来拘谨、单一的装饰风格，恣意地展现了北方民族粗犷豪放的精神。其中，白釉黑花和金三彩都是金代磁州窑的制瓷代表。白釉黑花装饰创造性地将中国画以图案构图方式绘在器物的显著部位，使瓷器呈现白地黑花纹样；金三彩则以精致的装饰技法与产品种类展现了金代瓷器的艺术高度。

　　透过这对兔纹瓶，我们可以窥见金三彩的制作工艺。兔纹瓶施有较厚的化妆土，釉色厚而鲜艳，各区域颜色划分规整，以绿色作为背景，体现了草原之色，以双兔作为主题，完美展示了"双兔傍地"的生动形象。从釉面观察可知，其烧成温度较高，是在高温烧成的白瓷上绘以红、绿、黄等色釉料，再进行第二次低温烧彩而形成的釉上彩瓷。金三彩的釉料还有

金代黄绿彩兔纹荷叶口长颈瓶

金、银彩等多种。金代三彩器相较于辽代，多为实用器皿，这也是金三彩区别于辽三彩的典型文化特征。

在装饰技法上，金三彩除了保留剔刻、划花等传统技法外，还成熟地将毛笔画技法运用其中，使装饰内容在表现上更自如。在装饰内容上，金三彩的花纹装饰呈现出由繁到简的变化，模印花纹几乎消失，多采用简洁的划花法，辽三彩中复杂多变的卷草勾云纹简化成单线勾勒的花草。此外，金代大量使用与生活息息相关的动物图案装饰器物，包括鹅、雁、鱼等。其中，兔子灵动机敏的特性尤其得到女真人的喜爱，成为热衷的创作题材之一，这对兔纹瓶即是证明。

金三彩作为金代陶瓷品种中一朵艳丽的奇葩，成为继唐三彩、辽三彩后的三彩余晖。金代灭亡之后，三彩器也随之走向衰落。

金代孝子故事石刻

67

年代：金代

尺寸：4 块石刻分别长 116、宽 91 厘米，长 117、宽 81 厘米，长 116.3、宽 106.5 厘米，长 117.5、宽 90 厘米

来源：赤峰市元宝山区征集

杨　妹

　　2007 年 10 月，赤峰博物馆征集到 4 块金代石刻，均为长方形，灰砂岩质地，正面磨平，用减地法雕刻卷草纹边框，框内刻孝行故事图，其中房屋、人物等细部用阴线雕刻，整体形成布局有序的浅浮雕画面，构图合理，雕刻线条流畅，形神兼备。每块石刻上刻有孝行故事图 2～4 幅，共计 10 幅。石刻上的孝行故事均属于"二十四孝"故事。其中，第二块石刻刻画人物尤为生动。该石刻长 117、宽 81、厚 11 厘米，两边凸榫宽 8 厘米，石面上、下共雕刻 2 幅孝行故事图。

　　第一幅位于石刻上部，表现袁觉拖笆谏父的故事。画面上袁觉母亲坐在屋舍内，袁觉祖父盘坐其右，袁觉穿窄袖长衫，拖一篱笆纹肩舆，在与袁父交谈。原谷，又称袁觉。《太平御览》引《孝子传》曰："原谷者，不知何许人。祖年老，父母厌患之，意欲弃。谷年十五，涕泣苦谏。父母不从，乃作舆舁弃之。谷乃随收舆归。父谓之曰：'尔焉用此凶具？'谷云：'后父老不能更作，得是以取之耳。'父感悟愧惧，乃载祖归侍养。克己自责，更成纯孝。谷为纯孙。"

　　第二幅位于石刻下部，表现王祥卧冰求鲤鱼的故事。画面左侧王祥头枕右臂赤身卧在冰面上，身下有两条鲤鱼腾空飞出。右侧有一房屋，内坐一妇人。王祥（184～268 年），魏晋之际琅琊临沂（今山东临沂北）人，字休徵，官至光禄勋，晋武帝时拜太保，晋爵为公。《晋书·王祥传》载："祥性至孝。早丧亲，继母朱氏不慈，数之，由是失爱于父。每使扫除牛下，祥愈恭谨。父母有疾，衣不解带，汤药必亲尝。母常欲生鱼，时天寒冰冻，祥解衣将剖冰求之，冰忽自解，双鲤跃出，持之而归。……有丹柰结实，母命守之，每风雨，祥辄抱树而泣。其笃孝纯至如此。"

　　"二十四孝"故事为中国古代尽孝典型人物故事的合集。"二十四孝"作为宣扬"孝"思想的典型，受到了各朝各代官府及民众的高度重视，其故事内容也在传播中不断演进变化。

　　有研究表明，汉至魏晋南北朝时已经出现了关于"孝"故事的收集、整理，甚至在汉代推行"举孝廉"制度，将人才的选拔与"孝"相关联。同时，孝行故事出现于汉代墓葬中的画像砖、石上，开启了墓葬中呈现孝行故事的开端，这时的孝行故事并不丰富，内容较单一。魏晋南北朝时期，墓葬中孝行故事的壁画、石刻等开始陆续涌现，故事内容都接续在一起。隋唐时期，伴随佛教在中国的发展，外来文化故事与孝行故事相融合，但孝行故事却没有出现在唐代墓葬壁画中。目前发现的最早记载"二十四孝"故事的文献当属敦煌所发现的唐代《故圆鉴大师二十四孝押座文》。在辽代墓葬壁画中，也未见大量孝行故事题材，但1992年发现于内蒙古阿鲁科尔沁旗的耶律羽之墓中，有一件鎏金錾花银壶，上刻孝子图，可能为"二十四孝"的一部分。直到金代，墓葬中的壁画、砖雕、石刻、泥塑上层出不穷大量孝行故事，孝行故事成为金代墓葬中最普遍的题材，例如山西长治魏村金代彩绘砖雕墓中的"二十四孝"故事壁画。孝行故事的发展走向鼎盛态势，这与金代尊孔崇儒、忠孝廉节有关。

金代孝行故事以《孝经》为基础发展演进而来，将"善事父母"作为"孝行"的主题，把敬老尊贤、事亲至孝、善事兄弟、友爱朋友、弟子尊师、追崇祖先、以礼居丧、以忠为孝等都归为孝道的领域，使孝行故事内容更加丰满。金人遵照《孝经》中"爱亲者，不敢恶于人。敬亲者，不敢慢于人"以及"爱敬尽于事亲"等理论，事亲至孝。所谓"事亲至孝"，意指在日常家居的时候，要做到对父母恭敬；在饮食生活的奉养时，要保持愉悦的心情去服侍；父母生病时，要带着忧虑的心情去照料；父母过世，要竭尽悲哀之情料理后事；对先人的祭祀，要严肃对待，礼法不乱。这五方面做得完备周到，方可称"事亲至孝"。根据《金史》等文献记录可知，金人以善事五服以内长辈亲属为孝。这在第二块石刻的两组孝行故事中可见一斑："袁觉拖笆谏父"表现袁觉对祖父极尽孝义；"王祥卧冰求鲤鱼"表现王祥对继母尽孝关爱。

金代"二十四孝"故事是对《孝经》所推崇的孝文化的继续发扬，虽然对金代规范社会秩序、改良社会风尚发挥了积极作用，但如今看来也有脱离实际，倡导愚忠、愚孝的历史局限。如"郭巨埋儿天赐金""王祥卧冰求鲤鱼""孟宗哭竹生冬笋"等故事均具有神话色彩，脱离实际；而"武子妻割股奉亲""刘明达卖子养母""韩伯俞泣笞伤老"等故事则提倡愚孝，不为今日的伦理道德所认可。

金代双鱼纹铜镜

张小明

　　这件金代双鱼纹铜镜，圆形，半球形纽，宽缘，中心雕双鱼嬉戏游水图案，并配以水波、水草等纹饰，生动逼真，饱满匀称，蕴含吉祥、欢乐之意。金代鱼纹镜分布广泛，鱼纹所见多为双鱼纹，偶有单尾或多尾出现，但多作背景点缀，不是主体纹饰。

　　鱼纹饰在中国历史上可谓最古老的纹饰之一，从新石器时期仰韶文化彩

金代双鱼纹铜镜

陶到商周时期的鱼纹玉器，从春秋战国时期青铜器上的鱼纹到汉唐时期的鱼纹铜镜、陶瓷器，都展现了鱼纹饰历久弥新的发展脉络。鱼纹入镜，历代不绝，然而尤以金代铜镜中的鱼最为形象和生动，这也是金代艺术题材写实主义的体现，且与女真族独爱鱼纹饰有关。

建立金代的女真族完颜部为居于松花江以北，宁江州（今吉林省夫余市石头城子古城址）东北直至黑龙江中下游地区的"生女真"的一支，该部后迁居至松花江支流阿什河侧，该地区有金一代处于渔猎、农耕、畜牧的混合生产模式下。因女真人世代从事渔猎，鱼作为主要补给与女真人的生活关系密切，且鱼具有繁殖能力强、适应性好、能溯流而上越过险滩等特质，与女真人祈求多子多孙、种族繁衍的美好愿景和崇尚坚强不息、越挫越勇的精神品质相吻合。

这件金代双鱼铜镜纹饰精美、线条流畅，双鱼以镜纽为中心逆时针逐游，周边没有繁复的纹饰，以素圆为轮廓，繁简得当，从制作工艺看应属于官造。

此外，这件铜镜呈黑黄色，是含铜量较高的表现。由于金代铜矿缺乏，开采、冶炼技术相对落后，金代铜镜很难像唐、宋铜镜一样进行精炼，这导致铜镜含锡量减少，含铜量增多，锌的比例也有所增加，铜质、色泽均产生变化。金代铜镜大致呈现两种颜色，一种是含铜量较少的草绿黄色，一种是含铜量较多的黑黄色。

金代因战事致财政紧张，铜钱短缺，为保证铸钱用铜，故施行铜禁政策。大定二十六年（1186年），规定凡家有铜镜者，即使旧物也要一律送官府检验签刻方为合法。因此金代传世的历代铜镜，多被刻上金代的地名和官名。

金代铜镜兼具传承性和民族特色，达到了汉唐以来另一个铜镜制作的历史高峰。这件金代双鱼纹铜镜为我们研究金代绘画、錾刻、铸造工艺等提供了可贵资料。

六

元至清

马上饮酒的器皿

元代青花凤纹高足杯

69

年代：元代

尺寸：口径 11.2、足径 4.1、
高 9.5 厘米

来源：赤峰市翁牛特旗出土

郝柏林

　　这件青花凤纹高足杯出土于赤峰市内，是元代典型的酒具。杯口微侈，圆腹，竹节形高圈足。釉色白中泛青，外壁绘青花双凤纹，内壁杯唇绘青花卷草纹，内壁暗刻龙纹，杯心绘青花菊纹。

　　元朝时，赤峰地区是元大都、元上都至岭北行省的交通要冲，城邑繁华，经济发达，文物遗存丰富。以陶瓷为例，既有北方烧制的青瓷、白瓷、钧瓷、磁州窑系，也有南方烧制的景德镇元青花、龙泉窑青瓷等官窑瓷器。

　　高足杯、高足碗是元代瓷器中的常见器形。高足杯又称马上杯，柄部较长，在马上握拿方便，酒不易洒。这件元代青花高足杯是元代手工业产品中最具代表性的器物之一。相对于前朝各代出现的高足杯，元代的杯身变得敦厚，似碗状，可盛放酒和食物，是受到蒙、藏游牧民族饮食文化的影响而形成的。

　　青花起源于唐代，成熟于元代，兴盛于明、清两代。因各个时期青花用料的不同，呈色也不一样。最初，元代青花发色的钴料由西亚进口，称为"苏麻离青"或"苏泥勃青"，其特点为色彩浓重青翠，色性稳定，含铁量高而含锰量低，青花发色鲜艳绚丽而不失淡雅，烧造后呈现蓝宝石一般的迷人色彩，在色彩浓郁处会出现黑色结晶斑，上附一层"锡光"。其晕散最为特别，犹如墨汁滴于宣纸洇开，加上颜料中颗粒杂质聚集形成的条形带黑斑、不规则团状或圆状凝聚斑，构成了似真似幻如水墨画般的图案。

　　绘制青花瓷首先是将含钴元素的青花矿料磨得极细，加水调稀，用毛笔蘸取后在干燥的瓷坯上绘制图样，颜色沁入坯体，如同水墨画的墨汁沁入宣纸的纤维里，形成晕散，最后再挂上长石釉，在 1250～1400℃的高温下终成一器。这件青花高足杯采用"瓷石＋高岭土"二元配方，提高烧制温度，变形率降低，造型厚实饱满，但胎质疏松，胎色略带灰黄，青花使用国产钴料，颜色青中带灰。

　　元青花纹饰的最大特点是构图丰满、层次多而不乱，笔法以点画居多，

元代青花凤纹高足杯

流畅有力。这件青花高足杯以简单的线条勾勒出展翅飞翔的凤纹。凤纹早在商周时期就出现在青铜器上，多呈侧身、双翅收拢的站立之姿。汉代许慎《说文解字》记："凤之象也，鸿前麟后，蛇颈鱼尾，鹳颡鸳思，龙文虎背，燕颔鸡喙，五色备举。"元代青花瓷上的凤首有两种形象，一种喙部平直，头顶羽冠，下巴和颈部衔接处绘有细羽，后脑绘有翎毛，圆眼，类似雄性鸳鸯和雄性雉鸡头部；另一种喙部内勾，头顶鸡冠，下巴和颈部衔接处有时绘卷曲细羽，后脑亦绘有翎毛，细长眼，类似凤头鹦鹉科的雄性鹦鹉头部。尾部亦有两种形象，一种为三至五根锯齿状长尾羽；另一种为单根卷草状尾羽。这件青花高足杯的凤纹喙部平直，无内勾，颈部细长似蛇，腹部为鳞片状羽毛覆盖，尾部为锯齿状尾羽。直至宋代以前，凤纹大都是以站立的姿态出现。元代青花瓷器上的凤纹继承了宋代开始的飞翔之态，双翅平展，不绘凤爪。

目前传世的双凤元青花瓷器中，许多都是以似太极图的对称形式将双凤纹绘制于花枝之间，形成满地效果，此件文物亦不例外。依循从汉代流传下来的"雄曰凤，雌曰凰"的概念，元青花瓷器上双凤纹的冠与尾等细节略作区别，应分别表现了雄性的凤和雌性的凰。直至今日，通过这件器物我们仍可以感受到元青花精美的烧制和绘画风格。

多元融合的见证

元代龙泉窑菊花大盘

尹静雅

70

年代：元代
尺寸：口径 27、足径 15.1、
高 5.1 厘米
来源：赤峰市征集

　　这件元代龙泉窑菊花大盘为国家二级文物，器身施青釉，色泽温润淡雅、光亮匀净，器形规整。大盘折沿斜腹、平底微微上鼓、圈足，盘口及腹部呈菊花瓣形，中心剔刻并蒂莲，莲花舒展灵动、意蕴吉祥。大盘边缘花瓣与盘中心的莲花相互辉映，相得益彰。龙泉窑因其主要产区在浙江龙泉而得名，其创烧于北宋之前，继承越窑、瓯窑和婺州窑的传统，综合三家之长，器物胎质坚硬灰白，釉色薄而透明，以"青翠欲滴、温润如玉"著称。龙泉窑在不同的历史时期有不同的时代风格，元代龙泉窑兼收并蓄，在继承汉文化传统的基础上，融入了游牧文化的大气磅礴、伊斯兰文化的精美繁复，体现出多种文化共存的特征，造型也从宋代的纤巧秀丽、古朴典雅转向硕大庄重、雄壮浑厚。可以说，元代龙泉窑瓷器继南宋后走向了一个鼎盛时期。元代龙泉窑生产出很多这样的大盘，一般用作盛放食物，也可用作建筑的装饰，被镶嵌在清真寺的门楣上，或作其他宗教用途使用。

　　元代作为一个由蒙古族统治的强大帝国，幅员辽阔、民族众多，多种文化交融汇聚，这也影响了龙泉窑青瓷的发展。龙泉窑在元代形成了庞大的窑系，窑址数量和产品

元代龙泉窑
菊花大盘

数量都达到前所未有的程度，这归功于元代的统一结束了我国南北分裂的局面，为制瓷业提供了稳定的环境和广袤的市场。同时，元代沿袭了南宋海外制度，设立市舶司，并推广所获之息"官七民三"的"官本船"模式，拓展海外市场。在这样的时代背景下，元代龙泉窑生产规模不断扩大，产品不仅在国内流布非常广泛，并且成为元代"海上丝绸之路"最重要的对外贸易商品。从目前全球范围的考古发掘成果看，元代龙泉窑青瓷沿着海陆两线，对海外市场进行了全方位输出，向东传播至朝鲜半岛和日本，向南至东南亚，向西抵达印度和西亚地区。龙泉窑还根据国内外不同地区人们的生活习惯、民族特色、审美偏好，生产定制生活用瓷器，例如生产了许多伊斯兰文化特色的高足杯、梨形执壶、大碗、大盘等。此外，元代也将龙泉窑瓷器用于祭祀，如《元史·郊祀上》："三曰笾豆登俎……青瓷牲盘一。"《元史·宗庙上》："中统以来，杂金、宋祭器而用之。至治初，始造新器于江浙行省，其旧器悉置几阁。"可见，到了元至治初年，主要的祭祀用品都开始由浙江的龙泉窑生产了。

元代龙泉窑烧制以铁为着色剂的青瓷器具，釉层从薄胎厚釉的多层施釉变为一次施釉，釉层较厚，与宋代青瓷相比，釉色不如宋代青翠，呈现青黄色，且更加成熟凝重，厚釉在高温熔融时呈现出流动的彩斑，形成富丽的效果。带纹饰的元代龙泉窑瓷器比较多见，装饰技法有刻划花、印花、贴花、镂雕、露胎堆贴等，纹饰主要有花卉纹、龙凤纹、八仙纹、人物故事纹饰等。一些元代龙泉窑瓷器上还有八思巴文、匠人姓名等，这也是鉴定元代龙泉窑瓷器的标志之一。

在赤峰地区发现的元代瓷器主要出土于窖藏、墓葬和城址中，如赤峰大营子窖藏、林西县繁荣乡前地村窖藏、翁牛特旗梧桐花元墓、赤峰三眼井元墓、克什克腾旗应昌城故城、赤峰城子乡松山州古城等。这些遗址出土的元代瓷器大多为白瓷、白地黑花瓷、黑瓷、茶叶末釉瓷、钧瓷、青白瓷、青瓷等。其中，白瓷、白地黑花瓷、黑瓷、钧瓷多来源于山西、河北、北京等北方窑址，而龙泉窑青瓷、景德镇青白瓷等则来自南方窑址。这件龙泉窑菊花大盘无疑是元代商贸发达和多民族融合的见证。

瓷有书画而雅

元代"风华雪月""清净道德"梅瓶

张懿燚

71

年代：元代

尺寸："风华雪月"梅瓶口径 3.8、足径 8.2、高 38 厘米，"清净道德"梅瓶口径 4、足径 8.6、高 38.5 厘米

来源：赤峰博物馆旧藏

  这两件元代磁州窑白釉褐彩梅瓶腹部分别环书"风华雪月"和"清净道德"，从尺寸、造型、纹饰看应为一对，十分珍贵。

  梅瓶小口、下腹细长，整体身姿挺拔、线条优美，通体白釉，以黑彩绘制纹饰，肩部绘牡丹花纹，腹部横向书字，下腹绘花草纹，各部位纹饰之间用数道弦纹间隔。梅瓶所书"风华雪月"一词，"华"同"花"，语见宋代邵雍《伊川击壤集》："虽死生荣辱，转战于前，曾未入于胸中，则何异四时

元代"风华雪月""清净道德"梅瓶

风花雪月一过于眼也？”在磁州窑瓷器中常见"风华雪月"四字。另一梅瓶所书"清净道德"四字指清洁纯净，远离恶行与烦恼。这对梅瓶的题字表达了生活与精神的双重追求。

元代中书省的上都路，辽阳行省的大宁路、全宁路及应昌路都位于今赤峰市境内，当时这里手工业发达，商贸繁荣，各地名窑瓷器层出不穷，其中磁州窑瓷器数量繁多。磁州窑是我国北方最大的民窑体系，位于今河北省邯郸市磁县和峰峰矿区彭城镇一带，宋元时期与河北定窑、河南钧窑、陕西耀州窑、浙江龙泉窑和江西景德镇窑并称为宋代六大窑系。磁州窑主要包括化妆白瓷、黑釉瓷和低温彩釉瓷三大系列；烧制工艺为在大青土制成的灰白色坯体上施加白色化妆土（又称白碱），再外涂一层透明釉料，经过高温烧制成白瓷，装饰工艺为釉下彩结合多种艺术表现技法，最终形成丰富多彩的磁州窑瓷器。

磁州窑在元代民族融和的背景下掀起了一次制瓷高潮，其器形丰富多样、贴近生活，工艺除秉承历代磁州窑的特点外，更加追求厚重丰满，艺术表现粗犷豪迈，极具时代风貌。这对梅瓶"白釉褐彩"，是"白地黑花"工艺中黑色彩料因炉温等原因呈现出褐色而形成的。"白地黑花"是磁州窑使用最为普遍的工艺，具体做法如陈杰在《浅析宋元时期磁州窑彩绘牡丹纹》一文中所写："白地黑花，为釉下彩绘。是以毛笔为工具，以俗称'斑花石'的贫铁矿矿石为彩料，直接在瓷器表面的白色化妆土上作画。其标准呈色为黑色，但由于斑花料中含铁量以及窑炉温度和气氛不同，彩料呈色也会出现褐色、酱色等色调。"

这对梅瓶肩部绘制的牡丹花纹饰在磁州窑器物中属常见纹饰，牡丹花色泽艳丽、硕大饱满，自古就有富贵吉祥的寓意，加之腹壁手书"风华雪月""清净道德"四字，显得儒雅大方。磁州窑瓷器除了书写四字词语外，还有诗词，尤其在瓷枕上经常出现。

馆藏的这对梅瓶器形修长秀丽，兼具实用性与观赏性，书画风格质朴纯真，是磁州窑瓷器中集绘画和书法工艺于一身的佳作。

龙凤呈祥

元代白釉褐彩龙凤纹罐

王　迪

72

年代：元代

尺寸：口径 16.6、底径 11.7、

　　　高 26.8 厘米

来源：辽宁省建平县征集

　　这件元代白釉褐彩龙凤纹罐器形硕大，直口、短颈、溜肩、鼓腹、下腹内收、圈足向内深凹。器身胎体粗厚，施白釉，肩部装饰一周缠枝菊纹，腹部有两组菱形开光，里面绘有一龙一凤。龙周身有云，翱翔于天，双目炯炯，鬃毛飘扬，侧身回转，线条流畅，龙鳞片片分明，整体形象威严庄重中带有柔和之意；凤的周围也有卷云纹，昂首展翅，凤目狭长，神态安然，似在空中振翅高飞。整个装饰画面层次分明、风格质朴、丰满庄重。

　　龙凤纹罐的装饰技法为白釉褐彩，是典型的磁州窑作品。当时各大窑口多烧制单色釉瓷器，磁州窑受到"白地黑剔花"装饰带来的黑白强烈对比效果的启发，将黑与白的色彩发挥到极致，将中国传统绘画、书法引入到瓷器装饰中，创造了"白地黑花"装饰，成为磁州窑的典型风格标志。金代，磁州窑的"剔花""刻花""划花"等传统装饰技法逐渐衰退，"白地黑花"技法日臻成熟，占据了主要地位。到了元代，宋金时期磁州窑的两大主要窑场之一的观台窑逐渐没落，彭城窑成为磁州窑的中心窑口。

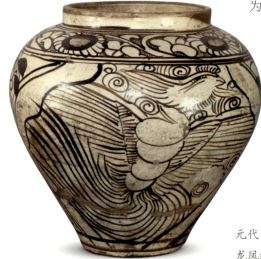

元代白釉褐彩
龙凤纹罐

"白地黑花"也称"白釉铁锈花"，是磁州窑典型的装饰技法。到了元代，其色彩有了更多变化，褐彩就是其中的一种。叶佩兰在《元代磁州窑的几点新成就》一文写道："黑色花纹的彩料是一种以斑化石和化妆土合成的混合彩料，用它点画瓷器花纹，烧后呈现出黑花或不同深浅的多种酱色纹饰。从传世品看宋代主要以黑色为主。而元代磁州窑产品，呈色不一，有黑色和不同深浅的酱色，或称褐色。""白地黑花"器物在制作时要先在器物胎体上施加一层化妆土，再用颜料在化妆土上书写文字、绘制图案，之后再施釉入窑烧制。在化妆土上除了用颜料进行绘制，还可以采用剔、刻、划等装饰技法。

　　元代磁州窑的产品承袭了宋金时期的传统，通过融入大气豪放的蒙古族文化，器物呈现出器形硕大、浑圆的特点，出现了像这件龙凤纹罐样式的大罐以及大盆、大缸等，一般的器物也变得厚重、敦实。

　　磁州窑的装饰题材雅俗兼有、丰富多样，既有传统的几何纹，以折枝花卉、缠枝花卉、萱草纹为代表的植物纹，以及鱼虫鸟兽等动物纹，也有富于新意的人物故事纹、诗词纹。这件龙凤纹罐肩部装饰菊花纹，线条挺立、图案饱满，主体装饰龙纹和凤纹，显现出宋代以后动物纹饰转向平民化的特点。仔细观察这件器物上的龙纹，龙身粗壮有力而龙首较小，圆圆的双眼有如戴上眼镜一般，前额微微凸起，龙须呈弯曲飘动的状态，看上去有些俏皮；凤纹亦充满质朴的气息，凤目狭长、目光柔和，羽毛由放射线状的细线条构成，生动活泼。

　　在元代磁州窑众多的产品中，龙凤纹罐是其代表性器物，以白地黑花为主，在河北、辽宁、内蒙古等地都有出土，并且通过海上贸易销往海外。中国国家博物馆藏有不少件辽宁绥中三道岗元代沉船遗址出土的与本件藏品相似的磁州窑龙凤纹罐，可见这一类型属于当时大宗生产的产品。

元代黑釉"内府"梅瓶

王艳丽

这件黑釉"内府"梅瓶，小口、短颈、鼓腹、圈足，通体施黑色釉，釉面较厚，釉未及底，肩部刻"内府"字款。梅瓶高大规整，釉面绀黑如漆、晶莹温润，肩部字体笔法刚劲有力，是元代磁州窑器物的典型代表。

在元至明早期的磁州窑瓷器中，有一类肩腹部刻写"内府"款字的梅瓶，多出土于我国北方地区，如北京后英房元代居住遗址、北京良乡元代窖藏等均有发现。这些瓷瓶多为白釉、肩书褐色"内府"二字；也有黑釉或茶釉、刻划"内府"二字；孔雀蓝釉、肩书黑色"内府"二字；明代永乐时期还有甜白釉、肩书青花"内府"二字。

元代黑釉"内府"梅瓶

此外，明代还有一种大缸，肩书"内府"或"内府供用"。可见，书写"内府"二字款的梅瓶盛行于元明时期。

"内府"应指皇宫的府库，泛指宫廷，因此元代"内府"铭器应为皇家或者官家用器。但"内府"梅瓶从瓷质和做工看较为普通，如馆藏这件梅瓶施釉较厚，且釉未施到底部，因此很多学者认为达不到官窑的级别。元代建立后，在景德镇设浮梁瓷局专为皇室烧瓷，瓷器上多带"枢府"款字，有令则烧，无令则止。因元人尚白，遂把卵白釉定为官瓷，但观察带"枢府"款的卵白釉瓷，做工并不算上乘。从侧面说明带"内府"款的瓷器尽管做工一般，但依旧为皇宫大内使用。元代瓷器中还有"都府""省府"款的梅瓶，二者虽少见，但风格与"内府"梅瓶极为相似。"都府"指元代都城的政府机构，"省府"指行省政府机构。可见，带有"内府""都府""省府"款的瓷器为不同级别的官方所使用。

迄今出土和传世品中，带有"内府"款的梅瓶根据釉色和款字特征可分为四类：第一类为磁州窑系元代产品，器身上部书款白底黑字、起笔露锋、笔力刚劲，款字略微倾斜；第二类也是磁州窑元代产品，通体黑釉、器形均匀，"内府"为刻款，行笔简率、不甚工整；第三类通体孔雀蓝釉，带有覆钵形盖，器肩釉下"内府"二字需在有水的时候才清晰可见，目前仅见杭州元代窖藏出土一件；第四类为景德镇窑明早期产品，有釉下青花和褐彩两个品种。这件黑釉"内府"梅瓶属上述第二类。

这件梅瓶小口、短颈、丰肩、瘦底，圈足的造型从唐代开始出现，宋元时期称为"经瓶"，明清两代较为流行，成为传统器物造型之一，且品种多样。清末民国时期许之衡《饮流斋说瓷》记："梅瓶口细而项短，肩极宽博，至胫稍狭，折于足则微丰，口径之小仅与梅之瘦骨相称，故名梅瓶也。宋瓶雅好作此式，元明暨清初，历代皆有斯制。"

这件"内府"梅瓶应是用来储酒的容器。早期出自官窑、民窑的高品质梅瓶，因做工精细、釉色莹润，一度被认为是陈设瓷。据考古资料显示，河北宣化辽天庆六年（1116年）张世卿墓壁画所绘桌上摆放着的三只带盖梅瓶为盛酒容器。宋金时期的梅瓶，有的书"清沽名酒""醉乡酒海"等字样，更加点明了它的用途。据文献记载，元上都（今内蒙古正蓝旗）、大都（今北京）各有一套相同的官方制酒机构，分工明确，尚饮局负责御用酒，尚酝局负责贵族大臣用酒，体源仓、尚珍署、太仓负责酒材原料。当时的尚酝局"岁赐诸王百官者"，说明元代"内府"款梅瓶很可能作为朝廷赐酒的容器，数量应不小。这正可以解释目前出土的"内府"款梅瓶分布地域较广，涉及北京、河北、内蒙古以及浙江等地，且拥有者的身份地位有的并不是很高的现象。

存世元代梅瓶数量较多，比起宋代梅瓶，器形较大，肩部更加丰满，纹饰简约，器身有书款或刻款文字。明清时期，梅瓶逐渐由日用瓷转变为陈设瓷，器形从宋元时期的瘦长秀丽向肥矮丰硕变化，花纹图案变得更加绚丽多姿，各种色釉和彩绘装饰交汇，成为陈设瓷中最高档的艺术品。

沙子山元墓壁画《夫妻对坐图》

孙雪江

　　这幅《夫妻对坐图》壁画于 1982 年在赤峰市元宝山区宁家营子村老哈河西岸沙子山 1 号墓中揭取。该墓为砖砌穹隆顶的单室方形土圹墓。在墓葬正壁前方地面上砖砌长方形棺床，在墓葬穹隆形圈顶下沿勾画一周垂幔，整个墓室空间模仿蒙古族毡帐的内部装饰。包括顶部的彩绘图在内，墓葬共有 8 幅壁画。《夫妻对坐图》壁画以铁线描勾勒轮廓，平涂填色渲染。画中人物的外轮廓运用粗重流畅的长线，挥笔洒脱自如，而在处理人物的五官与手部等细节时，画师则选用了纤细的短线，细腻而精炼。由于壁画的线条对比明显，使画中人物的五官更加清晰饱满，这种线条的转换使用，体现出元代画师熟练而又高超的绘画技艺。画面两侧是束起的帷帐，下方男、女墓主人身着蒙古族服饰相对而坐。男主人长圆脸，头戴圆顶暖帽，身穿右衽窄袖

夫妻对坐图

长袍，脚穿高靴，正襟危坐。女主人头梳高髻，耳垂翠环，身穿左衽窄袖长袍，外罩紫色对襟短衫，优雅恬淡。其中，圆顶暖帽、窄袖长袍、高靴等服饰都是典型的元代蒙古族服饰。在男、女墓主人身后分别站着一名男、女侍从，男侍双手捧匜，女侍双手捧奁盒。

沙子山元墓中并没有发现能够证明墓主人身份的明确信息，但是有学者对这幅壁画进行过深入研究，发现了墓主人身份的蛛丝马迹。首先，壁画中男主人头上戴的圆顶暖帽是蒙古族男子冬季常戴的冠帽，样式为前额帽檐略窄，后檐稍宽，一般是由皮毛或锦缎缝制而成，而元代皇亲国戚、达官贵族所戴暖帽多用黑貂、青鼠皮等珍贵皮毛缝制。元代贵族非常重视对头部的装饰，冠帽也是区分贵族等级的符号，其样式民间不得随意仿造。其次，男主人身上穿的右衽窄袖长袍。据《元史·舆服一》记："百官公服，制以罗，大袖，盘领，俱右衽。"元代官服有两个体系，一为继承汉制的衮冕服制，一为沿袭蒙古族的质孙服制。质孙服为右衽、窄袖。可见，画面中的男主人应该是一位元代高官。画面中的女主人身穿紫色对襟短衫。对襟短衫是一种实用保暖、具有装饰性的比肩。比肩是由蒙古贵族传统的比甲发展而来，套穿于蒙古长袍外。比肩属于元代宫廷礼服质孙服的一部分。女主人所穿对襟短衫的颜色是紫色，因元代对服饰颜色也有严格规定：帝后服赭黄、达官服紫，说明女主人身份地位非同寻常。《夫妻对坐图》上所绘制的服饰向我们透露了墓主人的显赫地位。

赤峰在元代处于元大都、元上都通往岭北的交通要冲。虽然赤峰地区的地上、地下文物遗存极为丰富，但由于元代实行"不树不封"的土葬制度，大多数墓葬沿用蒙古族深埋且不起坟丘的"秘葬"习俗，既没有封土堆，也没有地面建筑标志，因此元代大型陵墓大多湮没难寻，再加上元代蒙古族盛行火葬，即使是中小型元代墓葬的发现也是寥寥无几，这导致出土的元墓壁画十分稀有。目前，赤峰地区共发现 5 座元代壁画墓，分别是元宝山区沙子山 1 号、2 号壁画墓，三眼井 1 号、2 号壁画墓和翁牛特旗元代蓟国公张应瑞家族墓。这些墓葬壁画所表现的内容主要有饮宴图、出猎图、归来图、行旅图、山居图、礼乐图和各种装饰图案。

《夫妻对坐图》等元墓壁画向我们展示了一个朝代的盛世风华，同时有助于我们了解元代的服饰文化、社会习俗和精神信仰。

75

贵族茶事

沙子山元墓壁画
《研茶图》《奉茶图》

年代：元代
尺寸：《研茶图》长108、宽78厘米，
　　　《奉茶图》长108、宽78厘米
来源：赤峰市元宝山区沙子山1号墓出土

张懿燚

这两幅壁画《研茶图》《奉茶图》于1982年在赤峰市元宝山区宁家营子村老哈河西岸沙子山1号元墓中揭取。壁画采用白描技法，用简单的线条勾勒出元代研茶、备茶的场景，真实再现了当时的饮茶方式。

《研茶图》位于墓室东壁。画面左侧为一方桌，上面摆放着各式饮茶器具，是包括一件腹部绘有兽面纹饰的瓷罐、一件执壶、一只茶筅以及三件叠放的茶盏。仆人立于画面右侧，长圆脸，头戴有花饰的硬脚幞头，身着蓝色圆领窄袖长袍，红色中单，

研茶图

奉茶图

外加短护腰，左手捧一碗形器，右手握杵在臼中研磨。

《奉茶图》位于墓室西壁。画面左侧立一名仆人，与《研茶图》仆人穿同样服饰，双手托一茶盘，盘中盛放两件茶盏。画面右侧方桌上同样摆放着各式饮茶器具，包括一件执壶、一件素面"玉壶春"瓶，由于部分壁画脱落，无法辨认桌上其余的茶具。

宋元时期，饮茶之风已在北方草原地区得到普及，跟随成吉思汗征战多年的契丹人耶律楚材在其《西域从王君玉乞茶因其韵》之七中写道："啜罢江南一碗茶，枯肠历历走雷车。黄金小碾飞琼屑，碧玉深瓯点雪芽。"忽必烈建立元朝以后，南北统一，江淮以南的茶叶运往北方更加便利。茶叶在商品中的地位几乎可与盐、粮相当。

元代茶的制作方法可分为三类。元代农学家王祯在其编撰的《王祯农书》中提到："茶之用有三，曰茗茶，曰末茶，曰蜡茶。"王祯所说的"茗茶"，实际上就是现在通行的条形散茶；"末茶"是将茶叶采摘后蒸青捣碎而成；"蜡茶"则是"末茶"中的精品。不同形式的茶有不同的饮用方式，"茗茶"采用煎茶法，"末茶""蜡茶"采用点茶法。根据壁画《研茶图》中展现的茶具，结合侍者研磨的动作，推测壁画中采用的是"点茶法"。这种饮茶法须将茶饼用研杵碾末，再将茶末放进茶盏，用盛沸水的执壶向茶盏中注水，边注水边用茶筅在茶盏中回环击拂，视茶汤色鲜白、着盏无水痕为度，其茶既甘而滑。从已出土元墓壁画可以看出元代的茶具多为执壶、茶罐、茶筅、茶碗、茶盏等，比起唐代陆羽《茶经》以及北宋蔡襄《茶录》中所著录的茶具已经简化了很多。

大同市西郊元墓壁画《侍茶图》以及元代冯道真墓壁画《童子侍茶图》的构图、内容与沙子山元墓壁画相似，均绘有方桌，其上摆放着各式茶具，以及奉茶侍者。除沙子山元墓壁画外，赤峰博物馆还藏有一件元代黑釉兔毫盏，是元代饮茶用具的珍贵实物。

沙子山元墓壁画《研茶图》和《奉茶图》还原了元代饮茶方式，为研究元代饮茶文化提供了最直观的资料。

元代贵族的出行仪式

沙子山元墓壁画《礼乐仪仗图》

年代：元代

尺寸：西侧壁画长92.6、宽
76厘米，东侧壁画长
89.5、宽76.1厘米

来源：赤峰市元宝山区沙子山
1号墓出土

76

姝 雯

这两幅《礼乐仪仗图》壁画由赤峰博物馆（原昭乌达盟文物工作站）考古人员于1982年在赤峰市元宝山区沙子山1号墓中揭取。沙子山1号墓位于今赤峰市东30公里、老哈河西岸沙子山西坡上。墓内发掘出铜镜、铁马镫等随葬品，并揭取《夫妻对坐图》《研茶图》《奉茶图》《礼乐仪仗图》等壁画共八幅。

壁画原位于墓门两侧。西侧壁画绘三人，第一人头部及脚部残损，身穿红色圆领窄袖长袍，腰系玉带，双手执杖；第二人浓眉大眼，身穿绿色圆领窄袖长袍，腰系带垂至膝下，正在吹奏横笛；第三人头部残损，身穿紫色长

礼乐仪仗图（西侧）

礼乐仪仗图（东侧）

袍，脚似穿麻鞋，手执槌击鼓，鼓置于架上，鼓面黄色，腹侧有一提环。东侧壁画也绘三人，幅面大小与东侧基本相同，三人头部均已残损。第一人双手执杖，身姿挺拔，有威仪护卫之态；第二人身着圆领窄袖长袍，腰间横系

一鼓，鼓面黄色，右手执细槌作击鼓状，左手五指伸张作拍击状，鼓为长圆形，略有亚腰，形似元代杖鼓；第三人身着圆领窄袖长袍，腰系玉带，脚穿靴，双手击拍板，拍板为长条状，上窄下宽，一串四枚合穿，下端系彩带。

"仪仗"也称"卤簿"。《春明梦余录》："卤簿之制，兆于秦，而其名则始于汉。或曰：'卤者，大盾也，以大盾领一部之人，故亦曰卤部。'或曰：'凡兵卫以甲盾居外为导从捍蔽，其先后皆著之簿籍，故曰卤簿。'"《元史·舆服志三》中对皇帝出行的"崇天卤簿"做了详细记载，其中的仪仗乐队包括"云和乐""安和乐""天乐一部"等。例如"云和乐"，有云和署令二人，着朝服，骑行，左右各一；引行前队共有十六人，其中拿戏竹（用于指挥的工具）者二人，吹排箫者四人，箫管者二人，龙笛二人，拍板者二人，歌工四人，均戴展角花幞头，着紫绅生色云花袍，镀金带，紫靴；紧接着又有一百三十二人的队伍，其中弹琵琶者二十人、筝十六人、箜篌十六人、拿篥十六人、敲方响八人、吹头管二十八人、龙笛二十八人，均戴花幞头，着绯绅生色云花袍，镀金带，朱靴；后接杖鼓三十人、板八人、大鼓二人、工十人。

东侧壁画第二人腰间所系之鼓为"杖鼓"。《元史·礼乐志五》记："杖鼓，制以木为匡，细腰，以皮冒之，上施五彩绣带，右击以杖，左拍以手。"与壁画中描绘的鼓的形状和演奏方法颇为吻合。杖鼓又名震鼓、魏鼓、拍鼓，形制"广首而纤腹"，源自西域龟兹国。《文献通考》有"昔苻坚破龟兹国，获羯鼓、揩鼓、杖鼓、腰鼓"的记载。壁画中所演奏的杖鼓是北宋以后的，与唐代的有所区别。唐代杖鼓又名"两杖鼓"，鼓的两端都用杖来敲打，宋代以后的杖鼓则"右击以杖，左拍以手"。杖鼓一般与羯鼓、大鼓一起演奏，声音"和壮而有节"，极具震撼力。

东侧壁画第三人手执乐器为"拍板"。宋太祖开宝年间，宫廷教坊增设箫韶部，拍板开始跻身其中。元代拍板主要用于宫廷音乐和杂剧中，在仪仗乐队中虽然数量不多，但从始至终掌控整个乐队的节奏与节拍，作用重大。

沙子山1号墓壁画《礼乐仪仗图》反映了元代贵族官员出行的礼乐仪仗制度，弥补了文献的不足，具有重要意义。

宴饮之趣

元代钧窑出水观音杯

任晓锋

77

年代：元代

尺寸：口径9.5、足径3.8、
高6.9厘米

来源：赤峰博物馆旧藏

　　这件元代钧窑出水观音杯设计精巧、造型秀美、典雅古拙，胎质坚硬，呈红褐色，施天蓝釉，色彩清新雅致。杯身呈上卷荷叶形，敛口，圈足露胎，杯内塑六瓣莲花，中心凸起呈直口，花瓣边留六孔，杯内塑一浮动的观音像，酒水注入杯中，观音便会从直口中徐徐升起，酒水减少时，观音又会从直口中落下。此杯构思巧妙，为赤峰博物馆馆藏精品。

　　钧窑是北宋五大名窑之一，属青瓷窑系。钧瓷始烧于唐代，兴盛于北宋，以官窑为主，元代民窑成为主流，但也不乏精品传世，元代以后才逐渐衰落。钧窑瓷器特色在于造型古典端庄、质地温润如玉、釉色柔美多变。因其在釉中加入铜、铁作为呈色剂，所以它的青色不同于一般的青而更接近于蓝，且浓淡不一，在蓝色之中又出现窑变铜红釉，演变出朱砂红、玫瑰紫、海棠红、丁香紫等窑变色彩，红里有紫、紫中有蓝、蓝里泛青、青中透红、青蓝错杂、红紫相映，瑰丽多变，打破了过去颜色釉瓷器只有青瓷和黑瓷的单色类格局，被人称赞为"入窑一色、出窑万彩""千钧万变、意境无穷""钧无双配"等。这件出水观音杯的天蓝色釉就是钧瓷的典型釉色之一，而这种釉色非常难烧，在古代的窑烧条件下，失败率极高，所

元代钧窑出水观音杯

谓"十窑九不成",因此古人常用"黄金有价钧无价"来形容钧瓷的珍贵。

元代钧窑的窑口分布范围较为广泛,主要集中在河南、河北、山西等地,是对宋代钧窑的继承和发展。元代钧瓷与北宋不同的是胎壁更厚、胎质疏松,有砂粒及砂眼,胎颜色呈深灰、土黄、褐灰,胎釉结合不如北宋、金代钧瓷紧密,釉乳浊失透,有大小气泡和棕眼,整体制作水平和工艺技巧没有北宋精致。元代钧瓷的质量虽难与宋代相比,但也有少量精品,馆藏的这件出水观音杯便是其中之一。它胎质坚硬,釉自上而下由薄变厚,在杯下部堆积,有如蜡液,釉色由深变浅,如雨后天空般湛蓝,可谓元代工匠的倾心之作。

元代钧瓷主要为两次烧成,即素烧和釉烧。器物在成型以后,坯体首先要素烧一次,烧制素胎的温度一般为 $900\sim950\,^{\circ}\mathrm{C}$,之后再挂釉入窑烧制,温度一般为 $1280\sim1300\,^{\circ}\mathrm{C}$。钧瓷的釉属于高硅低铝富磷矿物液体,是一种装饰性很强的艺术釉,所以需要经过多次分层挂釉才能成品,比一般的瓷器釉厚。

这件出水观音杯最精妙之处在于杯底中空处内置一尊盘坐的观音像。观音神态安详,栩栩如生。将酒水倒入杯中,观音会在浮力作用下徐徐从圆孔中浮出,当杯中斟满酒水后,观音会整体浮出圆孔,向杯内望去,观音盘坐在莲花之上;当酒水减少,观音又会徐徐落回孔中,最后隐匿在底孔之内。通过观察观音显现的程度,就可以判断酒水的多少,所以出水观音杯是一个既可以量酒又具有宴饮之趣的"公道杯"。关于出水观音杯在宴饮中的趣用,还有一种可能的方式,酒水入杯后,观音像慢慢旋转浮出,每次浮出后停滞的朝向是不定的,人们可根据倒完酒后观音像的朝向来决定喝酒的人,这和文人墨客的"曲水流觞"有异曲同工之处。

这件出水观音杯可以说集科学性、工艺性、审美性和趣味性于一体,是元代制瓷工匠聪明才智和高超技术的完美体现。

边疆稳固之印

清代翁牛特右旗札萨克银印

王艳丽

78

年代：清代

尺寸：边长 10.6、通高 10.5 厘米

来源：赤峰市翁牛特旗征集

　　这枚银印虎形纽、正方形印座。印面阳刻满、蒙两种文字，汉文意为"翁牛特右旗札萨克印"。印侧阴刻满、蒙两种文字，内容与印面相同。

　　盟旗制度是清朝统治者针对蒙古诸部实施分而治之政策的产物。蒙古各部落被划分为旗，邻近诸旗每隔三年（有时一年）举行一次会盟，并以固定会盟地名称命名各盟。各旗的首领称为"札萨克"，是蒙古语的"首领""执行官"，通常由部落中的贵族担任，一般可以世袭。起初，旗首领被称为"管事贝勒""执政贝勒"。1637 年，首次出现"札萨克贝勒"之称。1642 年以后，旗首领称呼逐渐统一，固定为"札萨克"。札萨克主要的职

清代翁牛特右旗札萨克银印

责就是管辖其境内的民众及土地，负责处理旗内行政、司法、赋税、徭役、牧场等事务。

清朝在蒙古地区建立札萨克旗的过程是逐步完成的。蒙古各部最早的旗设于后金天聪八年（1634 年），首封 13 旗。清康熙九年（1670 年）漠南蒙古 24 部逐渐被划分为 6 盟 49 旗，总称内札萨克（即内蒙古）。随着清朝国力提升，统治者不断向漠北、漠西蒙古各部扩张，这些部落也随之被编入盟旗体制。至清乾隆三十六年（1771 年）蒙古土尔扈特部归返清朝后，所有蒙古部落皆被编入盟旗体制。经过康、雍、乾三代，外札萨克蒙古包括漠北喀尔喀 86 旗、科布多 19 旗，新疆伊犁将军所辖 13 旗，青海29 旗以及阿拉善、额济纳 2 旗。盟旗制度从初建到完备历经近 140 年。

翁牛特旗是清代首封的 13 个札萨克旗之一，设立于清崇德元年（1636 年），初设翁牛特左、右二旗，1956 年将左、右旗合二为一。"翁牛特"意为"神圣的山"，最初为蒙古部落名称，因原部落人信奉山神而得名。据史料记载，翁牛特部系元太祖之弟乌真诺颜的后裔，原称阿鲁蒙古。明朝末年，翁牛特部与阿鲁科尔沁旗、乌喇特、阿巴哈纳尔、四子部落、阿巴嘎、茂明安等诸多部落统称为阿鲁蒙古。皇太极天聪六年（1632年），翁牛特部落首领逊杜棱及其叔父栋岱青率部归附后金，被封于原藩属地（即今赤峰市翁牛特旗全境、松山区大部分及承德市围场满族蒙古族自治县）。皇太极崇德元年（1636 年），逊杜棱设翁牛特旗右旗，世袭多罗杜棱郡王；栋岱青设翁牛特旗左旗，世袭多罗贝勒。

关于翁牛特左、右旗首封札萨克，在官方文献中记载略有不同。乾隆朝、嘉庆朝《大清会典》《钦定大清会典则例》《大清一统志》，道光朝《清史稿》等文献中均把翁牛特左旗的首封札萨克记为栋岱青，爵号多罗达尔汉岱青；右旗记为逊杜棱，爵号多罗杜棱郡王。而乾隆内务府抄本《理藩院则例》、光绪朝《大清会典》等文献则记载栋岱青为右旗首封札萨克，逊杜棱为左旗首封札萨克，爵号亦随之颠倒。研究者们依据相关材料证实了前者的真实性。翁牛特右旗首封札萨克逊杜棱卒于清顺治二年（1645 年），其子孙承袭爵位和官衔。这枚银印正是颁赐多罗杜棱郡王一系的官印。

清朝官印早期为满、蒙两种文字，随着社会稳定及民族融合，官印上的文字发展为满、蒙、汉三种文字。官印的制作和管理有一整套完备的制度，形制包括质地、纽式、款式、印形、尺寸、称谓等都有非常严格的规定。清代御宝，质地以玉为主，银质官印是除御宝外最高品质的印信，主要为一、二品要员用，三品以下皆用铜印；在纽式上，御宝用龙纽，公、侯、伯以及一、二品高级武官及边政大臣用虎纽，其他官员用直纽（后演化为圆柱纽）。翁牛特右旗札萨克印为银质虎纽官印，符合上述官印制度。

清朝推动了印与王权的神化，持官印者要在开印、封印与受印时顶礼膜拜，以视对官印的尊崇。因此，一年一度的官印封启是一个全国性的政治仪式。期间，各札萨克身着官服，通过隆重的仪式程序表达对皇权的服从和崇拜，同时也彰显了札萨克自身权利的合法性。

这枚银印具有较高的历史、科学和艺术价值，为研究清代官印制度和设官镇守等提供了重要的实物资料，是清时期国家权利与民族统一的象征。

齿德俱茂 备极哀荣

清代红漆楠木骨灰罐

张懿燚

年代：清康熙三十九年（1700 年）

尺寸：口径 31.5、腹径 64、底径 34、
通高 94 厘米

来源：赤峰市巴林右旗查干沐沦苏木
固伦淑慧公主墓出土

79

这件红漆楠木骨灰罐出土于清固伦淑慧公主墓，呈宝瓶形，采用整根楠木挖旋而成，罐口上置宝顶盖，广肩外扩，顺势向下至腹部收拢，圈足底，通体施红漆。盖部上方以金粉手书 ཨོཾ་མ་ཎི་པདྨེ་ཧཱུྃ།，即"唵嘛呢叭咪吽"六字箴言，此咒是诸佛慈悲和智慧的音声显现。罐腹部通体环绕金粉手书藏文超度经。

清代红漆楠木骨灰罐

《草原姻盟——下嫁赤峰的清公主》一书中介绍了固伦淑慧公主的一生。固伦淑慧公主（1632～1700年），名阿图，后金天聪六年（1632年）二月十二日亥时出生于盛京（今沈阳）帝宫，清太宗皇太极第五女，生母为孝庄文皇后，是顺治帝之姐，康熙帝之姑母。清顺治五年（1648年），公主奉旨下嫁巴林右翼旗札萨克王辅国公色布腾。康熙三十九年（1700年），公主在北京去世，享年69岁，根据其遗愿葬于巴林草原，以藏传佛教礼仪火葬入殓，骨灰就盛放在这件楠木红漆金书经文骨灰罐中，出土时罐内仍可见随葬服饰残片。

早在清入关前，因政治需求，满蒙之间便已经开始"和亲"。入关后，清代统治者为有效统治蒙古各部，满蒙联姻不但没有停止，反而得到进一步发展，并且对蒙古地区实施"南不封王北不断亲""分封以制其力""崇释以制其生"三大国策。这对清代管辖与治理边疆蒙古各部起到了至关重要的作用。因此，满蒙联姻持续长达数百年之久。

清代皇家公主下嫁蒙古诸部后便肩负起稳固边疆、推行国策、造福百姓的重任。固伦淑慧公主可谓其中典范。1648年，公主下嫁巴林右翼旗时，顺治帝赐公主隆化县境内的波罗河屯平地500顷（约30.72平方公里）作为"胭脂地"用于税收和日常开支，同时赐随嫁陪房燕支满洲人300户随公主来到巴林草原。他们各有技艺，在公主的引领下开疆拓土、建设塞北，使巴林草原上呈现出街巷相连的繁华景象，促进了边疆蒙古地区的繁荣发展。顺治十四年（1657年），因公主德行贤淑，被晋封为固伦淑慧长公主。《东蒙古志》中记载："巴林札萨克多罗郡王（乌尔衮）祖母固伦淑慧长公主，因河水澎湃，有病（阻）民行，乃相其地，宜建斯桥于河。"1660年，位于巴林右翼旗与翁牛特旗两部交界的西拉木伦河频泛水灾，固伦淑慧公主出资在河上修建石桥，取名为"巴林桥"。百姓感激公主善行又称此桥为"公主桥"，并立碑纪念。

固伦淑慧公主大力推行格鲁派藏传佛教（黄教），兴建圆会寺等多所喇嘛寺庙。康熙元年（1662年），公主主持修建床金庙，请喇嘛朝伦德旺鲁掌教。康熙六年（1667年），公主在王府西侧兴建圆会寺（俗称西大庙），先后修建庙殿达百余间，刻印"甘珠尔经"与"丹珠尔经"各一部，并用千两黄金制造金佛、金塔多尊供奉于寺内。这一系列举措使藏传佛教在巴林草原迅速传播开来，进一步巩固了清政府的统治力。

据刘潞《清初皇室成员火葬的见证》一文，清代皇族火葬习俗源于满洲旧俗，因常年征战四方，迁徙不定，先辈去世后，后人不忍远离，就采取火化的方式，将骨灰随身携带，用这种方式来寄托对先辈的哀思。1643年，皇太极正式致书五世达赖喇嘛，要求"延致高僧，宣扬佛教，利益众生"，被视为清皇室接受佛教的开始。清代皇族的丧葬习俗也随之产生变化，将佛教思想融入旧俗的火葬仪式中，并且根据骨灰罐的形制来区分墓主人的地位尊卑。直到康熙时期，清皇室丧葬习俗受汉文化影响逐渐改为土葬。

这件楠木红漆金书经文骨灰罐工艺精湛，以珍贵楠木制作，采用黄金磨粉调膏通身手书佛经，彰显出固伦淑慧公主尊贵的皇家身份。多善厚德的固伦淑慧公主在蒙古部族的一方水土上尽显她的慧敏与仁厚，她用尽一生维护皇家荣耀，造福巴林儿女，铺桥修路，大兴佛教，可谓是清皇家公主中的典范。民间因此出现了很多关于她的传说，甚至在当地逐渐形成公主信仰，这在其他地方是不多见的。固伦淑慧公主在巴林草原生活了52年，去世后也长眠于此，成为清代众多下嫁蒙古部族公主中最为闪耀的一颗明星。

取法自然　寓意吉祥

清代冬青釉葫芦瓶

尹静雅

80

年代：清代
尺寸：口径 2.8、足径 10、
　　　高 32.6 厘米
来源：赤峰市征集

　　这件冬青釉葫芦瓶，瓶体仿葫芦形、小口、细直颈、球形腹、圈足、足底心内凹，用青花篆书"大清乾隆年制"图章款。瓶体通施冬青釉，冬青釉是青釉的一种，色泽较重，有宋元龙泉窑的效果，因此也称"仿龙泉釉"。该瓶施釉均匀，釉色洁素莹然，清新光亮，为清代官窑制品。

　　葫芦瓶制造历史悠久，在约 7000 年前的仰韶文化时期就有大量葫芦瓶造型的彩陶出现，其中最出名的一件"人面鱼纹"葫芦陶瓶，上半部分施黑色，下半部分彩绘两组"变形的人面纹"，双耳下各饰游鱼一条，栩栩如生，极富想象力。仰韶先民把陶瓶设计成葫芦的形状，很可能源于葫芦的实用功能。葫芦自然生长，易种易得，是我国先民广泛种植的瓜果植物。据考证，约 10000 年前已出现生葫芦，在约 7000 年前的浙江河姆渡遗址已发现种植葫芦。《诗经·大雅·绵》谓"绵绵瓜瓞"以形容周人子孙繁衍，世代相承。进入封建社会以后，因葫芦果实累累、饱满籽多，被赋予"支脉旺盛，人口众多"的美好寓意，又谐音"福禄"，从而产生了更多的"葫芦崇拜"。葫芦作为自然天成的器皿，可舀可盛水和食物，用途十分广泛。在神话故事里，葫芦既是神仙们喝水饮酒的容器，又是装仙丹妙药的灵物，如八仙之一铁拐李身背葫芦、济公和尚腰系葫芦及寿星南极翁手捧葫芦等，更使葫芦成为"福禄吉祥""健康长寿"的象征。

　　由于葫芦被赋予了大量吉祥平安的内涵，为历朝历代、各个阶层所推崇。自唐代起，各大制瓷窑口均大量烧造葫芦瓶。随后，在宋元明清各个朝代发展出具有不同形制特征的葫芦瓶。明清时期，由于制瓷水平的提高以及葫芦作为佛教、道教的标志性代表物，加之葫芦多子、藤蔓绵延的形象与江山永固、福寿绵长相应和，使得葫芦瓶大量涌现并达到极致。从乾隆朝开始，葫芦瓶成为皇帝万寿节不可或缺的贡物，更是极大促进了清宫葫芦瓶的制作，其生产量之大远远超过前朝。耿宝昌先生在《明清瓷器鉴定》一书中对其进行了大致分类："器有大中小等类……大型者，见有绘葫芦的青花器、粉彩及窑变器；中型者，有冬青釉和蓝釉描金器；小型者，有仿汝、仿官、天蓝、粉青、茶叶末及彩釉描金器。"可见乾隆时期的葫芦瓶品种釉色之丰富。

全国各大窑口都生产过陶瓷葫芦瓶，主要形制分为两种，一种是沿袭葫芦本身的形状，没有过多人工增减，可称为"仿生式"葫芦瓶。这件

清代冬青釉葫芦瓶

馆藏冬青釉葫芦瓶即是亚腰形的"仿生式"葫芦瓶，整体造型由上小下大两个圆球体组成，中间束腰，曲线优美、圆润流畅，具有造型简洁自然的特点。除形状以外，其釉色温润，色泽青绿，从颜色和质感上模仿了自然形态的葫芦，传达出一种静谧、高雅的审美境界。另一种是对葫芦造型加以变化，可称为"派生式"葫芦瓶，例如体现对天地崇拜的"天圆地方"式葫芦瓶、专门悬挂于墙壁上的壁式葫芦瓶、瓜棱式葫芦瓶、多节式葫芦瓶等。

葫芦瓶，作为一种"取法自然，寄托愿望"的吉祥器物，承载着人们对美好生活的向往和期许。从古至今，人们穷其智慧、乐此不疲地生产、创作丰富多彩的葫芦瓶，可见对这种造型器物的喜爱早已溶于中华民族的血脉中。

此中三昧　于礼于生

清代泥金写本《甘珠尔经》

张小明

81

年代：清代

尺寸：长50、宽25、
高20厘米

来源：赤峰博物馆旧藏

　　这套藏文《甘珠尔经》为馆藏珍贵文物之一，系金粉手书而成，原藏于青海塔尔寺。1904年，赤峰昭慈寺四世葛根（住持）吉光梅特来嘉木措到西藏、青海等地进修佛学，当他从青海塔尔寺载誉归来时，带回了这部《甘珠尔经》。吉光梅特来嘉木措，生于清道光十九年（1839年），7岁入庙，14岁任葛根并两次入藏修习，咸丰九年（1859年）返回，同年八月随十三世达赖喇嘛赴喀尔喀蒙古，光绪三十二年（1906年）又回到青海塔尔寺。后来，他被达赖喇嘛册封为"法王堪布"，并赐印章，还将塔尔寺中珍藏的金字《甘珠尔经》相赠。吉光梅特来嘉木措将这部旷世绝伦的佛教经典带回巴林左旗，安放在昭慈寺大殿的藏经阁，并以其精深的学识大力弘扬佛法，使昭慈寺进入了鼎盛时期。之后，昭慈寺在"文革"中被毁，《甘珠尔经》经过当时文教工作人员的抢救得以保存，又几经周折，现收藏于赤峰博物馆内，成为镇馆之宝中的一件。与国内其他《甘珠尔经》相比，这套《甘珠尔

清代泥金写本《甘珠尔经》

《甘珠尔经》首页佛像

经》的价值主要体现在装帧制作与经文教义两个方面。

这套经书共 111 函,每函 150～300 页不等。经书采用梵夹装,每函上下为紫色木夹板,经页用黄色锦缎经袱包裹,再用红、黄相间的经带捆扎。夹板两头阳刻涂有金粉的藏文经句。首页两端各彩绘一尊佛像,工笔细腻。上饰二龙戏珠织锦缎护帘。经文用泥金手书,笔力刚健,并在写经处涂蛋清以使经卷保存长久。

这套《甘珠尔经》的经页采用的是珍贵的磁青纸,也称瓷青纸。这种深蓝色的纸张因颜色与明代青花瓷相似,而被当时大众所推崇。磁青纸作为中国传统染色加工纸,常被用在佛教的写本上。磁青纸的加工步骤大致是先将靛青染料刷染一遍原纸,然后用清水涂布一遍,待纸面干燥后再进行第二遍刷染。之后再水洗、干燥,进行第三遍刷染。如此循环,需要多次重复"染后水洗"的操作,方可制成。磁青纸纸色呈蓝黑,金银其上,经久不褪,溢彩流光,古朴典雅。明代《帝京景物略》中就有磁青纸"坚韧如段素,可用书泥金"的记载。磁青纸起初用于宫廷佛经、文牒等写本,其上用毛笔蘸以金银泥(将金粉或银粉放入胶水中调匀所成)书写文字,后来也用作线装书的封皮。

这套经书相较于其他同类经书而言内容更加全面、丰富。经卷分为两部,一为丹珠尔,意为佛部,包括经律及密经;二为甘珠尔,意为祖部,包括释经论、(止)观瑜伽诸论、传记及藏地本土历史文化,涉及天文、地理、医学、农学、哲学等,是藏传佛教艺术的巅峰之作,也是藏地全景式的百科全书。《甘珠尔》是藏族历史、宗教和文化的滥觞,是研究藏族古代文明的极其珍贵的资料，至今仍对西藏地区人民的信仰和生产、生活发挥着不可或缺的作用。

这套《甘珠尔经》保存极好，极为珍贵。翻开这部尘封已久的《甘珠尔经》，那些跃动的文字向世人讲述着历史年轮里的光辉岁月，展示了中华民族优秀的传统文化。

《甘珠尔经》护帘

清代固伦荣宪公主彩帨挂饰

82

年代：清代
尺寸：通长43厘米
来源：赤峰市巴林右旗巴彦
　　　尔灯苏木十家子嘎查
　　　固伦荣宪公主墓出土

秦　博

　　这件彩帨挂饰出土于清代固伦荣宪公主墓，其帨巾已经遗失，只遗留这件完整挂饰。挂饰由数根黄色丝绦组成，上面坠有杂宝饰件。上端系于一枚龙纹青金石上，下垂八根金黄色丝带，分别坠有绿松石剑鞘（剑遗失），绿松石暗八仙，绣米珠、"卍"字纹的葫芦香囊。

清代固伦荣宪公主彩帨挂饰

固伦荣宪公主是康熙帝第三女，为荣妃马佳氏生，康熙三十年（1691 年）封为和硕荣宪公主，下嫁巴林部多罗郡王鄂齐尔次子乌尔衮，康熙四十八年（1709 年）晋封固伦荣宪公主，雍正六年（1728 年）四月去世，雍正七年（1729 年）葬于巴林草原。1966 年，位于巴林右旗巴彦尔灯苏木的荣宪公主墓遭到破坏，墓中文物由昭乌达盟文物工作站抢救保护下来。墓中出土的袍服和 100 多件金饰品，工艺极其精湛，彰显了皇室的尊贵身份。

彩帨为清代皇室女子朝服配饰，突显朝服华丽庄重的同时也是等级和身份的象征。彩帨狭长条形，长约 1 米，上窄下宽，两侧垂挂吉祥挂饰，常系于朝服的第二颗纽扣上。

"帨"初指挂在腰间的佩巾。《仪礼》曰："女嫁，母施巾结帨。"郑玄注："帨，佩巾也。"《礼记·内则》："子生，男子设弧于门左，女子设帨于门右。"即女子出生，挂佩巾于房门右侧。后世也用"设帨"指代女子出生。清代戴名世《凌母严太安人寿序》："七月某日为吾母设帨之辰，盖年臻八十矣。"魏晋时，蹀躞带传入中原，带间有带环，佩挂各种随身应用的物件，如带弓、剑、帉帨、算囊、刀、砺石之类，形制和悬挂物件均为适应马上需要。到唐代，蹀躞带曾一度被定为文武官员必佩之物，不同品级的官员蹀躞带上悬挂不同的"蹀躞七事"，包括帉帨、算袋、刀子、砺石、契苾真（刻字的楔子，源自铁勒部落之一契苾）、哕厥（解衣绳的工具觽）、针筒、火石袋等。唐开元以后，朝廷新规一般官吏不再佩挂。《明清"帉帨"研究现状及发展趋势》一文指出："唐人在穿着上纷纷效仿胡装，佩戴蹀躞七事，后演变成为日常生活的小物件耳挖、剔牙、镊子等，常与手巾搭配使用，统称为'三事''七事'。此种形式的'帉帨'不分男女均可以佩戴。"直至清代，统治阶级腰带上必"佩帉"，命妇则佩戴"彩帨"，较之民间更体现其装饰和等级意义。

清初彩帨较大，可以挂在胸侧纽扣，也可以挂在正中纽扣，可挂在朝服上也可挂在常服上。乾隆时期的《皇朝礼器图式·冠服》规定："皇子福晋彩帨，谨按：本朝定制皇子福晋彩帨，月白色，不绣花文，结佩惟宜，绦皆金黄色。下至郡王福晋县主皆同。"意为从皇子福晋到世子福晋、固伦公主、和硕公主、郡王福晋、县主的彩帨都是同一形制。结合该件挂饰金黄色的丝绦，推断该件挂饰的彩帨（已遗失）为月白色无纹饰。月白色即淡蓝色，自古人们认为月亮的颜色并不是纯白，而是带着一点淡淡的蓝色。

　　皇子福晋、固伦公主等彩帨上的挂坠形制并没有详细记载。这件挂饰上分别有绿松石剑鞘（剑遗失），绿松石暗八仙，绣米珠、"卍"字纹的葫芦香囊。乾隆时期最为重视吉祥纹样，言必有意，意必吉祥。挂饰中的剑、阴阳板均是暗八仙。清代在宫廷瓷器、木器、服饰上大量使用暗八仙纹饰。"葫芦岂止存五福，扇摇起死可回生。剑现灵光魑魅惧，手执荷花不染尘。花篮内蓄无凡品，渔鼓频敲有梵音。紫箫吹度千波静，玉板和声万籁清。"民间话本小说中的描述表达了暗八仙的神奇，代表了人们对多福多寿、避灾驱邪、明朗清净的愿望和憧憬。

　　绿松石阴阳板，寓意心静神明，让人心态平和，不为外事所扰。绿松石剑鞘上遗失了宝剑，其也是暗八仙之一，寓意镇邪驱魔。葫芦香囊，上坠米珠和珊瑚珠，珊瑚珠组成"卍"字纹，是清代皇家常用的佛教吉祥纹饰之一。整件彩帨挂饰最上部是一块刻有卧龙纹的椭圆形青金石，数条黄色丝绦均系于青金石下。每条丝绦尾端是龙纹珊瑚坠角。19颗东珠作为丝绦绳间点缀，更显主人的尊贵。

清公主的常服

清代固伦荣宪公主苏绣博古袍

沙大禹

83

年代：清代

尺寸：袍长 147、宽 161 厘米

来源：赤峰市巴林右旗巴彦尔灯
苏木十家子嘎查固伦荣宪
公主墓出土

　　这件苏绣博古袍，1972 年出土于赤峰市巴林右旗巴彦尔灯苏木十家子嘎查固伦荣宪公主墓。袍服用珍珠作扣，圆领绣黑边，右衽，袖子较宽松，内层附有花纹丝绸。整件袍服通身绣博古纹，以宝鼎、花瓶、铜炉等吉祥杂宝为主要图案，周围绣有花、鸟、文具、书籍等。

　　荣宪公主为康熙三女，嫁于蒙古巴林郡王的儿子乌尔衮，去世后就葬在了这片巴林草原。公主墓被发现时距离公主下葬已经过去 240 余年，其皮

清代固伦荣宪公主
苏绣博古袍

肤仍然保持弹性，面部朝上，头戴凤冠朝南，脚穿红靴朝北，戴有手镯和戒指。公主身上从外到内依次穿有珍珠团龙袍、苏绣博古袍、苏绣百蝶袍，尽显华丽尊贵。其中，第二层的苏绣博古袍，色彩素雅，画面细腻，绣艺高超，是典型的苏绣作品。

苏绣在清朝，无论是制作工艺还是受追捧的程度都达到了一个新高度。苏绣的主要产地在苏州，因此而被称为苏绣。在清朝，苏州地区经营苏绣的商家就有65家之多，民间制绣高手数不胜数，皇家享用的上等苏绣，基本上都由苏州提供。

苏绣袍服配上博古图案，增添了浓厚的文化气息。博古作为传统的中国图案，起源于北宋时期的《宣和博古图》。当时，宋徽宗令属下王黼统计宣和殿所藏青铜器，最终汇编成《宣和博古图》三十卷。在此之后，人们将绘画青铜器、瓷器、陶器、玉器、石器、骨器等古代文物的图案，叫作博古，间或出现山水、水果、花卉等样式。清代初期的博古纹，由于受到朝代更迭的影响，总体水平不高，层次感较差；鼎盛时期当属康熙、雍正、乾隆三朝，这其中又属康熙朝最为繁盛——在景德镇瓷器上大量出现了博古纹图案，并逐渐被应用在皇家袍服上。这件馆藏苏绣博古袍正是在这样的背景下产生的。

苏绣博古袍上面的博古纹图案成组出现，所绣物品达百种之多，整体错落有致、形象逼真。每组图案都有着吉祥寓意，写意与写实两种风格相辅相成，堪称皇家工艺的典范。具体来看，这件苏绣博古袍在两个袖口对称处绣有花觚、壶，在袖子的其余部分绣有花瓶、宝鼎、铜炉、壶、书籍、水丞、笔筒；胸前绣花觚、宝鼎、水丞、三孔三多瓶、河蟹、鼻烟壶、书籍、双环；腰部绣有玉磬、灵芝、书籍、花瓶；膝盖及附近的位置绣有花觚、花瓶、盆景、珊瑚、桃、海棠、鹿、仙鹤、孔雀翎羽、宝鼎、画卷、雉鸡；袍服下边缘绣有爵、宝鼎、水丞、如意、宝剑、拂尘、羽扇、蟾蜍、花瓶；袍服背面绣有宝鼎、如意、狮子、书画。

袍服中的宝鼎，为三足圆鼎，在博古纹中较为常见，因"鼎"的谐音为"定"，故寓意安定。花觚在袍服中也出现多次，搭配不同的事物，寓意有所不同。花觚插有各种争相开放的鲜花，寓意花开富贵、生机勃勃、王朝永存；在花觚中插翎羽，象征吉祥富贵。觚最初是一种青铜酒具，宋代开始

除收藏研究之外，也将其作为案头把玩的雅物，尤其用作插花器物。宋代文人士大夫插花讲究意境，喜插梅、水仙、兰、葵、荷、栀子等花，因其造型纤美典雅，深得宋代文人的喜爱。南宋赵希鹄《洞天清录》中云："古铜器入土年久，受土气深，以之养花，花色鲜明如枝头，开速而谢迟，或谢则就瓶结实。"花觚的附近还绣有花瓶、盆景。"瓶"的谐音"平"，寓意平平安安。明代屠隆《考槃馀事》最早提及了"盆景"一词，并说明了盆景的摆放方式，经常被放于底座之上，盆景同样可以摆放鲜花，寓意蒸蒸日上，还可以摆放果实，寓意果实累累。苏绣博古袍中的盆景放有珊瑚，则寓意吉祥富贵。图案上绣的爵与觚的最初用途一样，是古代青铜酒具，爵寓意加官晋爵。

　　袍服中还绣有许多文房器具，如水丞、笔筒、如意、羽扇，寓意书香门第。文房器具是清代文人雅士鉴赏的重要方面，在博古纹中不单独出现，多参照《长物志》配套使用，以便于相互关联。如意在文房器具中出现较为频繁，有吉祥、驱邪的寓意。此外，袍服中花瓶牡丹寓意平安富贵，河蟹寓意夫妻和谐，孔雀翎象征翎顶辉煌，仙鹤和桃象征长寿，拂尘寓意免受世俗烦恼，海棠雉鸡寓意锦绣前程等。

公主的朝服

清代固伦荣宪公主珍珠团龙袍

秦 博

年代：清代
尺寸：通肩宽 190、长 150 厘米
来源：赤峰市巴林右旗巴彦尔灯
苏木十家子嘎查固伦荣宪
公主墓出土

84

　　清军入关前后，由于生活环境、生活方式的改变，服饰形制亦分为前、后两期。前期服饰适合骑马、射猎，圆领、右衽、宽袍、马蹄袖，既保暖又行动方便。清中期以后，随着政权的稳定，满族贵族的生活趋向都市化，在八旗贵族中还存在着追求安逸享乐的奢靡之风，传统袍服的实用、保暖性已经不适合关内的安逸生活，适合玩乐、燕居的服饰应运而生，尤其是宫廷女眷的服饰，在形制、色调、图案方面更加时尚和华丽。在绣工方面，经过了两千多年的发展，中国的刺绣技艺在清代已经高度成熟，无论是色彩搭配还是针法的多样性，都达到了空前的水平，这些都为清代服饰繁荣创造了

清代固伦荣宪公主
珍珠团龙袍

局部

条件。

　　馆藏这件珍珠团龙袍为康熙第三女固伦荣宪公主下葬时穿在最外层的衣服，做工、绣工均属上乘，显然出自宫廷。

　　珍珠团龙袍明黄色缎地，石青色袖，圆领，右衽，大摆开衩，马蹄袖口。全身用近8万颗米珠绣出团龙8条，前胸、后背为五爪正龙图案；两肩、前后下摆为五爪行龙图案。8条龙中间以米珠高绣"寿"字。领口、斜襟、袖相接处及袖口均用米珠绣团寿图案。衣摆下边缘丝绣海水江崖纹。

　　据《清史稿·舆服二》载"固伦公主冠、服制如亲王福晋"，而"亲王福晋吉服褂，绣五爪金龙四团，前后正龙，两肩行龙。余皆与皇子福晋同"，又皇子福晋"朝袍用香色，披领及袖皆石青，片金缘，冬加海龙缘。肩上下袭朝褂处亦加缘，绣文前后正龙各一，两肩行龙各一，襟行龙四，披领行龙二，袖端正龙各一，袖相接处行龙各二。裾后开。领后垂金黄绦，杂饰惟宜"。这件珍珠团龙袍从形制上看属朝服，袖、领口皆为石青色，正龙、行龙共8条，后不开裾，袍服颜色为明黄色，这些与服制规定并不相符，可能与清代宫廷服饰在早中期尚无明确的规制有关。但从这件袍服可以看出固伦荣宪公主极为尊贵的身份。《皇朝礼器图式》卷六《冠服三》中载，皇太后、皇后朝袍用明黄色，贵妃、妃嫔、皇太子妃分别用金黄、香色、杏黄等。未经赏赐，不得着明黄色。另外，该件袍服的团龙、团寿图案均用米珠缀绣而成，全身使用米珠近 8 万颗。米珠多产于南方海中的小蚌里，是珍珠中的上品，采集极其不易。它多在清代后宫服饰中用于头饰、鞋靴、服饰上的个别点缀，如此大量的米珠运用在袍服上，比较罕见。况且该件袍服上的近 8 万颗米珠大小匀称，应是特意挑选的结果。可想而知，这件袍服耗费人力多、制作难度大、花费时间长。

可能正因是米珠缀绣，这件珍珠团龙袍的袖端和袖相接处的纹样为"团寿"，而不是服制规定的"袖端正龙各一，袖相接处行龙各二"。袖端、袖相接处绣纹样的空间较小，如果在这两处狭窄部位用米珠缀绣出神形兼备的正龙、行龙图案，难度太大。又或团龙袍在其他地方逾制，在袖端、袖相接处用团寿图案代替龙的图案，以达到一种服制上的平衡，而不至于过分僭越。

从以上几点来看，这件珍珠团龙袍应为皇家赏赐之物。据荣宪公主墓志记载，公主"克诚克孝，竭力事亲"，是康熙皇帝最喜爱之女。康熙皇帝也曾两次远驰塞北巡幸，看望下嫁的荣宪公主。公主的额驸乌尔衮骁勇善战，是蒙古巴林部首领，曾率部参与"乌兰布统之战"，战功卓著，保卫边疆有功。康熙皇帝对荣宪公主和蒙古巴林部的重视程度可见一斑。所以，荣宪公主有这样一件袍服也不足为奇。

固伦荣宪公主下葬时，身上穿有 10 层衣服，仅存的只有这 3 件。珍珠团龙袍穿在最外层，第二层为苏绣百蝶袍，最里层的是苏绣博古袍。三件袍服代表着清代早期宫廷服饰宽袍、窄袖、圆领、偏重于生活实用性的特点。珍珠团龙袍虽出土于塞外草原，却是清代皇家服饰的代表，同时也是满蒙文化交流的重要见证。

清代固伦荣宪公主
凤冠金凤饰件

王 迪

85

年代：清代
尺寸：长 9.45～10.2、
宽 4.3～4.85 厘米
来源：赤峰市巴林右旗巴彦
尔灯苏木十家子嘎查
固伦荣宪公主墓出土

清代固伦荣宪公主凤冠金凤饰件

　　这套累丝嵌珠宝金凤饰件共有 4 件，造型别致，工艺精湛。金凤昂首展翅，头部冠羽飘逸，凤目有神，凤喙弯曲，凤翅和凤尾的羽毛制作根根分明，凤尾呈扇面状展开。金凤上原镶嵌有珠宝，目前已经全部脱落。金凤饰件的制作采用的是累丝工艺，制作精巧，每一个金凤饰件看上去都鲜活灵动，栩栩如生。累丝工艺是将金、银抽成细丝，根据不同的制作需求，以堆、垒、编、织、掐、攒等技法将金银丝编成辫股或网状，再焊接在器物上，工序复杂，是金属工艺当中最为精巧的技艺。

　　固伦荣宪公主下葬时，头南脚北，头戴金制凤冠，身穿多层服饰。依据现存清代宫廷女性饰物来看，冠上有金凤作为装饰的，可能是朝冠或者钿子。结合史料和荣宪公主墓出土的其他金饰来推断，这件凤冠可能属于钿子。

　　清代"妃"等级以上后妃的朝冠才能够以金凤为饰，而且身份地位越低，朝冠上的金凤数量也越少。《清史稿·舆服二》规定"固伦公主冠、服制如亲王福晋"，"亲王福晋吉服褂，绣五爪金龙四团，前后正龙，两肩行龙。余皆与皇子福晋同"，"皇子福晋朝冠，顶镂金三层，饰东珠十，上衔红宝石。朱纬。上周缀金孔雀五，饰东珠七，小珍珠三十九。后金孔雀一，垂珠三行两就"。也就是说，固伦公主的朝冠和亲王福晋、皇子福晋的朝冠形制相同，上面装饰的是金孔雀，而非金凤。清代另一记录典章制度类器物的政书《皇朝礼器图式》上面关于固伦公主冠服的记载与《清史稿》一致，而且从此书上绘制的皇子福晋朝冠样式图上，能够明显地看出金凤和金孔雀的区别。但是《清史稿》成书较晚，《皇朝礼器图式》也是乾隆年间修撰编订的，而《大清会典》康熙、雍正朝所修部分对固伦公主朝冠样式无明确记载。因此，也有这种可能，即在清朝前期对冠服的规制制定还不完备、执行还不严格的情况下，固伦公主的朝冠可以使用金凤。又或者，这种在冠服上的某些逾制是对荣宪公主的格外恩宠，毕竟她是康熙皇帝最喜欢的女儿，被康熙皇帝"优旨褒奖"其"克诚克孝，竭力事亲，诸公主中，尔宽为最"（荣宪公主墓志铭）。此外，荣宪公主墓中发现的一件珍珠团龙袍的颜色也超越了公主服饰规定中的香色，而是用了太后、皇后才能使用的明黄色。

根据荣宪公主墓清理报告上的记录，除了这4件金凤，还有2件金孔雀饰件（清理报告上将这2件也叫作金凤饰件，但其样式和金凤饰件明显不同，通过与《皇朝礼器图式》中的图样对比，应该是孔雀）、7件金簪、2件岁寒三友金饰。这些饰物都是凤冠上的装饰，再结合史料中关于公主朝冠样式的记载，推测荣宪公主的凤冠应该不是朝冠，而可能是清代满族贵族女性使用的另一种冠饰——钿子，金凤饰件和其他金饰是钿子上装饰用的钿花。

钿子出现在康熙朝中期，在雍正、乾隆时期发展形成，是一种可与吉服搭配在重要场合佩戴的冠饰。钿子有凤钿、满钿和半钿之分。清代福格《听雨丛谈》中记载："八旗妇人彩服，有钿子之制，制同凤冠，以铁丝或藤为骨，以皂纱或线网冒之。前如凤冠，施七翟，周以珠旒，长及于眉。后如覆箕，上穿下广，垂及于肩，施五翟，各衔垂珠一排，每排三衡，每衡贯珠三串，杂以璜璂之属，负垂于背，长尺有寸。左右博鬓，间以珠翠花叶，周以穿珠璎珞，自额而后，迤逦联于后旒，补空处相度稀稠，以珠翠云朵杂花饰之，谓之凤钿。又有常服钿子，则珠翠满饰或半饰，不饰珠旒。此与古妇人冠子之制相似也。"据橘玄雅《旗人女性的首饰》一文指出："凤钿，则是一种特殊的满钿，以其主要钿花均为凤翟形状而得名，其钿花经常比满钿装饰的还要多。"根据史料记载和学者的研究，凤钿的主要特征是以凤、翟为主要装饰，使用珠旒，辅之以其他金银珠翠饰物，这些特征也可以从保存下来的凤钿实物上得到印证。

荣宪公主的金凤饰件上虽然不见珠旒，但珠旒在凤钿上的使用也并不是绝对的。2015 年，康熙帝温僖贵妃墓被盗，在追缴回的文物中有一件被定名为"凤冠"的饰物。据朱亚光《清代钿子的形成》一文介绍："冠正面装饰金累丝凤鸟五只，每只凤在头顶、翅膀和尾羽处皆镶嵌东珠。冠顶部左右饰金累丝如意云头、金累丝凤穿牡丹钿花各一对……其所佩戴'凤冠''状如覆箕'的外形及由骨架、内胎、钿花三部分组成的结构，都表明此物也是'钿子'而非'凤冠'，按其钿花表现主题，则可进一步将之认定为'凤钿'。"荣宪公主的"凤冠"很可能和温僖贵妃的这件类似，应是凤钿，金凤为钿子正面的装饰，孔雀、岁寒三友和其他金饰则装饰在钿子的其他部位。温僖贵妃的凤钿上同样没有珠旒，因为她们生活的时期钿子形制刚刚形成，样式必不如后期发展得那样完善，所以和文献中的记载有一定的出入。

"塞牧虽称远，姻盟向最亲。"乾隆皇帝这句关于满蒙联姻的诗句，表达了对满蒙两个民族结为血脉姻亲的喜悦和称赞。以荣宪公主为代表的，为民族之间的团结安定而远嫁草原的清公主们，为草原带来了先进的文化和技术，加强了当时中央和边疆的联系，也促进了当地不同民族间的文化融合，加深了各民族人民的相互了解。

藏传佛教八大法器之一

清代头骨法鼓

沙大禹

86

年代：清代
尺寸：鼓面直径约 12 厘米
来源：赤峰市征集

　　这件清代头骨法鼓，鼓身为十五六岁亡童的两块颅骨对接而成，中间的颅缝称为"梵孔"，其周围是一圈绸缎箍条。鼓面蒙以真皮，主要以猴皮、羊皮、牛皮等动物皮为主。手柄中心绸缎箍条两侧各挂有一个用针钩成的小圆球，摇动鼓柄时，两个小球在鼓面上来回击打。手柄用黑丝绒制成，并用布垫装饰，下面连接着用丝绸制作的尾穗。尾穗上端为一三叶云纹形并绣八卦图的布垫，下接两层五彩花卉垂带，布垫两侧以及垂带下缘缀以黄色的丝线穗子。

　　头骨法鼓，藏传佛教密宗手鼓的一种，又称"达玛茹""嘎巴拉或嘎布拉（梵文Kapala 音译）鼓""人头鼓"，俗称"骷髅鼓"。法鼓与酥油灯、法铃、金刚杵、法螺、念珠、嘎乌盒、转经筒共同组成了藏传佛教的八大法器。清代，帝王为了巩固江山社稷，在蒙古地区大力推行藏传佛教。现存北京雍和宫的乾隆御制《喇嘛说》碑文记："兴黄教，即所以安众蒙古。所系非小，故不可不保护之。"清代佛教寺院使用头骨法鼓主要在藏传佛教节日、活佛坐床、开光仪式等重要日子。头骨法鼓外形都基本相似，但大小不尽相同。

清代头骨法鼓

在清代，为满足宫中佛堂法事之需，除了西藏进献的嘎布拉法器外，清宫造办处还会根据皇帝旨意，使用玉、象牙、珐琅以及紫檀木等材质制作嘎布拉法器。例如《清宫内务府造办处档案总汇》第 39 册记载乾隆四十一年（1755 年）十月金玉作："初五日库员外郎掌五德来说，太监如意交紫檀木嘎布拉鼓三件，上各随五色片金飘带，蜜蜡结子，五色绦子，腰箍嵌珊瑚花朵六块。象牙嘎布拉鼓一件，上并随五色缎飘带。锦缎腰箍上寔元珠三颗，俱中正殿。传旨将嘎布拉鼓四件俱照热河殊像寺嘎布拉鼓上腰箍宝盖一样，配腰箍、飘带，钦此。于十一月十四日员外郎四德来说，太监如意传旨将现配腰箍嘎布拉鼓送进呈览，钦此。随将紫檀木嘎布拉鼓三件、象牙嘎布拉鼓一件、换下腰箍四分，持进交太监如意呈览。奉旨紫檀嘎布拉鼓三件另配象牙胎股鞔皮，并象牙嘎布拉鼓一件，俱配银镀金腰箍，换下腰箍上嵌珠石认看呈览，钦此。"除此之外，在藏传佛教寺庙里还经常使用猴子的颅骨制作法鼓，这种法鼓比正常的法鼓小一些，便于操控。猴子在藏族人心中的地位要高于其他动物，因此用猴子颅骨代替人的颅骨做成法鼓，在藏传佛教中是普遍能接受的。

嘎布拉鼓的起源可以追溯到印度河流域的哈拉帕文明（繁荣于公元前 2500 年，衰落于公元前 1900 年），最初以象形文字形式出现。人骨法器源自印度教的秘密修行与念咒施法，之后逐渐被佛教吸纳，并随着佛教传播而传入我国。人骨法器的主要材料是人头骨和腿骨，包括以人头骨为材料制作的嘎布拉碗、嘎布拉鼓、嘎布拉念珠以及用人小腿骨加工的胫骨号。此外，还有骷髅冠、骷髅项饰、骷髅璎珞、骷髅棒、骷髅杖等。人骨法器具有多重功用，可佩带、握持、供养，其中嘎布拉鼓、胫骨号同时还是乐器。头骨法鼓可以透过外在声音的震动与内在的神秘力量相联系，把空性之音体现得淋漓尽致。头骨法鼓在驱除鬼神的法会中经常与金刚铃相配合，是方法与智慧的结合，在使用的时候，修法师左右摆动，击打鼓面，发出悦耳的响声。声音讲究阴阳平衡，"阳性"的右手握着头骨法鼓敲打出"大乐"之声，用以召唤空行母、菩萨、佛陀，"阴性"的左手拿着金刚铃则发出"空性"之声。

这件馆藏头骨法鼓为本地藏传佛教寺庙中曾经使用过的法器，骨质细腻，纹理清晰，可发出"空性"之音，不但是藏传佛教教义内涵的诠释，也是藏传佛教在赤峰地区普及的有力见证。

福寿绵长

清代粉彩九桃盘

姝 雯

87

年代：清代
尺寸：最大口径 46.3、底径 30.3、高 9.2 厘米
来源：赤峰市征集

　　这件清代粉彩九桃盘，敞口，浅腹，圈足，盘形硕大，从口沿处向上伸展出两株遒劲粗壮的褐色枝干，枝干上点缀着绿叶、桃花，叶疏密有致，细长而韧，脉络清晰，叶色晕染深浅不一。桃花粉红，大部分含苞待放，散发着勃勃生机。在两枝干的留白处，饰红色蝙蝠一对。盘内中部并蒂结有三桃，其他五桃簇拥周围，另一桃从口沿处过枝到盘的背面，共九个。盘底部有"大清乾隆年制"红彩楷书款。硕大饱满的桃子和蝙蝠一起取"福寿绵长"之意。

清代粉彩九桃盘

清代瓷器绘画精致、色釉丰富、装饰手法多样，在康熙、雍正、乾隆三朝达到了我国制瓷工艺的历史高峰。粉彩就是在这一时期发展起来的一种釉上彩瓷。粉彩大量生产后，渐渐取代了康熙时期五彩的地位，成了釉上彩瓷器的主流。粉彩由于添彩以后需要在彩炉内以氧化气氛约700℃二次焙烧，且烧成温度比五彩低，因此色彩在感觉上比五彩要柔软，就像被水洗染过一样，也叫"软彩"。

　　乾隆时期的粉彩瓷器与雍正时期相比，色彩更为浓艳，图案花纹也渐趋繁缛。在彩绘工艺上，凡胭脂红花朵大多勾茎，不似以前那样只是单独的渲染。锦地、蓝地、黄地开光粉彩的制作逐渐增多，并且出现了胭脂红地、金地、茶叶末地、霁红地和黑漆嵌金银丝开光粉彩等珍贵的品种，还出现了兼用粉彩和珐琅彩两种装饰工艺的瓷器。乾隆皇帝对粉彩瓷器的用途、形体、花纹也常有御旨，制作前要有画样或木样，审查后才能正式烧制，甚至器物的款识以及配合纹饰的诗句都须经过乾隆皇帝御批。清宫内务府造办处的记事档中就记载了许多乾隆时期景德镇御厂为宫廷制瓷的史实。

　　这件粉彩九桃盘上的色彩较为淡雅柔丽，主要原因是景德镇的制瓷工人在含铅的玻璃质中加入了砷元素，发明了一种名为"玻璃白"的乳浊剂，它的化学成分是氧化硅、氧化铅和氧化砷。氧化硅是形成玻璃白的主要成分，氧化铅是熔剂，而氧化砷则可以起乳浊剂的作用。绘制粉彩时，窑工们先在高温烧成的白瓷上勾勒出图案的轮廓，然后在内部填上一层"玻璃白"，再将彩料施于这层"玻璃白"上，最后运用中国画的没骨法将颜色依所需深浅浓淡的不同洗染开，突出明暗深浅的艺术效果。除了化学元素和技法，颜料中掺入了粉质，也是这件粉彩九桃盘粉嫩柔润的原因。

　　粉彩九桃盘画面层次分明，这是因为粉彩多用油料添彩，色彩的变化较五彩多，光一种颜色的深浅就可以达到十几种变化。盘上的桃所填色料为胭脂红，桃尖处保留的色料多且厚，并渐渐向末端晕染，再将红色洗去，这样的施彩方法让盘上的桃形象更加逼真。

　　粉彩九桃盘底部有"大清乾隆年制"六字红彩楷书款。据田申《古陶瓷收藏指南》介绍，乾隆朝的官窑器篆书款数量增大，多数为"大清乾隆年制"六字款，少数为"乾隆年制"四字款，一般用于珐琅彩器。楷书款一般为六字款，极少数为四字款。乾隆朝款识除大量青花款外，还有金彩、红彩、料彩及刻款，应用于不同器物。如金彩用于仿漆釉器，红彩用于粉彩器，蓝料彩用于珐琅彩器，而古铜彩、茶叶末釉、窑变釉多为刻款。

粉彩九桃盘上装饰桃纹。中国人对桃的钟爱由来已久，《山海经》中就有夸父逐日，道渴而死，化为桃林的故事；诗经的名篇《桃夭》以"桃之夭夭，灼灼其华"来比喻出嫁女子美好的样子；《太平御览》卷二十九记载"元日服桃汤。桃者，五行之精，厌伏邪气，制百鬼"。人们赋予桃辟邪驱鬼的功能。到两汉时期，人们才将长寿文化注入桃纹饰中。明清时期，瓷器的装饰图案呈现出"有图必有意，有意必吉祥"的特点。桃作为寓意长寿的装饰纹样受到人们的青睐。清代桃纹的发展变化也主要体现在康、雍、乾这三个时期。此时的桃纹装饰技法多样，绘画精致，形式丰富。康熙时期的五彩桃纹，桃叶带有五彩平涂的痕迹，但画面非常精致。唐英《陶成纪事碑》记载："洋彩器皿，新仿西洋珐琅画法，人物、山水、花卉、翎毛，无不精细入神。"雍正时期，桃纹变得舒朗自然，留白较多，色彩过渡柔和，线条流畅，叶片细长，肥硕的桃多用点染法细细上彩。到了乾隆时期，桃纹则变得富丽繁缛，小巧但描绘精致，多与其他花纹一起形成一个完整的纹饰，点缀于器物表面。

粉彩九桃盘上的桃纹运用"过枝"技法，"过枝"指的是器物内壁与外壁或器盖与器身的纹饰相连，浑然一体，宛如花枝越过墙头。除了过枝桃纹，还有过枝牡丹、过枝菊花等。据《饮流斋说瓷》记载，过枝是"成化开其先"，流行于明清二代，其中过枝桃纹多与蝙蝠一起装饰于盘上，取"福寿双全"之意。"九"为阳数之极，有最尊贵之意，盘上的桃为九颗应有"福寿无边"的寓意。

粉彩九桃盘作为清代瓷器的杰出代表，器形饱满硕大，画工精致细腻，颜色淡雅自然。盘上的每个元素都有其独有的、特定的寓意，这种寓意是中国人民几千年来形成的文化认同，也是各民族文化交往、交流、交融的有力鉴证。

端庄古朴　妙趣天成

清代仿哥窑贯耳瓶

尹静雅

88

年代：清代
尺寸：口径 11.2×9.3、底径
11.5×8.7、高 31 厘米
来源：赤峰博物馆旧藏

　　这件哥釉贯耳瓶，是清乾隆时期官窑瓷器产品，长方形四曲口，长方形足，器形较大，胎体洁白、厚重，修胎规整，器表烧有开片纹，釉质纯净，色调明快恬淡，青色莹润，呈失透状，有一定玉质感，口沿残，底有"大清乾隆年制"六字青花款。

　　贯耳瓶是中国古陶瓷瓶中的经典造型之一，其腹部扁圆，颈部直长，颈部两侧对称贴竖直的管状贯耳，故称为"贯耳瓶"。虽然单从外表看，贯耳瓶不算特别出众，但可能因其有劝诫君王广开言路、善于纳谏的含义，因此深受皇室喜爱，流传千年。贯耳瓶最初是在汉代投壶的基础上发展演变而来，历代均有流行，到了宋代随着瓷器工艺的发展，贯耳瓶的样式越发精美，渐渐演变为陈设用品。清乾隆时期，贯耳瓶非常流行，在各式仿古单色釉中，仿哥釉最为成功，形神兼备，工艺达到巅峰。

　　哥窑，是宋代五大名窑之一，也是中国古代最著名的陶瓷品种之一。哥窑瓷器造型端庄古朴，釉色滋润腴厚，釉层外表自然开裂，纹线千变万化、意味无穷，一直深受宫廷皇室、达官贵人、文人雅士和收藏家的青睐。宋以后，元明清各朝多有仿制，历代各窑口均有烧造。一般把真正的宋代哥窑瓷器叫哥窑，把元明清仿的哥窑瓷器叫作仿哥釉、哥釉、仿哥窑等。不同时期仿哥窑瓷器具有不同的特征。宋代哥窑特征为胎色黑褐、釉层冰裂、胎质坚硬，釉色多为粉青、灰青等。由于烧造哥窑瓷器的土质含铁量较高，烧成的瓷器没有涂釉的底部呈现出铁色，口沿处多尖锐窄小，高温下釉汁流泻而呈紫色，因此也有"紫口铁足"之说。元代仿哥窑烧造方法延续了宋代的支钉与垫饼，原料也取于当地，釉面光泽莹润、油滑如酥。明代仿哥窑瓷器，官窑仿制数量较少，多带有年号，修胎规整，釉层较薄，釉质纯净，釉面光滑

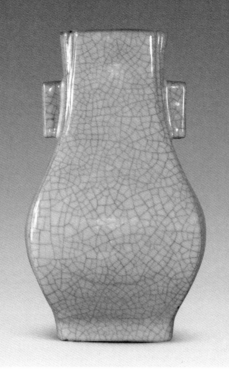

清代仿哥窑贯耳瓶

度、光洁度较高；民窑产量较大，施釉粗糙、釉层稍厚、釉质浑浊，胎色以白色为主，并多有窑红现象。清代仿哥窑比明代更成熟，纹片更美观，器形更大。官窑多有年款，胎体洁白、厚重，圈足粗厚，釉质纯净，釉面有一层自然空气氧化的宝光，釉色较白，也有烧成青色；民窑仿制胎质较差，胎色浑浊，釉层较薄，圈足有窑红现象。

　　清代乾隆皇帝非常喜爱妙趣天成的哥窑瓷器，将其视为珍品。《清高宗御制诗文全集》共收录 21 首吟咏哥窑瓷器的诗作，约占咏陶瓷御制诗的十分之一。并且，乾隆还命工匠将部分御制诗刻于收藏的哥窑瓷器上。这些御制诗内容丰富，既有对宋代哥窑瓷器的赞美，也有对明代仿哥窑瓷器的褒奖与肯定，且涉及哥窑生产窑口、生产年代等知识，大多征引的是明代文人笔记，如曹昭的《格古要论》、陆深的《春风堂随笔》和高濂的《遵生八笺》。这三本古籍分别对哥窑的产地、年代、形制做了不同论述，比如提到哥窑的烧造地点，乾隆倾向于明万历十九年（1591 年）成书的《遵生八笺》记载的浙江杭州，而非龙泉。经中国科学院上海硅酸盐研究所对杭州凤凰山麓老虎洞窑址元代晚期地层中出土的哥釉瓷器进行化验后认定，故宫博物院传世哥窑和元大都仿哥窑瓷片就是在老虎洞元代时烧造的。这也从科学的角度证明乾隆皇帝对哥窑产地认识的准确性。

清代，政府为更好管理、稳定蒙古地区及整个北部边疆，一方面推行盟旗制度，将一个蒙古部落分为多个旗，旗设札萨克掌管全旗事务，若干个旗组成一个盟，每三年（也有一年）举行一次会盟，以会盟之地作为盟的名称，并授予蒙古王公各种爵位。清初，内札萨克蒙古二十四部陆续析为六盟四十九旗，今赤峰地区分属昭乌达盟和卓索图盟管辖。另一方面，清政府还对蒙古地区实行满蒙双向嫁娶的联姻制度。"塞牧虽称远，姻盟向最亲。"据不完全统计，清代皇室先后有二十几位后妃出自蒙古，清代有四十几位公主嫁给蒙古王公，其中下嫁到赤峰地区的清公主就有七位。满蒙联姻，互通互往，交流融合，促进了边疆地区的生产水平和社会发展。馆藏这件仿哥窑瓷器应该就是从蒙古王公府邸或大商人宅院中流散到民间的。

底款

年代：清代
尺寸：口径 16.3、底径
10.3、高 3.5 厘米
来源：赤峰市征集

清代祭红"大清雍正年制"盘

张伟娇

　　这件清代祭红盘，侈口，浅腹，大圈足，足墙直立。盘内外均施红色釉，釉色鲜艳，均匀透亮，表面微起橘皮纹，盘底施青白釉，中央有青花双圈内书"大清雍正年制"六字楷书款，口沿和圈足有自然的白釉边，也称"灯草边"。圈足背滚圆，光滑细腻，俗称"泥鳅背"。

　　景德镇的红釉瓷有钧红、祭红和郎窑红等。红釉是因为在烧制过程中釉

清代祭红"大清雍正年制"盘

里加入了铜元素。其中，钧红是我国最早出现的铜红釉品种，从明朝开始，景德镇大量生产钧红瓷。明永乐、宣德年间，继钧红之后，景德镇又创造了祭红。

祭红的别名很多，有霁红、醉红、积红、鸡红或极红等，多用作祭祀器，因此得名祭红，器形以高足碗、高足盘为主。祭红相对其他红釉，色泽更加柔和。因为祭红釉呈色的膨胀系数相对其他红釉瓷小，所以烧制出来没有龟裂纹，不易碎，稳定性较好，既能装饰陈设瓷，也可以装饰日用瓷。另外，祭红釉料的配比使它的熔融和玻化程度没有那么强烈，烧制过程中，不能完全熔融，所以祭红的另一特点是釉面不流，因此不脱口，口沿与底坝有美丽的灯草边。

祭红釉是一种氧化铜类釉，铜红釉瓷器是所有瓷器中最难烧制的品种之一。祭红釉料是施在未经煅烧过的生坯上，釉层较薄，坯体在烧成过程中氧化和分解出的二氧化碳及二氧化硫对釉面都有不同程度的损害，祭红釉中氧化铜的比例合适才能烧制成功，所以它对烧成条件要求极高，成品率很低，因此比其他红釉瓷更为名贵。为了让烧出来的祭红釉色泽鲜艳漂亮，古人曾在釉料里加入玛瑙、宝石、珊瑚、玉石等名贵材料，有的配方甚至要用到十几种珍贵原料，有的配方中还掺入赤金，但是烧成率仍然很低。随着现代科学的发展，已知只要在釉料中加入适当比例的含石英类的材料，就可以提高成品釉面的光泽度。

明宣德年间的祭红瓷器最佳，明中期以后红釉烧制技术几乎失传，直至清康熙朝才得以重新恢复和发展，但清代祭红的烧制极其不易，产量多、质量精还属雍正、乾隆两朝，以后则渐趋衰落。其实，明清两朝制作祭红釉的基础配方基本相同，但由于烧制时所用的窑型不同、胎泥的硬度不同，所以两朝的祭红釉釉面效果不一样。明代祭红釉贴骨而吸胎，釉肥而润，光泽深沉。清代祭红釉亮丽而飘逸，釉薄而清澈，玻璃光感强烈。清代祭红釉瓷器主要集中在康、雍、乾三朝。康熙时期的祭红釉瓷器釉面均匀凝厚，色泽红艳、深沉，但红釉色泽多泛黑红，个别的较为浅淡鲜亮，色调均匀，祭红胎体坚硬细密，有的釉面有细小的橘皮皱纹，有的因釉层较厚而呈垂流状，足边常有因垂流积釉而呈现的黑褐色。雍正时期景德镇在明代"槎窑"的基础上创制了"镇窑"，这种窑更适合颜色釉的烧制，所以雍正年间的颜色釉瓷器达到了又一个高峰，祭红也比康熙时的成熟，釉色是最纯粹的红色，偏正红色，比较浓艳，以铜为着色剂，在约1300℃的高温还原气氛中烧成，雍正时期祭红的胎质和釉色是康、雍、乾三朝中最好的。乾隆时期的祭红釉瓷器胎白质密，瓷器内施青白釉，外施祭红釉，釉色呈深红，釉汁凝厚，釉面密布细小棕眼，如同橘皮。

雍正时期的官窑款识主要为纪年款，有四字款"雍正年制""雍正御制"，四字款多为两行双框，也有无框的，主要用在珐琅彩瓷、颜色釉上，其中篆书款主要用在仿钧、茶叶末等器上。此外，还有六字款"大清雍正年制"，书写字体有楷书和篆书，楷书款早期为六字三行双圈，晚期为六字两行双圈或双框，多用在青花和粉彩上，也有个别用在颜色釉上；篆书款为六字三行，多用在单色釉上。雍正时期官窑瓷器还有用墨书款识的，但数量不多。这件馆藏祭红盘底采用青花釉下彩楷书六字两行"大清雍正年制"，是雍正时期常用的一种写法，"大"字的捺稍长，"清"字的第三笔提至"青"字的中间，"年"字的第三笔和第四笔之间是分开的，"製"字下方的"衣"字撇较短，这种款识特点与故宫博物院收藏的一件书有青花"大清雍正年制"款胭脂红釉盘款识一样。

祭红釉瓷器颜色富贵吉祥，符合中国传统的审美情趣，通常作为帝王祭祀礼器用色，故名"祭红"。清雍正时期，随着王朝的日益巩固，国家祭祀活动日趋完善，因而这类祭器制作要求也就极高，呈现出一种严谨、优雅的气度。这件馆藏雍正款祭红盘，造型规整，胎薄质坚，釉色鲜亮呈深红色，釉面偶有黑色斑点，器内底部釉面年久有磨损现象，有白色灯草边，口沿与底足的处理具有典型的雍正官窑的特征，可以说是一件标准的雍正官窑单色釉瓷器。

造型别致　栩栩如生

清代福禄寿三星戏酒摆件

尹静雅

90

年代：清代
尺寸：缸口径 7.2、缸底径 6、摆件通高 18.1 厘米
来源：赤峰市征集

这件粉彩福禄寿三星戏酒摆件是从赤峰市老城区征集来的，为晚清作品。福禄寿三星穿着有别、相貌各一、神态不同，围绕酒缸而立，似是正在对缸中美酒品评赞叹。位于瓷塑中间的大酒缸，敞口，上部近口沿处环绕一周浅绿色条带，下面是一周浅蓝色如意纹；中间明黄底上绘绿色蟠龙戏珠图案；下部绘绿白相间的海水江崖图案；空白处则填以各种造型的粉色、绿色祥云。整体造型别致、意趣生动、色彩明亮，是清代瓷塑艺术品中的上乘之作。

酒缸右侧身穿浅绿色长袍的人是寿星，袍上绣仙鹤图案，而鹤为长寿的象征。寿星头戴淡紫色绣花软质幞头，双手抱缸沿，长须肃然，双目微闭，头向左侧微微倾斜，似为缸中美酒陶醉。酒缸左侧身穿上黄下绿长袍的人为福星，黄色上衣饰蝙蝠纹，“蝠”与“福”谐音。福星系白色腰带，左手捋长髯，目盯寿星，似在向他谈论酒的滋味。位于酒缸正面，身穿浅蓝色长袍的光头老翁为禄星，袍上饰满花卉和卷草纹，以象征功名利禄。禄星八字胡须，左手食指衔入口内，双目紧紧注视着缸中的美酒，似已垂涎欲滴。

“人间福禄寿，天上三吉星。”福禄寿三星起源于人们对星辰的自然崇拜。《史记·天官书》就有关于“禄星”的记载：“斗魁戴匡六星曰文昌宫：一曰上将，二曰次将，三曰贵相，四曰司命，五曰司中，六曰司禄。”北斗七星正前方六颗星统称文昌宫，里面最后一位就是主管功名利禄的禄星。“寿星”又叫“老人星”。在东汉年间，就有祭祀寿星与敬老仪式结合在一起的活动。“福星”起源于唐代，如李商隐《无愁果有愁曲北齐歌》：“东有青龙西白虎，中含福星包世度。”隋唐以后，人们根据丰富的想象，把福禄寿三星演化为人的模样，经常是三位并列，作为独特的文化意象，出现于

清代福禄寿三星戏酒摆件

绘画、雕塑等艺术创作中。清代，表现吉祥文化的陶瓷器发展达到鼎盛，题材空前繁荣，寓意吉祥的纹饰层出不穷。福禄寿三星比较常见的形象是福星手拿一个"福"字，禄星捧着金元宝，寿星托着寿桃、拄着拐杖。还有用动物、植物来表现的象征画法，如用蝙蝠、梅花鹿、寿桃代表福、禄、寿的含义。而这件摆件则用人物服饰上的蝙蝠、花卉卷草纹和仙鹤来表达福、禄、寿的含义。

除三星外，酒缸也是摆件中的重要组成部分。根据人体比例可知，酒缸应有一米余高。三星手抚缸沿，均流露出对缸中美酒的喜爱和沉醉。从古至今，文人墨客都喜欢饮酒，高兴时，酒是他们快乐源，"白日放歌须纵酒，青春作伴好还乡"；失意时，酒是他们的忘忧水，"花间一壶酒，独酌无相亲。举杯邀明月，对影成三人"；疏狂时，酒是他们的助兴剂，"诗万首，酒千觞，几曾着眼看侯王"；酒还是朋友相聚、离别的见证物，"绿蚁新醅酒，红泥小火炉。晚来天欲雪，能饮一杯无"；相思时，酒又是他们的慰藉品，"明月楼高休独倚，酒入愁肠，化作相思泪"。除诗词歌赋等文学创作外，其他如琴棋书画、戏剧歌舞等也都浸透了酒文化的精华。因此，福禄寿三星围绕酒缸而立，一方面表现了福禄寿三星的爱酒、嗜酒，另一方面也表现了酒同福禄寿一样，同是文人墨客的精神向往和寄托。

这件瓷塑作品，布局科学合理，人物呈品字形排列，敞开面向观赏者，便于立体欣赏，且人物肢体动作、面部表情刻画精细、栩栩如生，同时兼顾了他们因酒而产生的交流与互动，借以表达对世间美好生活境界的憧憬与向往，寄托了人们真挚的理想与情怀。

彩蝶飞舞　粉润柔和

清代粉彩蝴蝶折腹杯

张　颖

91

年代：清代

尺寸：口径 6.3、足径 2.2、
　　　高 3.4 厘米

来源：赤峰博物馆旧藏

　　这对粉彩蝴蝶折腹杯于 1965 年入藏，两杯为一对，胎质润白，釉色清亮，碗口描以金线，碗身中段折腹。两碗均绘五只蝴蝶，外壁四只，内底一只，并点缀有绿叶和粉色小花。

　　碗外壁青草色绿植点缀粉红色小花，花上停落一只绿粉相间的蝴蝶、一只粉紫相间的蝴蝶，右侧绘一只侧身飞舞、翅膀点缀红色圆点的深蓝色蝴蝶，三蝶均用草绿色勾勒蝶身及触角。碗外壁的另一侧绘有一只体型较小的通身红色的燕尾蝶，仿佛自远处翩翩而来，其余碗身均予以留白。两碗内底处分别用笔勾勒出绿草一丛、三头粉花一枝、青色蝴蝶一只。三个图案小巧精致，呈三角形排列。碗底无款。这对折腹杯应为品茶与观赏之用，具有典型的清代粉彩瓷器特点。

　　蝴蝶纹饰作为中国传统装饰纹饰，具有幸福吉祥的象征意义。浙江河姆渡新石器时代遗址中出土过"双鸟朝阳纹象牙蝶形器"，外形似蝴蝶两翼展开的形状。唐代，蝴蝶纹样出现在丝织物中，色彩丰富艳丽，多为对称造

清代粉彩蝴蝶折腹杯

型，这一特点一直延续到宋代。至宋元时期，蝴蝶图案转为简洁淡雅的风格。明代，蝴蝶纹的装饰性逐渐增强，在写实的基础上开始有了变形及夸张的设计，并广泛应用于织物中，除此之外，蝴蝶纹饰以刺绣工艺的精细程度有了等级性的区分。清代，迎来了蝴蝶纹饰发展的鼎盛时期，不仅造型更为丰富生动，且做工精致，栩栩如生。

清代对蝴蝶图案极为喜爱有多种原因。首先，蝴蝶轻盈灵动，色彩明丽，给人逍遥自在、成双成对的美好联想。不论是古诗词还是民间流传的爱情故事，人们都把蝴蝶作为美好的事物以及爱情美满的象征。其次，古代"耄耋"一词是对高龄长寿老人的称呼，其中"蝶"与"耋"谐音，百蝶就有了"寿至耄耋"之寓意，绘有蝴蝶图案的瓷器，也成为祝寿馈赠的良选。再次，清代受萨满文化的影响，蝴蝶又有"送子"的寓意。

粉彩瓷器创烧于清康熙晚期，盛烧于雍正、乾隆时期，此后一直延续到清末，是清代陶瓷生产的一大主流。现代景德镇瓷厂依旧在烧制粉彩瓷器。粉彩最初记为"洋彩"，被正式称为"粉彩"应不晚于晚清、民国时期。

粉彩瓷器是在五彩瓷的基础上受到珐琅彩的影响发展形成的。其独特之处，是将一种含砷元素的白色颜料，即"玻璃白"加入各种彩料中。"玻璃白"具有乳浊效果，在白釉瓷器的表面用渲染的手法进行彩绘，视觉上形成粉润感，再二次回炉，用700℃以上炉火低温烧制，这样就形成了釉上彩。如此烧制成的瓷器色调柔软，有"软彩"之称。粉彩瓷利用"玻璃白"的乳浊作用，使彩色出现浓淡凹凸之感，同时更显得色彩丰富、粉润柔和、画工精细，整个画面更富于国画风格，故博得"东方艺术明珠"的美誉。

这对折腹碗上的蝴蝶，大小、姿态、颜色各异，有的翩翩起舞，有的轻落绿叶，属清代瓷器中常用的装饰方式，同时适当的留白实现了"言有尽而意无穷"的艺术效果。

清代银五设

张伟娇

　　这件清代银五设分为三部分，最上面是挂扣，圆环形扣中间錾刻一只小狮子；中间部分是一蝴蝶形饰件，蝴蝶两边各缀一银铃；最下面也是这件银饰的主体部分，为篮身錾刻牡丹花的花篮，花篮内镂空，錾刻石榴图案，花篮下面垂坠五条银链，银链尾部各缀有五个小工具分别是牙剔、宝剑、镊子、宝刀和挖耳勺。这种银饰件流行于清代，是当时人们随身携带的一套清洁小工具。银五设除了上述几种工具外，还有烟袋签子、胡梳等。因上面缀挂工具的数量不同有"三设儿""五设儿"和"七设儿"之分。根据制作材质又可分为"金五设""银五设"。这种小工具便于随身携带，既有实用价值，又有装饰作用。

　　这件银五设是清代民间常见的一种压襟坠饰，它采用了錾刻、捶揲、镂空、焊接、打磨的工艺。首先，根据提前画好的图案进行捶揲锻打，有镂空的地方也是按照提前绘制的图案用刻刀对花纹进行镂刻。大型的镂空银器利用模具浇铸成形，小型的镂空银器基本是用刻刀雕刻成形。各零部件做好基本的图案形状后，再利用旋切工艺修剪整个银饰。旋切即用旋刀修整银饰的内外壁，使其平整光滑。主体银部件修好后，再在高温高压的条件下，使用焊丝或焊条将零部件焊接在一起，焊接好后，根据

清代银五设

需要，打磨焊接痕迹，最后还有一道抛光工艺。至于抛光方式也有多种，有解玉砂、兽皮轮、棉麻布轮等，根据材质效果各取所需。银五设上面的小工具制作非常讲究，柄部通常饰有纹饰，有盘龙、花朵等形状。

银五设上的耳挖、牙剔（牙签）、镊子等小工具同时具有实用价值。关于牙签的出现至今仍无法定论，考古学界认为它至少有超过2000年的历史，材质有骨、铁、铜、金、银、木、竹、象牙等。关于牙签的发明还有一种说法是源自印度，根据佛教传说，佛祖释迦牟尼为替众徒祛口臭、清洁口腔，发明了牙刷和牙签类的工具。佛教传入中国后，到访的僧人以杨柳枝制作牙签，称为"杨枝"，"杨枝"就是今天牙签的前身。长沙马王堆1号汉墓出土过角质的镊子，唐五代墓出土过铜镊。我国最早发现的挖耳勺是约公元前1200年的殷墟妇好墓出土的玉质挖耳勺，此后汉至宋墓出土过铜、铁质挖耳勺。明清时，民间多用银来制作挖耳勺，也有挖耳形簪，还有挖耳与剔牙连在一起的类似这件银五设的小工具。佛教传入中国后，挖耳还被赋予清净"六根"中的"耳根"的宗教意味，被认为是自净身心的一种手段。银五设上的宝刀和宝剑则可用来刮舌苔、清理指甲缝等，同时宝刀、宝剑有驱邪迎祥的作用。

银五设还具备压襟的功能，确切说应该是压衽，因为它主要是系挂在衣服的右侧，或是右侧腰间，或是右侧衣扣上，因清朝服饰是右衽，挂上它防止走路时右侧衣襟飘起，它又能随衣襟摆动，有一种飘逸洒脱之感。

这件银五设是将实用与装饰融于一体的银器，上面装饰着狮子、蝴蝶、石榴等寓意多子多福的图案，自上而下布局错落有致，虽是一件小小银器，无不透露出清代银器制作工艺的精致细腻，是清代民间银饰艺术的代表。

草原上最美的萨日朗

93

年代：清代
尺寸：不详
来源：赤峰市征集

清代银镶珊瑚头饰

贾秀梅

　　这组清代银镶珊瑚头饰是清代赤峰地区蒙古族已婚妇女所佩戴的头饰，属簪钗头饰类型，一组共8件，横簪（扁方）1支、竖簪2支、托簪2支、步摇发簪2支、发箍1件，材质均为银质，并镶嵌有红珊瑚、绿松石等作为装饰，制作工艺精湛，非常美观大方。其中，横簪（扁方）上面錾刻有精美纹饰，等距镶嵌扁圆形的红珊瑚，左侧呈卷曲形筒状，上下两端装饰有红珊瑚，右侧为扁平状。竖簪中部为长三角形，上面嵌饰一个半球状的红珊瑚，一端以卷轴形结尾，上面镶嵌有红珊瑚，另一端为尖状。托簪一端呈分叉状，正面嵌半球形的珊瑚，背面呈圆形，另一端为尖状。步摇发簪一端头部为花穗形，下面有珊瑚珠串和绿松石作为垂穗，另一端为尖状。发箍为椭圆

清代银镶珊瑚头饰

形，在中间位置镶嵌有一颗红珊瑚。蒙古族妇女在缠发时，一般先把两支竖簪从前面插进发筒担在横簪上，然后再将两支托簪从后面插入，再将步摇发簪插在发髻中。

蒙古族头饰造型有着悠久的历史，大致可以追溯到蒙元时期。当时，未婚少女和已婚妇女头饰已有区别，受地域环境、风俗习惯、生产方式、审美观念及宗教信仰等多方面因素的影响，不同地区、不同身份地位的蒙古族女性所佩戴的头饰也各不相同。随着社会的发展以及各民族之间的交流融合，发展到清代，30多个蒙古族部落的女性头饰呈现出千姿百态、造型繁复、工艺复杂、制作精良等特点。赤峰地区清代的蒙古族女性头饰，可分为未婚和已婚两种。未婚女子根据不同的地域大致可分为五种发式，包括巴林左旗梳双辫、扎鲁特旗梳朝天辫、阿鲁科尔沁旗梳一根长辫托在脑后、奈曼旗梳一根长辫。已婚妇女头饰款式较多，主要可分为簪钗和珠链头饰两种，又可按照地域进行分类，如巴林左旗梳盘发高髻，戴金银发簪，并用玛瑙、珊瑚、珠、玉等作为装饰穿缀成抹额。

赤峰地区的蒙古族已婚女性因受中原汉族文化影响，用簪钗发式的比较多，且还有一定的讲究。如只要丈夫健在，无论年龄大小都要戴头饰，忌讳露顶出门，发型基本是梳盘发，把头发分绺盘绕再打结，再把头发绾起来，用扁簪、竖簪、托簪固定在头顶，还可插上步摇，再用缀满珊瑚、玛瑙、碧玉等的额箍盘扎在头上，然后再用丝巾绸布缠于头上，两耳佩戴有珊瑚玛瑙的耳坠。如巴林右旗的已婚妇女梳后辫，高髻盘发或双辫盘发，并用扁簪横插发根，用珊瑚、玛瑙、珠玉穿缀成串盘扎头上称额箍。新娘的头饰有其自己的独特风格，一般是成套使用，主要由一对珊瑚发筒，五支簪钗，两道额带，一对发垂，六支银质耳坠和缀有六条飘带的耳套组成，制作非常精美讲究。

目前研究表明，赤峰地区蒙古族簪钗头饰在造型、纹样、制作工艺等方面，在保留蒙古族基本特点和部落风格的同时，也受到了满汉服饰文化的影响，如使用步摇、额箍和竖簪与满族妇女的头饰很像。馆藏这组银饰即是这其中的典型代表。

蒙古族女性头饰制作工艺非常复杂，主要使用金、银材质，并常以红珊瑚、玛瑙、绿松石、珍珠等作为装饰。特别是银饰，因为蒙古族有尚白的习俗，洁白耀眼的白银象征着圣洁和高贵，而且还有消灾辟邪、带来光明和幸运的寓意，所以深受人们喜爱。珊瑚是蒙古族最喜爱的有机宝石之一，因生长在海底，采集不易，所以较为珍贵。其颜色主要分为深红色、粉红色和纯白色，其中深红色最受蒙古贵族喜爱，这与蒙古族的宗教信仰和思想观念有关。因为蒙古族崇尚火，所以喜欢红色，红珊瑚在蒙古人眼中是一种喜庆祥和的象征，代表着胜利、富贵和吉祥，是可以祈祷长生天保佑的寄托物，所以红珊瑚是蒙古贵族最常见的装饰品，不仅女性头饰上经常使用，男性随身携带的蒙古刀、火镰都会装饰红珊瑚。绿松石又称"松石"，也是蒙古族女性头饰中最常见的装饰物，颜色主要有天蓝、海蓝、粉蓝、深绿、翠绿等，硬度比较大，代表胜利和成功，也有"成功之石"的美誉。绿松石有着悠久的历史，据考古发掘可知，早在古埃及时期人们就已使用绿松石，赤峰地区在夏家店上层文化的青铜铜泡上，发现装饰有绿松石，说明在赤峰地区也有着 3000 年的使用历史。红珊瑚与绿松石的搭配产生了鲜明对比，深受游牧民族的喜爱。

蒙古族作为典型的游牧民族，一年四季逐水草而居，马牛羊就是他们的财富，不像中原汉族那样因为是定居生活，可以世世代代居住在一处，积攒大量的社会财富。游牧生活的局限使得蒙古族只能将自己的财物随身携带或佩戴，所以女性佩戴的头饰既是家庭财富的一种体现，也是蒙古族服饰文化中最为精彩的部分。

満蒙融合的冠饰

清代满族钿子

张伟娇

94

年代：清代
尺寸：高 17 厘米
来源：赤峰市宁城县征集

　　这件清代满族钿子，前高后矮，正面四块钿花，背面三块钿花，额头口沿处有九个凤衔宝石流苏。钿花材质是银鎏金，使用掐丝点翠工艺，镶嵌芙蓉石、珍珠、料珠等，各块钿花内有牡丹、蝴蝶、蝙蝠、葫芦、钱纹等吉祥花纹形象。

　　钿子，是清代满族命妇们常戴的一种头饰，由清初旗人女性盘发包头演变而来，顺治到康熙朝时，简单的盘发包头无法装饰更多的簪钗，于是钿子产生了。钿子上面可以用多到十几块的钿花来装饰。到康熙朝晚期，钿子基本成形，雍正朝已经正式普及。它流行于清中期至清末民国初期。根据不同

清代满族钿子

的场合需要，佩戴不同种类的钿子。

钿子的构成基本分为三部分，即骨架、钿胎和钿花。最里面是骨架，一般用金属丝或藤制成。骨架外是钿胎，钿胎一般用丝线、布或者纸制成类似包头的形状，罩在骨架之外。骨架与钿胎根据材质，有不同的颜色，常见的有黑色、红色和蓝色。有些用丝线编制的钿胎会编织出一些吉祥纹饰，一般都是编织成网状。

钿子根据上面的钿花分为半钿、满钿、凤钿和挑杆钿子。半钿，装饰比较简单，相对而言体现的礼制也比较低，应用场合最生活化。它的形制是在钿子的正面用四块钿花，背面用三块，一共七块钿花，一般不带流苏。半钿主要流行于雍乾时期到咸同时期。满钿是相对半钿而言，是整个钿子的表面都装饰满钿花，满钿的钿花可以垂流苏，主要流行于雍乾时期直到清末。凤钿与挑杆钿子是代表礼制最高，装饰最复杂的，主要流行于雍乾时期到咸同时期。凤钿与满钿类似，钿子上装饰满钿花，只是钿花是以"凤凰"为主题的图案，凤钿的第一特点是钿子上都有流苏，制作工艺也比较复杂。挑杆钿子更为复杂，基本是在满钿的基础上装饰挑子。凤钿和挑杆钿子，必须是旗人内外命妇才可以佩戴的。

这件馆藏钿子是黑色钿胎的半钿，骨架由三纵三横的铁丝撑起，钿胎由黑色缎布罩在骨架上，钿子口沿处一周由绒布包裹，钿子的顶部外围一周由黑丝线缠绕的细铁丝编制而成。钿子的正面有四块钿花，中央的"正簪"是一圆形钿花，钿花采用掐丝工艺，纹饰为蝙蝠、葫芦和方胜的形象，其中葫芦缀有两块芙蓉石，其他形象上缀有珊瑚珠和珍珠。蝙蝠和葫芦是古人常用的形象装饰，蝙蝠的"蝠"与"福"谐音，有福从天降的寓意，同时还可以理解为遍福，葫芦是"福禄"的谐音，对老人来说，增福就蕴含着长寿之意。"正簪"的下方是一块蝴蝶戏牡丹的半圆钿花，牡丹中间的花蕊由芙蓉石点缀，蝴蝶身上缀有珍珠和珊瑚珠，寓意富贵。半圆钿花下方也就是钿子口沿部缀有9只凤口衔流苏，每个凤头部都镶嵌了一颗芙蓉石。"正簪"左右各饰一长条形有蝙蝠纹、钱纹的钿花，上缀珊瑚珠、料珠。背部钿花为三块，中间是一块牡丹花篮钿花，两侧各饰一块凤鸟攀枝花朵的钿花。此外，钿花还采用点翠工艺，应用于凤凰的羽毛和花朵的叶子上，只可惜年代久远，大部分已经脱落。

这件钿子独特的地方是在口沿处坠有九条凤衔流苏，这在半钿中是少见的。整件钿子的钿花采用银鎏金掐丝点翠工艺，并镶嵌芙蓉石、珍珠、珊瑚珠、料珠等珠宝，装饰图案有福禄、富贵吉祥之意，做工精湛，朴素而不失高贵。

　　这件钿子是 20 世纪 60 年代从宁城县征集来的。宁城在清朝时属于喀喇沁右旗，喀喇沁部是农耕地区，受京畿文化影响较深。清朝实行满蒙联姻政策，随清公主陪嫁的人中有专门从事银器制作的工匠。按清廷惯例，公主下嫁外藩，侍从人员有"七十二行"工匠，其中满汉族居多，他们与当地百姓共同生活，逐渐影响了当地的民风习俗和服饰文化。这件头饰便是在满族头饰基础上，吸收当地蒙古族簪钗盘发而形成的满蒙结合风格。

仿生蔬果　壶有乾坤

清代子冶紫砂仿生壶

王　迪

年代：清代

尺寸：口径 4、腹径 11.2、
　　　高 11 厘米

来源：赤峰市征集

95

　　这件清代紫砂仿生壶装饰有多样蔬果，也被称为"花果壶""百果壶"。其壶身为圆形，各部位都是仿生蔬果的形象。壶盖为倒置的蘑菇形，略有残缺，根据存世的此类仿生壶的样式来推断，残损丢失的部分应该是一个倒置的小蘑菇。壶流为藕节形，壶柄为菱角形，壶身肩部装饰有瓜子、花生、栗子、蚕豆等，在壶底有荔枝、核桃、莲蓬等装饰，其中有三枚果实的个头较大，构成三足，这是紫砂壶实际的支撑，在壶底还有一个小正六边形的假托足。壶身上还刻有题诗："本是榴房结子多，菱腰藕口品如何。堆成颗粒皆秋色，百果园中次第歌。"落款为"子冶"。

　　根据清初吴梅鼎《阳羡茗壶赋》中所言，紫砂壶出现在明正德年间，创造者为供春，此后百年，紫砂壶不仅是用于泡茶饮茶的实用器，也发展成为具有独特艺术风格和价值的艺术品。"青箬旧封题谷雨，紫砂新罐买宜兴。"紫砂壶是用产于江苏宜兴的紫砂泥烧制出来的。宜兴水土宜陶，砂壶宜茶，用紫砂壶泡茶有色香皆蕴、原味本真等诸多好处，从其问世以来，就受到人们的喜爱和追捧，正所谓"人间珠宝何足取，宜兴紫砂最要得"。

　　一件紫砂壶制作不易，首先从原料开始，就要经过很多个步骤，原料的好坏对壶的品质有很大的影响。紫砂壶的制料要先从矿山中将紫砂矿料开采出来，粗选矿料后放置在露天环境下进行自然风化，风化时间长的话有数年之久，然后精选矿料，剔除杂质进行粉碎，再筛料，配料加水，将紫砂矿粉变成紫砂泥，紫砂泥经过捶打，尽量排除泥里的空气后，还要在密闭没有阳光的环境里进行半年至一年的"陈腐"，让紫砂泥中的矿物质充分分解，然后紫砂泥才能用于制壶。紫砂泥有紫泥、红泥和段泥之分，不同的紫砂泥烧制出来的紫砂壶颜色也不同，其中段泥烧制后为黄色，从颜色来看，这件馆

清代子冶紫砂仿生壶

藏紫砂壶应为段泥壶。制壶有手工捏做和印模两种，都需要将紫砂壶的各个零部件先分别制作出来，再将各部位粘合在一起，然后进行表面精加工，尤其是对接口部位。在制作的每一个环节中，都要倾注制作者大量的精力和心血。如这件馆藏紫砂壶，壶上的各种蔬果形象逼真，不同的果实还有不同的颜色，在制作时各个部分需要分别调配不同颜色的泥料，做好后再进行组合，需要高超的制作技术。

紫砂壶按照器型大体上可以分为三类，分别是"光货""花货"和"筋纹货"，其中"花货"是指模仿自然界动植物的形态，通过雕塑的方法制成仿生形象的紫砂。这种紫砂壶栩栩如生、惟妙惟肖，是由清康熙年间的紫砂壶制壶名家陈鸣远开创的。这件馆藏紫砂壶就属于"花货"，不仅美观实用，更有丰富的文化寓意。如菱角有吉祥富贵、聪明伶俐的含义，核桃象征和睦平安，花生、瓜子有早生贵子之意，莲藕则代表连偶。这件紫砂壶的作者子冶是清代紫砂制壶大师瞿应绍，他生活在嘉庆、道光年间，字子冶，号月壶，又号老冶、陛春，最有名的代表壶形是"子冶石瓢"。

紫砂仿生壶，造型生动、趣味十足、寓意美好，在它的身上体现了精湛工艺与人文思想的完美结合，体现了实用价值和审美艺术价值的高度融合，至今仍然受到人们的喜爱。

草原上的沙塔尔

清代蒙古象棋

杨　妹

96

年代：清代
尺寸：棋盘长 40、宽 40、
　　　厚 3 厘米
来源：赤峰市征集

　　这套蒙古象棋的棋盘为正方形，棋盘画在木板上，黑白相间排列 8×8 共 64 个方格，相同颜色的格子对角相连。棋子和棋盘均涂成黑白两色，以区分双方阵容。棋子共 32 枚，黑、白双方各执 16 枚棋子。每方各有一王、一帅、双相、双马、双车和八个兵卒，即诺彦（王）1 枚、波日斯（帅）1 枚、特默（相）2 枚、毛日（骏马）2 枚、杭盖（轻车）2 枚、胡（兵卒）8 枚。这些棋子根据形状由草原牧民自己雕制而成，选材通常为杏木或檀香木，也有少数为骨雕、石雕。棋子造型惟妙惟肖，形神兼备，反映出蒙古族民间艺

清代蒙古象棋

人丰富的想象力和精湛的雕刻技术。

蒙古象棋是一个具有悠久历史的、具有军事策略的蒙古族娱乐项目。其模拟蒙古族人的生活阅历，用骏马当坐骑、用骆驼来驮运、用勒勒车来运输、将帐篷当住所、认强者作英雄。蒙古象棋是当今国际象棋的前身。关于它的历史，一般认为由古印度的四人棋戏"恰图郎卡"演变而来。此棋于公元 7 世纪传入阿拉伯国家，改定新名为"沙特兰兹"。蒙古语"沙塔尔"即为波斯语"沙特兰兹"的音译，意为蒙古象棋，后于 11～13 世纪传入蒙古地区，并根据蒙古族生活进行了改进。此后，蒙古象棋于 13～14 世纪随着成吉思汗的军事行动传入欧洲，形成了现在的国际象棋。

这套馆藏蒙古象棋雕工精美、制作精良，把诺彦（王）刻成坐椅子的王爷，把波日斯（帅）刻成老虎，把特默（相）刻成骆驼，毛日（骏马）即为骏马，把杭盖（轻车）刻成蒙古族用来运输的勒勒车，胡（兵卒）被刻成较小的羊、飞禽、兔子等温顺的动物形象。

传统蒙古象棋的游戏规则因地区不同而有所区别。1989 年，内蒙古自治区第二届少数民族运动会把蒙古象棋列为正式比赛项目后，制定了统一的竞赛规则。棋盘上，双方的正座上坐王和帅，两旁依次各坐相、马、车，前排座位摆上八个兵卒。双方的棋子必须同类对坐。蒙古象棋可以两个人玩或者四个人玩。下棋时，执白棋者先走，然后黑棋走，双方轮流走棋。如果走到的格子里有对方棋子占着，就要把对方的棋子拿掉，称为"吃子"。各个棋子的走法如下：诺彦（王）每次只能走一格，直、横、斜走都可以；波日斯（帅）走直线或斜线，格数不限；特默（相）走斜线，格数不限；毛日（骏马）可走到并非它所在直线、横线或斜线的与它所处位置最临近的格子之一；杭盖（轻车）走横线或直线，在移动中不能变换方向，步数不限；胡（兵卒）只能向前走，不能后退。第一回合，双方必须走诺彦（王）前面的胡（兵卒）或波日斯（帅）前面的胡（兵卒），进两格开始。

一方的棋子攻击对方的王，下一步要把对方的王吃掉，叫作"将军"；王无法"逃离"叫作"将死"。一方被将死、认输等都算输棋，另一方获胜。如果双方均无取胜可能，则可判决为和棋。蒙古象棋有关"和棋"的规定较为复杂，以下情况可判决和棋：双方都无法将死对方；没有子能动的"逼和"，即一方除了"送将"以外，没有其他的子可走；相同局面连续出现三次或三次以上，并且每次都轮到同一方出棋；一方连续不停地"将军"，另一方的王无法避开；一方吃光另一方的除王以外的所有棋子，而无法将死对方的王；传统蒙古象棋不许用马"将死"对手，若一方用马"将死"另一方，只能判为和棋。

蒙古象棋对弈方法细腻，战局起伏变化较大，想要取胜须有顽强的斗志和足够的耐心。它既是一种双方互相切磋棋艺的友好竞技赛，也是一种智慧的角逐。想要在有限的时间内占据上风，棋手需在对弈中具有丰富的想象力、敏锐的洞察力、独特的创造力和镇定自若的心理素质。

被列为国家级非物质文化遗产的蒙古象棋，是蒙古族日常的文体娱乐活动，成为那达慕大会的重要内容，届时，一个个棋盘在草地上排列开来，远近棋坛高手云集，观战助威者摩肩接踵，场面壮观。作为一种民族特有的竞技活动，蒙古象棋集民族性、艺术性、大众性、趣味性于一体，是蒙古族牧民生活的缩影，也是草原文化特色的凝聚。

蒙古族的狩猎工具

97

年代：清代
尺寸：柄首宽 2.4、锤高 6.7、
柄长 46 厘米
来源：赤峰博物馆旧藏

清代链锤布鲁

张懿燊

　　蒙古民族过着逐水草而居的游牧生活，布鲁一直以来是蒙古民族的传统狩猎工具，意为"投掷"。这件清代布鲁，呈直柄状，前端弯弧处以皮条连接一个直径 4 厘米的桃形实心铜锤，名为"朱如很布鲁"，又称链锤布鲁、摆锤布鲁，使用时握在手中，锤击杀伤力很强。在这件链锤布鲁的手柄上还雕刻有龙凤呈祥的图案，龙头凤首相对。飞凤展翅，凤尾向铜锤的方向舞动伸展，而龙首高昂，龙身如腾云驾雾般盘旋于手柄处并延伸至手柄末端，栩栩如生。

　　布鲁的身影最早可追溯至原始社会，原始人发现头重尾轻的棍棒能够保持击打时的用力平衡和重心的集中，不仅适用于近距离的锤击，也可以抛掷飞击杀伤猎物，这也是布鲁的原始雏形。布鲁不仅适用于狩猎，还逐渐演变为御敌、护身功能为一体的击杀武器，现代则成为草原上的一项竞技比赛。

　　一把优质的布鲁制作非常考究，选用榆木或山榆木等质地坚硬的木料制作，全长约 65 厘米。加工制作时，除采用自然弯曲的木料削制打磨外，还会采用直木压弯的处理方法，将直径 3～5 厘米的湿榆木一端压弯约 120°，系牢后再等脱水干透，固定成自然的弧度，然后削制抛光打磨，再用油烟熏成黄色，最终成为一把坚固耐用的布鲁。布鲁大体可以分为四种类型。第一种

清代链锤布鲁

是朱如很布鲁，也叫链锤布鲁、摆锤布鲁，用金属一般是铜或铅制成桃形锤，上面留有圆孔用皮条与木曲柄连接。这类布鲁头可灵活摆动，锤击杀伤力很强，使用时一般不离手，不仅可以击杀野兽，也可以当作打击武器，这件馆藏布鲁就属于此类。第二种是图勒嘎布鲁，也叫蒜头布鲁，在木曲柄的一端镶嵌蒜瓣形铜头或铁头，顶端一般刻有细致的花纹。这类布鲁锤击力也很强大，使用时可以不离手锤击猎物，也可抛出投击猎物。第三种是锡铁布鲁，又称铁首布鲁，在木曲柄端头镶套一个锡铁箍，以坚固首端，加重锤击力，使用方法与蒜头布鲁基本相同。第四种是海木勒布鲁，也叫扁弧布鲁，只有木曲柄，大多为自然弯木或树结部分削制打磨而成，形制为扁弧状，器身较宽，一侧出刃，其首端有的镶裹一层锡铁皮作为装饰，也有的没有镶嵌物。这种布鲁用于投掷击打奔跑的猎物，在空中运行的弧度较大，投掷时要求操作者长期训练才能精确击中目标。

在草原上，几乎所有的蒙古人都用布鲁打猎，渐渐地，每逢喜庆的节日也会举行打布鲁比赛，打布鲁成为一项锻炼身体、活跃群众文化生活的体育运动。布鲁比赛主要有两种：掷远比赛和投准比赛。掷远布鲁为海木勒布鲁，投准布鲁为图勒嘎布鲁。掷远比赛是用规定布鲁掷远，距离最远者为胜。投准比赛是在一定距离之外立一物，选手投三次，投准多者为胜。技术优秀的投掷者被人们誉为"木枪手"。如今，布鲁已和俗称"蒙古男儿三艺"的赛马、摔跤、射箭一样，成为那达慕大会上的常见竞技项目。2014年，"布鲁"经国务院批准列入第四批国家级非物质文化遗产名录。

蒙古族的饮食器皿

98　年代：清代
尺寸：口径 21.2、高 19 厘米
来源：赤峰博物馆旧藏

清代木奶桶

吴　迪

　　这件木奶桶为竹木材质，桶外缘以铜条加固，保存基本完整，是清代赤峰蒙古族人的日常生活器皿。此类木奶桶是为蒙古族人适应草原游牧生活的需要而产生的，具有容积较大、经久耐用的特点，材质多为铜制、皮制和木制等。

　　内蒙古地区是我国蒙古族的主要聚居区。千百年来蒙古族在这里创造发展着独具特色的牧业文化，同时他们还顺应不同的时代发展需求实现了从游牧文化为主到游牧与定居并存再到现代牧业文化的过渡和发展。在这一过程中，奶食文化作为牧业文化的附属文化类型之一，在不同的时代背景下也呈现出了与特定历史环境相适应的文化属性与存在模式。

清代木奶桶

　　元代，蒙古族政权的不断扩张以及蒙古族与我国其他民族间不断地交往交流，带来了奶食文化的创新与发展，使其达到了一个高峰。蒙古族在原来直接饮用或发酵奶汁的基础上，逐渐掌握了制作奶渣、奶干和奶皮子等固体的、便于储藏的食品加工技术。与此同时，以鲜奶、奶酒、乳酪等为代表的奶食作为圣洁、纯净和吉祥的象征，与祈福、祭祀和礼乐等仪式活动有了更为紧密的关联。

蒙古族的盛食器具有悠久的传播与演进历程，其历史最晚可追溯至蒙古族统一草原前。据明代《夷俗记》记载："夷人，食无箸，以手举之，亦无碗，以木盆盛之。"早期蒙古族盛食器具的种类极为单一，而且主要以木制为主。成吉思汗时期，在继承先前蒙古族盛食器具的基础上，种类与材质呈现多元化发展趋势，如用各类牲畜的皮制成的皮囊在贵族与平民中广为流行。据13世纪法国传教士鲁布鲁克撰写的《鲁布鲁克东行纪》记载："每天他们给我们一碗粟，一夸脱米酒，并且借给我们一口锅和一个三脚架煮肉。"可见当时蒙古族盛食器具的种类较早期更为多样化，这在一定程度上反映了蒙古族饮食结构的变化，即粥类食品和汤类食品已成为重要的组成部分。

不同材质、不同种类且造型各异的盛食器具在蒙古族统一草原前就已有一定流传，然而无论是从当时的汉籍文献还是由蒙古人自己写成的《蒙古秘史》中，我们却很难查找到有关这些盛食器具制作技艺的记载。究其原因，笔者认为主要与以下几个方面有关：一是因古代蒙古族盛食器具的制作技艺有较强的随意性，所以在人们的意识形态中并未将其视为一项传统技术；二是逐水草而迁的游牧生活使其很难在盛食器具制作技艺方面投入大量的时间和精力；三是以乳肉食品为主要食物的饮食习惯，致使盛食器具在早期蒙古族饮食生活中的作用和功能并不十分突出，这在一定程度上制约了其生产和发展。尽管如此，当前我国内蒙古自治区与蒙古国仍有部分蒙古族传统盛食器具的制作技艺被保留下来，这无疑对研究蒙古族传统盛食器具有极大帮助。